Wolfgang Kersting

Wie gerecht ist der Markt?

Wolfgang Kersting

Wie gerecht ist der Markt?

Ethische Perspektiven der sozialen Marktwirtschaft

MURMANN

Dieses Buch wurde klimaneutral produziert:

Print CO2 kompensiert
Id-Nr. 1115678
www.bvdm-online.de

FSC
www.fsc.org
MIX
Papier aus verantwortungsvollen Quellen
FSC® C106847

Bibliografische Information der Deutschen Nationalbibliothek

Die Deutsche Nationalbibliothek verzeichnet diese Publikation in der deutschen Nationalbibliografie; detaillierte bibliografische Daten sind im Internet über http://dnb.d-nb.de abrufbar.

ISBN 978-3-86774-183-5

Lektorat: Evelin Schultheiß, Ahrensburg
Umschlaggestaltung: Groothuis, Lohfert, Consorten, Hamburg | glcons.de
Herstellung und Gestaltung: Presse- und Verlagsservice, Erding
Gesetzt aus der TheMix und der Minion
Druck und Bindung: Freiburger Graphische Betriebe, Freiburg
Printed in Germany

Besuchen Sie uns im Internet: **www.murmann-verlag.de**

Ihre Meinung zu diesem Buch interessiert uns!
Zuschriften bitte an **info@murmann-verlag.de**

Den Newsletter des Murmann Verlages können Sie anfordern unter
newsletter@murmann-verlag.de

Inhalt

Vorwort

Wir kennen sie alle – die Sachbücher zur politischen Lage Deutschlands, geschrieben von Politikern im Ruhestand, die teils mit ihrer wiedergewonnenen Freiheit von den Zwängen und Rücksichten der Karriere werben, teils befürchten, dass ihr Erbe bei den sich schnell wandelnden Verhältnissen unter die Räder kommt; von Politikern, die aufgrund allzu großer Forschheit und koalitionsunverträglicher Kantigkeit ausgemustert wurden; von Nichtpolitikern, die so gerne Politiker geworden wären, es aber nicht schafften; von Publizisten, deren Beobachtung der politischen Verhältnisse zum täglichen Brot gehört. Es sind Bücher von Sozialstaatsnostalgikern, die sich hartnäckig den auf Veränderung drängenden Zeitläuften entgegenstemmen und trotz wachsender demografischer Schieflage weiterhin der Idee des Generationentauschs die Treue halten, und von ungeduldigen Sozialstaatsreformern, die der lavierenden, chaotischen, manchmal sogar arbeitsverweigernden, aber nie ihr eigenes Fortkommen aus den Augen verlierenden Politik Beine machen und den Weg in eine ordentliche, übersichtliche Zukunft weisen möchten. Diese Bücher stehen in Stapeln auf den Tischen der Buchhändler gleich hinter dem Eingang und verlangen vielerlei von uns: Wir sollen aufhören zu träumen und endlich aufwachen, mehr Kapitalismus wagen, der vielköpfigen Schlange der Bürokratie den Garaus machen, uns für die Freiheit entscheiden und den Staat ablehnen, uns aus der Vormundschaft der Politik befreien und die Kräfte der gesellschaftlichen Selbstorganisation stärken.

Von dieser Art ist das vorliegende Buch nicht. Denn es ist von einem Philosophen geschrieben, und Philosophen verstehen sich nicht aufs Handeln. Seit Platon, ihr Urvater, mit seiner Tyrannenunterweisung so kläglich scheiterte, scheuen sie davor zurück, denjenigen, die unser Geschick bestimmen, Ratschläge zu erteilen. Und auch wenn sie sich gelegentlich in Ethik-Kommissionen verirren und sich gar an einer philosophischen Ableitung der Atomenergieausstiegspolitik versuchen, ist das Platonische Trauma noch in ihnen gegenwärtig. Philosophen verstehen sich bestenfalls aufs Denken. So sagt man es ihnen jedenfalls nach, freilich nicht ohne zugleich anzumerken, dass dieses in der Regel sehr abgehoben, wirklichkeitsfremd und nur Eingeweihten verständlich sei. Dies ist einerseits sicherlich richtig. Denn warum sollte ausgerechnet das Denken von den Auswirkungen der Spezialisierung und Professionalisierung verschont werden? Andererseits ist es aber auch so, dass wir alle denken, alle Denker sind. Wir machen uns Gedanken über uns und über die Welt, über die Verhältnisse, in denen wir leben, über die Entwicklungen, die sich abzeichnen, und über mögliche Alternativen zum Bestehenden und Vorfindlichen.

Und wir behalten diese Gedanken nicht für uns, sondern wir äußern sie, wir nehmen teil an dem gesamtgesellschaftlichen Gespräch, wandern unaufhörlich von einem der vielen öffentlichen Konversationsräume der Demokratie in den anderen. Mit diesem geteilten Denken und Sprechen ist es jedoch nicht anders bestellt als mit allem anderen: Es kann gelingen oder misslingen, besser oder schlechter ausfallen. Daher ist es nur vernünftig, sich darum zu bemühen, dazuzulernen, sich kundig zu machen und einschlägiges Wissen zu erwerben, Wissen um die Geschichte und Bedeutung der Gedanken und Begriffe, die in den politisch-kulturellen Diskursen unserer demokratischen Gesellschaft hin und her gewendet werden, die die Knotenpunkte unserer Selbstverständigung und die Werthorizonte unserer Beurteilung der Wirklichkeit bilden. Und dabei kann die Philosophie durchaus hilfreich sein. Denn Fragen der guten Ordnung des Zusammenlebens, der wahren Bedeutung von Freiheit, Gleichheit und Gerechtigkeit gehören seit alters her zu den vornehmsten Gegenständen des philosophischen Nachdenkens.

Und nie hat sie die Einsichten, die sie dabei gewonnen hat, für sich behalten wollen. Immer hat sie es als ihre wichtigste Aufgabe angesehen, aufzuklären, sich der Welt gegenüber zu öffnen, die Nähe des Bürgers zu suchen, ihn mit ihren Denkergebnissen vertraut zu machen und ihn dadurch instand zu setzen, im politischen Miteinanderreden und Miteinanderhandeln eine durchdachtere und überzeugendere Position zu beziehen. Dieser Aufklärungsdienst kann aber nur dann geleistet werden, wenn die Philosophie lernt, sich auch dem Uneingeweihten verständlich zu machen, wenn sie zu dem Maß an Vereinfachung und Ungelehrsamkeit bereit ist, das erforderlich ist, um dem Interessierten den Weg zur Philosophie ebnen, aber das eigentümliche Reflexionsniveau der Philosophie intakt hält. Eine verwässerte Philosophie, in deren schaler Brühe sich die Geschwätzigen tummeln, taugt nicht zur Aufklärung und Belehrung des öffentlichen Gesprächs.

Des Näheren geht es in diesem Buch um das schwierige Verhältnis von Markt und Gerechtigkeit. Gerechtigkeit herrscht, wenn Menschen ein gleiches Recht auf politische Teilhabe haben und unter dem Schutz demokratisch erzeugter und wirksam durchgesetzter Gesetze ihre Freiheit genießen und ihr Leben selbstbestimmt gestalten können. Gerechtigkeit herrscht, wenn das Recht alle gleich behandelt und das Eigentum sicher ist. Daher war für Kant, Wilhelm von Humboldt und den klassischen Liberalismus mit der Errichtung einer demokratisch verfassten und rechtsstaatlich organisierten Marktgesellschaft allen Forderungen der Gerechtigkeit Genüge getan. Diejenigen, die mehr Gerechtigkeit wollen, als Rechtsstaat und Marktgesellschaft liefern, als die Gleichheit vor dem Preis und die Gleichheit vor dem Recht garantieren können, dürfen sich nicht mehr an die Politik wenden; sie müssen zur Religion ihre Zuflucht nehmen und auf die Kompensationsleistungen postmortaler Sanktions- und Gratifikationssysteme – auf einen belohnenden Himmel und eine bestrafende Hölle – hoffen.

Die sozialstaatliche Gegenwart macht sich jedoch anheischig, den Menschen auch hienieden schon mehr Gerechtigkeit geben zu können, als Rechtsstaat und Markgesellschaft ihnen zu liefern in der Lage sind. Denn der Sozialstaat versteht sich nicht als Ausdruck bürgerlicher Solidarität, nicht als Ort bedürfnisorientierter Daseinsfürsorge. Er sieht seine Pflicht nicht in der Sicherung einer Grundversorgung, sondern in der Verwirklichung der Gerechtigkeit. Er versteht sich ausdrücklich als Gerechtigkeitsordnung. Freilich – welche Art Gerechtigkeit durch die sozialstaatliche Ausweitung des Rechtsstaats und durch die sozialstaatliche Korrektur der Verteilungsräson eines freien Marktes verwirklicht werden soll, ist umstritten. Jenseits des Rechtsstaats, mit dem Überschritt zum Sozialstaat verliert der Gerechtigkeitsbegriff seine klare Kontur. Was soziale Gerechtigkeit genau ist, was Verteilungsgerechtigkeit verlangt, auf welches normative Fundament der Sozialstaat gestellt werden sollte, ist völlig unklar. Hier gibt es keinerlei Evidenzen, die eine klare Grenzziehung zwischen dem Gerechten und Ungerechten erlauben; hier herrscht Ratlosigkeit. Angesichts dessen sollte man einen vorsichtigen und behutsamen Umgang mit dem Begriff der sozialen Gerechtigkeit erwarten.

Doch die Wirklichkeit sieht anders aus. Eine überbordende Gerechtigkeitsrhetorik prägt das öffentliche Gespräch sozialstaatlicher Demokratien, den politischen Markt der Wählerbewirtschaftung und überzieht das Verteilungsgezänk der Gruppen mit einer moralsemantischen Glasur: Nie geht es um Interessen, immer geht es um Gerechtigkeit. Gerade weil der Begriff der sozialen Gerechtigkeit semantisch undeutlich ist, vermag er sich dem politischen Opportunismus und den Begehrlichkeiten der Verteilungslobby zu empfehlen. Er ist moralisch biegsam, kann jedem Maximierungsinteresse den Anschein moralischer Berechtigung geben. Gerechtigkeit, immer mehr Gerechtigkeit versprechen die Politiker ihren Wählern. Gerechtigkeitsparolen zieren die Wände von Parteitagen. An den Rednerpulten wird Gerechtigkeitskompetenz beansprucht. Dieselbe wird dem Gegner mit Verve abgesprochen. Seine programmatischen Vorstellungen werden als Sozialabbau, Gerechtigkeitsskandal, soziale Kälte denunziert. Gewerkschaften legitimieren ihre Lohnerhöhungsforderungen als Gerechtigkeitsforderungen. Arbeitgebervertreter wollen die Umverteilungsrate drücken und verlangen Marktgerechtigkeit und Leistungsgerechtigkeit. Im immerwährenden Verteilungskampf des avancierten Sozialstaats kann keine Partei mehr darauf verzichten, die Göttin der Gerechtigkeit auf ihre Seite zu ziehen. Gerechtigkeit ist rhetorisch unvermeidlich geworden.

Die Rhetorik der sozialen Gerechtigkeit beutet undeutliche moralische Intuitionen aus und bietet die jeweils angestrebte sozioökonomische Besserstellung als inhaltliche Klarstellung an. Dass diese Besserstellung in der Regel die gigantische Staatsverschuldung noch weiter anwachsen lässt, stört nur wenige. Dabei sollte aus Gründen der Generationengerechtigkeit energischer Einspruch erhoben werden. Ursprünglich wollte man mit diesem Begriff in der ökologieethischen Diskussion darauf aufmerksam machen, dass es unsere Pflicht sei, die Natur schonend zu behandeln, um die natürlichen Lebensbedingungen unserer Kinder nicht mutwillig zu beschädigen. Aber ein Blick auf die die Billionengrenze längst hinter sich gelassene Staatsverschuldung zeigt uns, dass wir auch hier gerechtigkeitsethisch versagen und bedenkenlos unseren Nachkommen die Kosten unseres Konsums aufbürden. Die Zukunft hat schwache Advokaten und keine gerechtigkeitsethische Lobby. Wie jeder Hedonist, so kennt auch der Sozialstaat nur eine Zeit: die Gegenwart.

Um diese inflationäre Gerechtigkeitsrede der Parteien, Kirchen und Verbände ein wenig zu disziplinieren, scheint es ratsam, den Begriff der Gerechtigkeit etwas genauer ins Visier zu nehmen. Dabei zeigt sich, dass es diesen einen Begriff der Gerechtigkeit gar nicht gibt, teilt er doch mit den anderen Großbegriffen unserer moralisch-kulturellen Selbstverständigung, mit den Begriffen der Freiheit und Gleichheit, das Schicksal, höchst umstritten zu sein. Das heißt: Es gibt eine Anzahl miteinander konkurrierender Interpretationen sozialer Gerechtigkeit, die in unterschiedlichen philosophischen Theorien ihre jeweils schärfste begriffliche Ausprägung gefunden haben. In diesem Buch werden die wichtigsten dieser philosophischen Konzeptionen vorgestellt und überprüft, das heißt auf ihre Stärken und Schwächen hin untersucht. Das Buch versteht sich daher auch ein wenig als ein Gerechtigkeits-TÜV; es soll herausgefunden werden, ob diese Konzeptionen verkehrstüchtig oder verkehrsuntauglich sind.

Diese Prüfung geschieht im zweiten Teil des Buches. Ich werde dort im Wesentlichen zwei Gerechtigkeitsbegriffe einander gegenüberstellen: Der eine verschreibt sich der Gleichheitsmehrung, der andere stellt sich in den Dienst der Freiheitsmehrung. Die egalitaristische Gerechtigkeit ist vor allem Verteilungsgerechtigkeit. Die liberale Gerechtigkeit ist eine Gerechtigkeit der Chancengleichheit. Die Verteilungsgerechtigkeit ist die Gerechtigkeit des sozialdemokratischen Zeitalters; sie kann auch als die Hintergrundtheorie expandierender Sozialstaatlichkeit bezeichnet werden. Die Gerechtigkeit der Chancengleichheit ist hingegen eine Gerechtigkeit, die der sozialen Marktwirtschaft zugeordnet werden kann. Und sofern man der These anhängt, dass der Sozialstaat zurückgeschnitten werden muss, dass all die sozialstaatlichen Wucherungen, die die ursprüngliche Gestalt der sozialen Marktwirtschaft deformieren und unkenntlich machen, zurückgebildet werden müssen, Gesellschaft und Markt von der staatlichen Dauerbelagerung befreit und ein wenig ihre angestammte Selbständigkeit zurückbekommen müssen, dann wird man für diese Aufgabe in dem Konzept der Chancengleichheit eine angemessene normative Orientierung finden.

Gerechtigkeitstheorien, Wirtschaftsordnungskonzepte und Gesellschaftsmodelle sind komplexe geistige Gebilde, die aus Gedanken und Ideen, Begriffen und Bedeutungen bestehen. Und solche unwirklichen Vorstellungsdinge versteht man immer besser, wenn man ihre Geschichte kennt, ihre Anfänge und ihre Entwicklungswege. Daher werde ich der Gerechtigkeitsanaylse einen Teil voranschicken, der sich mit der Herausbildung der Idee der sozialen Marktwirtschaft beschäftigt. So wird der von mir hergestellte Zusammenhang zwischen Chancengleichheitsgerechtigkeit und sozialer Marktwirtschaft deutlich werden. So wird auch deutlich werden, wie sehr sich der Sozialstaat und das sozialstaatliche Gerechtigkeitsverständnis von der Idee der sozialen Marktwirtschaft und ihrer ethischen, der individuellen Freiheit und dem Gedanken der eigenverantwortlichen Lebensführung dienenden Ordnung entfernt haben.

Ich erzähle die Geschichte der Herausbildung der Idee der sozialen Marktwirtschaft, indem ich nacheinander die Vorstellungen der Neoliberalen Alexander Rüstow und Wilhelm Röpke, der Ordoliberalen um Walter Eucken und sodann die Gedanken von

Alfred Müller-Armack, dem Schöpfer des Begriffs der sozialen Marktwirtschaft, über Notwendigkeit und Gestalt einer Marktordnung vorstelle, analysiere und würdige. Gemeinsam ist diesen ökonomischen Ordnungsdenkern der Gedanke von der Notwendigkeit eines dritten Weges. Dieser dritte Weg ist der Weg der wirtschaftspolitischen Vernunft. Er ist ein Mittelweg, der die pathologischen Extreme des Wirtschaftsliberalismus und Marktabsolutismus zum einen und des Kollektivismus, Staatsabsolutismus und der Planwirtschaft zum anderen gleichermaßen vermeidet. Nur dann kann das Gemeinwesen gedeihen, können die unterschiedlichen Ordnungen der Politik und des Rechts, der Gesellschaft und der Wirtschaft zu einer freiheitsförderlichen Harmonie gebracht werden, wenn an der materiellen Basis der Reproduktion des Gesamtsystems, wenn in der ordnenden Gestaltung der Marktwirtschaft ein mittlerer Kurs gesteuert wird, der sich von den anarchischen Träumen eines selbstregulierenden Marktes und von der Hybris politischer Gesamtsteuerung gleich weit entfernt hält.

Auch die Konzeption der Chancengleichheit ist ein dritter Weg. Insofern bietet sie eine gerechtigkeitsethische Fortsetzung des Generalmotivs des ökonomischen Ordnungsdenkens. Einen dritten Weg schlägt die Konzeption der Chancengleichheit ein, weil sie zum einen sich von der Umverteilungsstrategie des Egalitarismus absetzt, zum anderen aber an der Notwendigkeit einer gerechtigkeitsethischen Einrahmung des Marktes festhält. Die Chancengleichheit ist das Soziale an der sozialen Markwirtschaft. Dieses Soziale benötigt die Marktwirtschaft, weil sie eine Verfassung braucht, die die Wirtschaftsfreiheit Regeln unterwirft, die aber zum anderen auch die Marktwirtschaft ethisch integriert. Das Soziale ist das Bindemittel, das Gesellschaft und Markt verbindet; es ist der Ort, wo die Gesellschaftsfähigkeit des Marktes und die Marktfähigkeit der Bürger gesichert werden.

Dieses Buch handelt aber nicht nur vom dritten Weg zwischen wildem Markt und zentral gelenktem Markt zum einen und vom dritten Weg zwischen Verteilungsgerechtigkeit und gerechtigkeitsverschontem Markt zum anderen. Dieses Buch ist als Buch, als Textart selbst ein dritter Weg, schlägt einen dritten Weg ein zwischen Wissenschaft und Sachbuch, fädelt sich weder in einen Gelehrsamkeitsdiskurs ein, noch mischt es sich ins Geschäft der tagespolitischen Handreichungen. Es ist ein politikphilosophischer Essay für interessierte Bürger, der belehren, aber auch intellektuell unterhalten will.

Einleitung

1. Einfältige Neoliberalismuskritik

Der Kapitalismus hat den Wettbewerb der Systeme mühelos gewonnen. Die Allianz von Marktwirtschaft und politischer Freiheitsordnung darf triumphieren. Weit und breit keine Alternative. Die Geschichte, so scheint es, hat ihr liberales Finale erreicht. Die Utopien der Moderne sind in der Wirklichkeit angekommen. Die Versorgungsleistung der Marktwirtschaft ist unüberbietbar, im Rechtsstaat gilt die Gleichheit, der Sozialstaat sorgt für sozialen Ausgleich, und in Demokratie üben wir politische Selbstbestimmung. Was bleibt noch zu hoffen? Wenig mehr als die weltweite Ausdehnung dieser freiheitlichen Ordnungsformen, die Globalisierung von sozialer Marktwirtschaft und Rechtsstaatlichkeit, Demokratie und Zivilgesellschaft. Und was bleibt noch zu tun? Ein wenig Optimierungsarbeit an Wirtschaftsordnung, Staat und Demokratie, die den Horizont des Bestehenden nicht utopisch überschreiten muss, sondern sich an den immanenten, den Ordnungsformen der Freiheit von Haus aus eingeschriebenen Idealen der Autonomie und Selbstverantwortlichkeit orientiert. Das Aufklärungsprojekt ist weitgehend vollendet. Jetzt geht es nur noch darum, es vor Verschleiß zu schützen. Und natürlich darum, die anfallenden technischen Probleme zu lösen, die Umwelt zu reparieren, das Ozonloch zu schließen, effiziente Kontrollinstrumente für den globalen Finanzmarkt zu entwickeln, unbestechliche Rating-Agenturen zu gründen, vernünftige Kreditvergaberegeln für den Internationalen Währungsfonds zu finden und sich energiepolitisch auf die Zeit vorzubereiten, in der die Hälfte der Chinesen ein Auto fahren wird.

Die Freunde der Freiheit hätten also guten Grund, bester Stimmung zu sein. Jedoch in dem kulturellen Lager des Westens wird keine Freude laut. Die Freiheit wird ihres Sieges nicht froh. Ihr mangelt es an Selbstwertgefühl. Sie quält sich mit Selbstkritik und moralischen Skrupeln. Den Stillen stehen Missmut und Zukunftsangst in die Gesichter geschrieben. Die anonyme Dynamik des Marktes, die Flut der Neuerungen, das Wegschmelzen altbewährter Institutionen, der gesamte Gewissheits- und Verbindlichkeitsschwund der Moderne, das alles lässt sie schwindeln. Und die Lauten fassen dieses Unbehagen in Worte und Pamphlete, empören sich auflagenstark und klagen bestsellerträchtig an. Sie haben den Urheber ausgemacht, den dämonischen Drahtzieher, der hinter allem steckt und sich jetzt, befreit von dem disziplinierenden Antagonismus der Ideologien und Systeme, schamlos austobt. Sie haben die neoliberale Verschwörung aufgedeckt, die frivol die Stunde des Sieges nutzen will, um alle sozialstaatlichen Fesseln des Marktes abzuwerfen und die Welt aufzukaufen.

Die Neoliberalismuskritik will einer barbarischen, ja infernalischen Wirklichkeit unerschrocken den Spiegel vorhalten und die Globalisierung des Bösen, die Machtübernahme des kapitalistischen Herrn der Welt verhindern. Dabei darf man natürlich nicht zimperlich sein. Dämonisierung ist eine Strategie, die den sensationsökonomischen Gesetzen der Mediengesellschaft und ihres heftig umkämpften Aufmerksamkeitsmarktes folgt. Schreien muss man, um den Geräuschpegel des Talkshow-Geschwätzes zu übertönen. Übertreibung und Vereinfachung sind unerlässlich, um Gehör zu finden. So werden die differenzierten Grautöne einer komplexen sozialen Wirklichkeit durch eine einfältige moralische

Schwarz-Weiß-Zeichnung übertüncht. In ihr kommt dem Markt die Rolle des Bösen und dem Sozialstaat die Rolle des Guten zu. Diese Sichtweise ist natürlich ungemein verkürzend. Denn der Markt ist keine Kathedrale des Egoismus, in dem die Selbstsucht als Götze angebetet wird, sondern ein flexibles, dezentrales Verteilungssystem, das notwendig ist, wenn Menschen ein Leben führen wollen, in dem sie für ihre eigenen Entscheidungen verantwortlich sind, wenn sie Lebensprojekte selbstbestimmt angehen und durchführen wollen, wenn ihnen gleiche Chancen auf individuelle und moralische Entfaltung eingeräumt werden sollen. Der Markt ist die hohe Schule der Selbstverantwortlichkeit. Aber nicht nur die moralische, ihre Lebensautorschaft ernst nehmende Subjektivität verlangt nach dem Markt. Auch das Prinzip der Individualität favorisiert den Markt, denn kein Verteilungssystem ist differenzfreundlicher, könnte der Individualität bessere Entfaltungsbedingungen bieten und der Unterschiedlichkeit der menschlichen Lebensentwürfe gerechter werden. Und die irren sich beträchtlich, die im Sozialstaat eine Höhle erblicken, in der die Moral in der kalten Jahreszeit des Kapitalismus überwintert. Der Sozialstaat ist kein Ort ethischer Exzellenz, er erzieht nicht zur Moral. Seine Anreizsysteme begünstigen den Egoismus nicht minder als der Markt. Die Menschen betreiben ihre Versorgungskarrieren im Sozialstaat mit der gleichen egozentrischen Konzentration wie ihre Erfolgskarrieren auf dem Markt, nur müssen sie nicht das disziplinierende Selbstverantwortlichkeitspensum ableisten, das der Markt jedem abverlangt.

Vor dem Hintergrund der Freiheitsethik ist dem expansiven Wohlfahrtsstaat der Gegenwart entschieden der Vorwurf der moralischen Kontraproduktivität zu machen: Er betreibt zügig die Abschaffung der Selbständigkeit. Während der Markt ein System der wechselseitigen Verstärkung ökonomischer und selbstverantwortungsethischer Anreizstrukturen bietet, eigenverantwortliche Lebensführung und ökonomische Erfolgssuche strukturell harmonisiert, treten verantwortungsethisches und ökonomisches Anreizsystem im Wohlfahrtsstaat in ein polemisches Verhältnis. In demselben Maße, in dem im solidaritätsbegründeten Wohlfahrtsstaat die Berechtigten zu Klienten werden und ökonomisch orientiertes Verhalten an den Tag legen, möglichst große private Ausnutzungsmargen suchen und sich politisch organisieren, um ihre gruppenbezogene Gesamtzuteilung zu erhöhen, verkümmern die verantwortungsethischen Anreize, die Selbstbeanspruchungsbereitschaft und das pure, nach Unabhängigkeit von fremden Erhaltungsleistungen trachtende Selbstständigkeitsbedürfnis.

Die tieferen Gründe für diese Fehlentwicklung liegen in einem falschen Verständnis des Systems der sozialen Marktwirtschaft, liegen insbesondere in einer Verkennung der Rolle von Wettbewerb, Gerechtigkeit und Sozialstaat. Sozial ist die Marktwirtschaft, weil sie für allgemeinen Wohlstand sorgt. Und sie sorgt für allgemeinen Wohlstand, weil ein geordneter Wettbewerb zu einer ständigen Verbesserung der Produkte und Dienstleistungen führt. Diese Wettbewerbsdynamik zu pflegen, die Informationsfunktion der Preise zu sichern, Monopole und wirtschaftliche Übermacht zu verhindern, dazu dient die staatliche Ordnung. Und sie dient weiter dazu, eine gleichmäßige Verteilung der öffentlichen Güter zu garantieren und die sozialen Kosten privater Wirtschaftstätigkeit zu regulieren. Insofern die Marktwirtschaft innerhalb der staatlichen Ordnung diese Leistung der Wohlstandsmehrung erbringt, ist sie selbst ein moralisches System, besitzt sie eigenständigen ethischen Wert, ist sie nicht nur im deskriptiven, sondern auch im normativen Sinn eine soziale Ordnung. Diese moralische Qualität des Wettbewerbssystems wird auch dadurch nicht geschmälert, dass die Marktwirtschaft kein vollkommenes System ist.

Vollkommene Systeme des Zusammenlebens und der geteilten Bedürfnisbefriedigung sind kostenfrei, haben keinerlei negative Begleiteffekte. Aber vollkommene Systeme stehen uns nicht zur Verfügung. Auch die Marktwirtschaft hat ihren Preis. Immer wieder einmal leistet sich der Kapitalismus eine Krise, nie sind Insolvenzen, Bankrotte, Entlassungen zu vermeiden. Die Innovationsdynamik verlangt strukturelle Anpassungen, die am besten markt- und wettbewerbskonform erfolgen sollten.

Erkennt man, dass der Markt aufgrund seiner wohlstandsmehrenden Leistungen selbst ein sittlich wertvolles System ist, dann ist es nicht mehr erforderlich, die Zustimmung der Bevölkerung zum Kapitalismus mit einem mit üppigen Transferzahlungen lockenden Sozialstaat zu erkaufen. Die Vorstellung, dass Markt und Wettbewerb ein zutiefst unsittliches System sind, dem nur insofern Akzeptanz verschafft werden kann, wie seine immanente Verteilungsräson durch eine sozialstaatliche Verteilungsgerechtigkeit überformt wird, ist freilich weit verbreitet. Und die Vereinfachertruppe der Neoliberalismuskritiker würde nicht so viel Zulauf verzeichnen, wenn nicht diese Überzeugung von der immanenten Unsittlichkeit der Marktwirtschaft, der immanenten Unmenschlichkeit des Wettbewerbs und der immanenten Ungerechtigkeit des Kapitalismus von so vielen geteilt würde. Für diese ist das Soziale vor allem das kompensatorische Soziale, ist der Sozialstaat eine Art Wiedergutmachungsveranstaltung, durch die man für all das Schlimme entschädigt wird, das einem auf dem Markt widerfahren ist. Dass durch diese Kompensationsthese der Expansion sozialstaatlicher Troststiftung Tür und Tor weit geöffnet werden, liegt auf der Hand.

Der Sozialstaat, das ist die Botschaft dieser Schwarz-Weiß-Zeichnung, steht für Gerechtigkeit, und jede Einschränkung seiner Leistung, jede Lockerung seiner sozial- und arbeitsrechtlichen

Regularien ist von vornherein ungerecht. Das konzeptuelle Herzstück dieses Denkens ist das Distributionsparadigma, und daher ist das einzige Kriterium der moralischen Qualität sozialstaatlicher Politik die Umverteilungsmarge. Je mehr dem Markt und den marktspezifischen, leistungsabhängigen Erwerbserfolgen kollektiv entzogen und der marktunabhängigen und leistungsunabhängigen Verteilungsräson des Staates übergeben wird, umso gerechter die Gesellschaft, umso menschlicher der Markt, umso humaner und ziviler der Kapitalismus. Das Distributionsparadigma wurzelt in einer moralischen Verdächtigung des Marktes und führt zu einer Entethisierung der Wirtschaft. Dass unser moralisch-kulturelles Selbstverständnis, die ihm zugrunde liegenden Überzeugungen des normativen Individualismus und des menschenrechtlichen Egalitarismus den Markt als Raum eigenverantwortlichen Handelns, als Raum personaler Lebensführung benötigen und verlangen, dass das Freiheitsrecht ein Recht auf Markt und marktförmige Handlungskoordination impliziert, der Staat also um der Individuen willen auch den Markt zu schützen hat, anstatt nur vor ihm zu schützen, ist im immer tiefer werdenden Schatten des sozialstaatlichen Distributionsparadigmas längst in Vergessenheit geraten.

Betrachtet man diese Kritik an dem Konzept des kompensatorischen Sozialstaats genauer, dann zeigt sich eine überraschende Pointe. Sie entzieht nicht nur den Kritikern des Sozialabbaus die begriffliche Grundlage, sondern trifft gleichermaßen auch die, die diesen Sozialabbau darum für unvermeidlich halten, weil anders die deutsche Wirtschaft den Herausforderungen der Globalisierung nicht angemessen begegnen und den Notwendigkeiten des politischen Schuldendienstes nicht entsprochen werden kann. Denn beide, Sozialabbaukritiker und Sozialabbauverfechter, gehen von einem identischen Sozialstaatskonzept aus, betrachten den Sozialstaat als Büffet, an dem sich die von den unmenschlichen Strapazen der Wettbewerbswirtschaft Erschöpften laben; nur wollen die Ersteren ein opulenteres Speisenangebot, wohingegen die Letzteren meinen, dass ein bisschen mehr Frugalität der Gesundheit nicht schaden würde.

Der Sozialstaat ist keine Umverteilungsmaschinerie im Dienst einer egalitären Verteilungsgerechtigkeit. Er muss von dem Verteilungsparadigma Abstand nehmen und die damit verbundene Konsumorientierung aufgeben. Er muss sich auf ein Programm der formalen Chancengleichheit konzentrieren und die dafür erforderlichen Investitionen tätigen. Er teilt mit Rechtsstaat und Demokratie den freiheitsrechtlichen Legitimationsgrund. Und als freiheitsrechtlicher Sozialstaat ist er um die Ermöglichung der Wahrnehmung des Freiheitsrechts, um die Ermöglichung selbstbestimmter Lebensführung bemüht. Und das heißt: Der Sozialstaat hat sich in den Dienst von Markt und Wettbewerb zu stellen und die Bürger schnellstens wieder in die Marktprozesse zu reintegrieren und ihnen bei der Wiedergewinnung von Selbständigkeit und Selbstverantwortlichkeit Hilfestellung zu geben.

2. Marktinterne und marktexterne Gerechtigkeit

Die Marktwirtschaft ist nicht nur das effizienteste System der Ressourcenverwertung und Güterversorgung. Der Markt ist auch eine wertverwirklichende, eine moralische Ordnung. Er ist eine Schule der Selbstverantwortung und planenden Rationalität, der Anpassungsfähigkeit und der Selbsterweiterung; er verlangt eine stete Bereitschaft zum Umlernen und zur Weiterbildung; er fordert Offenheit fürs Neue; auf der anderen Seite aber prämiert er

Zuverlässigkeit und Berechenbarkeit. Er fördert somit die Entwicklung fundamentaler menschlicher ethischer Einstellungen und kognitiver Kapazitäten. Er führt zur Mehrung des Wohlstandes und zu einer steten Verbesserung des allgemeinen Versorgungsniveaus. Er ist die menschlichste, weil endlichkeitsbewussteste Veranstaltung; denn Endlichkeit bedeutet Knappheit; Knappheit verlangt klugen Einsatz der Ressourcen, der Rohstoffe, der Arbeit und des Wissens. Kein anderes Wirtschaftssystem garantiert einen effizienteren Einsatz materieller und immaterieller Produktionsmittel. Insofern ist der Markt institutionalisierte Menschenliebe unter den Bedingungen moderner Massengesellschaft, ist der Wettbewerb als sittliche Kraft zu betrachten. Gewinnstreben ist nicht zu verteufeln, sondern als Instrument anonymer Solidarität aller mit allen zu bewerten. Auch wenn sich der wirtschaftsliberale Glaube an die Selbstregulierungsfähigkeit des Marktes als Illusion herausgestellt hat, ist doch der Grundgedanke von der allgemein vorteilhaften Auswirkung des kooperativen Egoismus nach wie vor gültig: Der Markt ist struktureller Altruismus; um meine eigene Nutzenposition zu verbessern, muss ich anderen die Verbesserung ihrer Nutzenposition ermöglichen.

Der Markt ist eine Ordnung der Freiheit, wie Rechtsstaat und Demokratie in dem Menschenrecht auf Freiheit begründet. So wie der Rechtsstaat Ausdruck gesicherter gleicher Handlungsfreiheit ist, und so wie die Demokratie Ausdruck des gleichen politischen Mitwirkungsrechtes aller Bürger ist, so ist der Markt Ausdruck freien und selbstbestimmten Mitteleinsatzes. So wie alle Rechtspersonen gleich vor dem Gesetz sind und alle Bürger gleiches Wahl- und Stimmrecht haben, so sind alle Wirtschaftssubjekte gleich vor dem Preis. Das besagt: Das Gesetz macht keine Unterschiede, das Stimmrecht macht keine Unterschiede, und der Preismechanismus macht keine Unterschiede. Diese Freiheitsordnungen des Rechts, der Politik und der Wirtschaft bedingen sich wechselseitig. In ihnen verwirklicht sich ein und dieselbe unteilbare menschenrechtliche Freiheit auf unterschiedliche Weise. Ihre normative Grundstruktur wird durchgehend durch die Grammatik der Freiheit geprägt. Das zeigt sich auch daran, dass sie nicht exklusiver, sondern inklusiver Natur sind. Das heißt, es ist für sie wesentlich, dass sie keine politischen, ideologischen oder kulturellen Ausschlusskriterien enthalten.

Menschen schreiben wir Menschenrechte zu, insofern sie die schlichte Bedingung erfüllen, zur biologischen Gattung des Homo sapiens zu gehören. Das genau macht den revolutionären Charakter des Menschenrechts aus: Die menschenrechtliche Grundausstattung ist von aller besonderen metaphysischen, theologischen oder kulturell-ethnischen Menscheninterpretation unabhängig, liegt diesen geschichtlichen und wandelbaren Menschenbildern voraus und ist unmittelbar mit unserem humanbiologischen Naturschicksal verknüpft. Das ist der Grund, warum alle politischen Ordnungen als illegitim gelten, die in ihren Gesetzesordnungen diesen menschenrechtlichen Egalitarismus nicht abbilden, sondern in ihren gesetzlichen Rechtszuschreibungen Unterschiede machen, nach Geschlecht, Rasse und Klasse, Religion und ethnischer Zugehörigkeit diskriminieren, kulturelle und politische Zutrittsschranken zur menschenrechtlich festgeschriebenen Freiheit errichten. Auch der Markt diskriminiert nicht. Wie jeder gleichen Zugang zur basalen menschenrechtlichen Rechtsgemeinschaft hat, unabhängig von allen ihn von anderen unterscheidenden natürlichen Eigenschaften und kulturellen Zugehörigkeiten, so hat jeder auch Zugang zur Tauschgemeinschaft des Marktes, sei es als Anbieter oder als Nachfrager. Das durch die Preisbildung kontrollierte Verfahren der Güterzuteilung arbeitet in völliger Unabhängigkeit von Religion und Geschlecht, ethnischer Zugehörigkeit und Hautfarbe. Insofern erfüllt der Markt ein fundamentales Kriterium moderner, dem Gleichheitsgedanken verpflichteter Gerechtigkeit. Insofern wird auch das Gerechtigkeitsprinzip verraten, wenn das System der Preisbildung politisch manipuliert und der Zugang zur Tauschgemeinschaft ideologisch kontrolliert wird. Ungleiche Anbieter- und Nachfragerchancen, die die Ressourcenverwendung von der Zahlungsbereitschaft unabhängig machen und marktexternen ideologischen und kulturellen Kriterien unterwerfen, korrumpieren die dem Markt strukturell zugrunde liegende Gerechtigkeitsgrammatik des menschenrechtlichen Egalitarismus. Je offener der Wettbewerb, je weniger politisch aufgezwungene oder privat errichtete Marktzutrittsschranken, umso ungehinderter die Dynamik der Preisbildung, umso gerechter das Spiel von Angebot und Nachfrage.

Ist also der Markt gerecht? Er ist in dem eben beschriebenen Sinne eine gerechte Ordnung. In ihm spiegelt sich der menschenrechtliche Egalitarismus. Er diskriminiert nicht, schließt nicht aus, unterwirft alle in gleicher Weise den im Spiel von Angebot und Nachfrage sich bildenden Preisen. Aber zumeist denkt man nicht an diese freiheitsrechtliche Grammatik des Marktes, an diese Strukturgleichheit von menschenrechtlicher Rechtsgemeinschaft, Demokratie und Markt, wenn man nach der Gerechtigkeit des Marktes fragt. Man denkt nicht an die marktinterne Gerechtigkeit, an die in der Logik des beiderseitig vorteilsmehrenden Tausches verankerte Gerechtigkeit des Verfahrens. Diese – wie man in Anspielung auf Wilhelm Röpkes bekanntes Buch formulieren könnte – »Gerechtigkeit diesseits von Angebot und Nachfrage« interessiert die Gerechtigkeitskritiker des Marktes nicht. Im Gegenteil, sie entdecken gerade die formale Tauschlogik als Quelle einer vielfältigen Ungerechtigkeit. Denn auch wenn die Tauschprozesse ohne Täuschung, Drohung und Zwang ablaufen, spiegelt sich doch die Gleichheit der Wirtschaftspartner nicht im Ergebnis. Der Markt produziert Ungleichheit. Er ist ein durch strukturelle Gleichheit charakterisiertes System der Tauschverhältnisse, das auf beiden Seiten, sowohl auf der Seite der Voraussetzungen, die die Individuen mitbringen, wenn sie sich in den wirtschaftlichen Interaktionsraum begeben, als auch auf der Seite der Ergebnisse, die die miteinander handelnden Individuen erzielen, von Ungleichheit eingerahmt ist. Und diese Ungleichheit erzürnt die Gerechtigkeitskritiker des Marktes. Sie wollen durch geeignete kompensatorische und distributive Maßnahmen sowohl die Ausgangsungleichheit als auch die Ergebnisungleichheit minimieren.

Wenn nach der Gerechtigkeit des Marktes gefragt wird, geht es zumeist darum, ein Konzept zu entwickeln, wie die Ungerechtigkeitsfolgen der Gerechtigkeit diesseits von Angebot und Nachfrage durch eine politische Ordnung des Marktes jenseits von Angebot und Nachfrage korrigiert werden können. Die Gerechtigkeit, die gesucht wird, ist immer eine marktexterne Gerechtigkeit. Sie ist in der durch politische Entscheidungen entwickelten Rahmenordnung zu Hause, die das Wettbewerbsgeschehen vor inneren Deformationen schützt und die Verteilungsergebnisse des Marktes durch steuerpolitische Umverteilungsmaßnahmen mit den vielfältigen Vorstellungen der Gerechtigkeit harmonisiert. Die Frage nach der Gerechtigkeit des Marktes ist also die Frage nach einer solchen Wirtschaftsordnung, die die Gerechtigkeitsvorstellungen der Gesellschaft mit den effizienzsichernden Mechanismen ungehinderter Preisbildung ausbalanciert. Eine solche Wirtschaftsordnung betreibt Wettbewerbssicherung und integriert zugleich die Marktwirtschaft in den umfassenden Sozial- und Kulturraum der Gesamtgesellschaft. Eine solche Marktwirtschaft bezeichnen wir als soziale Marktwirtschaft.

Erster Teil

Auf dem Weg zur sozialen Marktwirtschaft

I. Kritik des Wirtschaftsliberalismus

Eine realistische Betrachtung zeigt, dass Menschen ihren Vorteil suchen. Die Moderne hat diesen Grundzug in eine zivilisatorische Produktivkraft verwandelt. Das marktwirtschaftliche Konkurrenzsystem ist der Ort, wo die Selbstsucht zum Nutzen aller agiert. Dieses Kapitel berichtet von den Anfängen dieser moralischen Entlastung des Eigeninteresses. Es berichtet von der Bienenfabel des verruchten Bernard Mandeville, in der der Egoismus gefeiert wird, und von Adam Smith, dessen unsichtbare Hand die Tauschhandlungen der Marktteilnehmer in allgemeinen Wohlstand verwandelt. Da der schottische Philosoph davon überzeugt war, dass auf dem Markt genauso wie in der Natur eine gottgegebene Ordnung wirksam sei, hat er der staatlichen Politik nur die Aufgabe zugewiesen, die Ausgleichsmechanismen des Marktes nicht durch sachfremde Eingriffe zu behindern. Die Neoliberalen Alexander Rüstow und Wilhelm Röpke kritisieren diese These von der Selbstregulierungsfähigkeit des Marktes scharf. Dabei geht es ihnen nicht nur um eine Korrektur des theoretischen Bildes vom Marktgeschehen. Sie werden vor allem von einem praktischen Interesse geleitet. Sie erblicken in der Ideologie vom selbstregulierungsfähigen und staatsfrei zu haltenden Markt die Ursache für alle kapitalistischen Pathologien, für die Entstehung einer Kultur der Vereinzelung und Vermassung, für den Materialismus des modernen Bewusstseins. Der Wirtschaftsliberalismus ist für sie der Anfangsfehler der Moderne, der all die vielen verheerenden Modernisierungseffekte verschuldet hat. In der Dia-

gnose unterscheiden sie sich daher nicht sehr von der marxistischen Sicht. Jedoch teilen sie nicht die Therapie des Marxismus und lehnen Kollektivismus und Planwirtschaft entschieden ab. Sie wollen einen dritten Weg zwischen Wirtschaftsliberalismus und Sozialismus. Sie wollen eine staatlich gesetzte und beaufsichtigte Wirtschaftsordnung; und sie wollen eine ethische Integration der Wirtschaft in die Gesamtgesellschaft.

1. Anthropologischer Realismus

Weise ist nach den Vorstellungen der klassischen Ethik der Mensch, der seine Gemütskräfte unter Kontrolle hält und sich in einen harmonischen Ausgleich mit der Welt bringt. Weise ist der Mensch, der seine Bedürfnisse den Gegebenheiten anpasst, in allem das natürliche Maß einhält und seine Seele durch ein vernünftiges Regime seines Begehrens ruhigstellt. Leidenschaftslosigkeit, Seelenruhe, Unbedürftigkeit – Apathie, Ataraxie, Autarkie – lauteten daher die Zielvorstellungen der klassischen Ethik. Dem modernen Individuum ist diese Seelenruhe abhanden gekommen. Die von den Alten als ethischer Unruheherd verurteilte Pleonexie, die Gier nach immer mehr und immer Besserem, ist ihm zur zweiten Natur geworden. Der moderne Mensch ist konstitutionell unzufrieden und rastlos. Die wichtigste Zeit ist ihm die Zukunft; von ihr erwartet er alles; die Gegenwart dient ihm nur, um schnellen Schrittes durchquert zu werden; moderne Existenz ist transitorisch, auf stete Überbietung des bislang schon Erreichten ausgerichtet.

Diese anthropologische Charakteränderung ist den Zeitgenossen nicht verborgen geblieben. Darum hat die Menschenbeobachtung zu Beginn der Moderne einen Perspektivenwechsel vollzogen. Sie ist von einem anthropologischen Idealismus zu einem anthropologischen Realismus übergegangen. Diese ausdrückliche Hinwendung zu einer realistischen Menschensicht findet sich zuerst bei Machiavelli: Machiavelli will die wahre Wirklichkeit, nicht die Idealwirklichkeit des Menschen beschreiben. Er will die *verità effettuale* über die menschliche Natur herausfinden, nüchtern, durch keinerlei Wünschbarkeiten geblendet, die Funktionsgesetze menschlichen Handelns beschreiben, die treibenden Kräfte im menschlichen Inneren freilegen und die Konsequenzen dieser psychischen Dynamik in der gesellschaftlichen Welt verfolgen. Dazu bedurfte es der Entwicklung einer neuen moralneutralen Beschreibungssprache. Die Idealisten der alten Welt, vor allem ihr berühmtester, Platon, hätten, so sagt er, den Fehler begangen, den Menschen nach vorausgesetzten ethischen Vorstellungen zu modellieren, hätten nur das in der menschlichen Wirklichkeit zur Kenntnis genommen, was sich den normativen Voraussetzungen fügen würde. So eingezwängt zwischen Tugendideal und lasterhafter Verfehlung sei der Mensch in seiner wahren Wirklichkeit sich immer unbekannter geworden. Daher auch hätten die alten Philosophen, Platon, Aristoteles, die Stoiker und die anderen hellenistischen Schulen, aber auch die Philosophen des christlichen Mittelalters, bei ihren Versuchen, den Menschen zu begreifen, nur Nutzloses produziert, keinerlei verwendbare Erkenntnisse mitgeteilt.[1]

Dieser Nutzlosigkeitsvorwurf wird in der Folgezeit zum Gemeinplatz: die Alten – Platon, Aristoteles und die hellenistischen Philosophen –, so Hobbes noch hundert Jahre später, hätten nur *scripta verbifica,* hohles Gerede, leeres Geschwätz produziert.[2] Jetzt jedoch bestünde Aussicht auf einen signifikanten Fortschritt in der Menschenkenntnis und ihrer technisch-praktischen Anwendung zum Zwecke der Verbesserung menschlicher Lebensverhältnisse, denn jetzt würde man endlich den Menschen betrachten, wie er wirklich sei. Hobbes selbst verwendet allein die ersten zehn Kapitel seines *Leviathans* für eine derartige realistische Menschenuntersuchung. Und wieder rund ein Jahrhundert später schreibt Giambattista Vico (1668–1744) in seiner *Neuen Wissenschaft über die gemeinschaftliche Natur der Völker* (1723): »Die Philosophie sieht den Menschen so, wie er sein sollte, und ist daher nur für die wenigen brauchbar, die in Platos Republik leben und sich nicht in die Niederungen des Romulus begeben wollen. Die Gesetzgebung betrachtet den Menschen, wie er ist, und versucht, ihm eine nützliche Rolle in der menschlichen Gesellschaft zuzuweisen.«[3]

Das eindrucksvollste Dokument dieses neuen, sich polemisch gegen die nutzlosen Menschenverschönerungen der klassisch-christlichen Ethik stellenden Realismus findet sich im Werk des niederländischen Philosophen Baruch de Spinoza (1632–1677). Sein *Tractatus Politicus* beginnt mit folgender Passage: »Die Affekte, von denen wir mitgenommen werden, verstehen Philosophen als Fehler, in die die Menschen durch eigene Schuld verfallen. Deshalb pflegen sie sie zu belachen, zu beklagen, zu verspotten oder (sofern sie sich den Anschein besonderer Sittenreinheit geben wollen) zu verdammen. Sie glauben dergestalt etwas Erhabenes zu tun und den Gipfel der Weisheit zu erreichen, wenn sie nur gelernt haben, eine menschliche Natur, die es nirgendwo gibt, in höchsten Tönen zu loben, und diejenige, wie sie wirklich ist, herunterzureden. Sie stellen sich freilich die Menschen nicht vor, wie sie sind, sondern wie sie sie haben möchten; und so ist es gekommen, daß sie statt einer Ethik meistens eine Satire geschrieben und niemals eine Politik-Theorie konzipiert haben, die sich auf das wirkliche Leben anwenden ließe; produziert haben sie nur etwas, das als eine Chimäre anzusehen ist oder das man in Utopia oder in jenem goldenen Zeitalter der Dichter, wo dies fürwahr am wenigsten erforderlich war, hätte errichten können.«[4] Und weiter heißt es: »Als ich mich daher mit der Politik beschäftigt habe, war es meine Absicht, nicht irgend etwas Neues und bis jetzt noch Unbekanntes [zu entwerfen, WK], sondern lediglich das, was mit der Praxis am vorzüglichsten übereinstimmt, auf sichere und zweifelsfreie Weise zu beweisen, nämlich so, daß ich es aus der Verfaßheit der menschlichen Natur, wie sie tatsächlich ist, herleite. … Deshalb habe ich die menschlichen Affekte, beispielsweise Liebe, Haß, Zorn, Neid, Ruhmsucht, Mitleid und die übrigen Gemütsbewegungen, nicht als Fehler der menschlichen Natur betrachtet, sondern als deren Eigenschaften, die zu ihr so gehören wie zu der Natur der Luft die Hitze, die Kälte, der Sturm, der Donner und anderes dieser Art, Eigenschaften, die, mögen sie auch unangenehm sein, gleichwohl notwendig sind; sie haben bestimmte Ursachen, durch die wir ihre Natur zu begreifen suchen, und [unser, WK] Geist erfreut sich an ihrer unbestechlichen Betrachtung ebenso wie an der Erkenntnis dessen, was den Sinnen angenehm ist.«[5]

Dieses Interesse an der Verfassung des triebhaften Unterholzes der menschlichen Seele, an den Wirkgesetzen des Regimes der Affekte und Leidenschaften ist aufgekommen, weil immer offensichtlicher war, dass die Disziplinierungsleistungen der bisherigen Affektkontrolle in der modernen Welt zunehmend schwächer wurden. Klassische Ethik und christliche Religion konnten immer weniger die Affekte und Leidenschaften in Zaum halten. Es bedurfte neuer Formen der Beaufsichtigung der Affekte. Und damit die Entwicklung dieser neuen Kontrollmittel sich auf zulässiges Wissen stützen konnte, musste die Natur des Menschen, musste insbesondere seine Affekt- und Leidenschaftsnatur nüchtern in den Blick genommen und erforscht werden. Und um das wiederum zu ermöglichen, musste zuerst die ethische Einfärbung der menschlichen Natur zurückgenommen werden, mussten die tugendethischen und lasterethischen Bewertungen entfernt werden.

Im Wesentlichen waren es zwei Wege der Affektkontrolle, die von den Denkern in dieser Geburtsstunde der kapitalistischen bürgerlichen Gesellschaft diskutiert wurden: Der eine war der repressive Weg, der andere war der listige Weg. Der repressive Weg war der Weg des Staates. Schon Augustinus hatte nach dem Staat gerufen, um die verhängnisvollen Auswirkungen der drei Laster – Habsucht, Herrschsucht und sexuelle Begierde – einzugrenzen. Und Hobbes' Leviathan liefert dann das neuzeitliche Gegenstück zu dieser Kur. Interessanter aber ist der listige Weg, denn auf ihm begegnet man der Ahnung von der Funktionsweise der marktwirtschaftlichen Gesellschaft. Listig ist dieser Weg, weil er aus den Affekten selbst den Stoff zur Bekämpfung ihrer destruktiven Auswirkungen nimmt. Das Arrangement, das diese serologische Umwandlung des Destruktiven ins Produktive ermöglicht, ist die arbeitsteilig organisierte Marktgesellschaft, die mit ihren Tauschverhältnissen, ihrem Mechanismus von Angebot und Nachfrage, ihrer Selbstorganisationsfähigkeit eine Grundlage dafür schafft, dass jeder ohne jede tugendethische Besorgnis seinen privaten Lastern, seiner Habgier und Bereicherungssucht folgen kann und gerade durch diese Selbstsucht an der kollektiven Produktion vielfältigster zivilisatorischen Segnungen mitwirkt. Bei Vico lesen wir: »Aus Grausamkeit, Habsucht und Ehrgeiz, den drei Lastern, die alle Menschheit in die Irre führen, macht (die Gesellschaft) nationale Verteidigung, Handel und Politik und begründet damit die Stärke, den Wohlstand und die Weisheit der Republiken; aus diesen drei großen Lastern, die ganz gewiß den Menschen auf Erden vernichten würden, läßt die Gesellschaft auf diese Weise das allgemeine Glück hervorgehen. Dieses Prinzip beweist die Existenz einer göttlichen Vorsehung: Durch ihre vernünftigen Gesetze werden die Leidenschaften der Menschen, die gänzlich mit dem Streben nach privaten Vorteilen beschäftigt sind, in eine öffentliche Ordnung verwandelt, die es den Menschen erlaubt, in der menschlichen Gesellschaft zu leben.«[6]

2. Bernard Mandevilles Bienenfabel

Die provokanteste Darstellung dieses sich zu seinem Egoismus bekennenden Homo oeconomicus hat Bernard Mandeville in seinem Erzählgedicht *The Fable of the Bees* gegeben, das dem Leser die moralisch paradoxe Botschaft vermitteln sollte, dass – so der Untertitel – »Private Vices Publick Benefits« hervorbringen, also ein selbstsüchtiges Erwerbsleben größten öffentlichen Nutzen bewirken, hingegen ein in aufrichtiger Tugendhaftigkeit geführtes Arbeitsleben den Wohlstand aller empfindlich absenken würde. Der Philosoph und Bischof George Berkeley bezeichnete dieses Pamphlet von den segensreichen volkswirtschaftlichen Folgen moralisch enthemmten Handelns als »das böseste Buch, das es je gab«. Andere beschimpften Mandeville als Man-Devil und stellten ihn dem berüchtigten Machiavelli und dem finsteren Hobbes an die Seite.[7] Und auch heute wird man auf dieses Triumvirat der Unerschrockenheit zeigen müssen, wenn man die benennen will, die die tradierte christlich-moralische Weltanschauung am entschiedensten herausgefordert und dem auf sich selbst gestellten, abstrakten und aus allen überkommenen Ordnungsbezügen herausgefallenen Individuum der Neuzeit gleich zu Beginn schärfsten physiognomischen Ausdruck verliehen haben.

Die *Bienenfabel*[8] ist zweigeteilt. Beide Teile beweisen, dass Egoismus gemeinnützig ist. Der erste Teil liefert den Beweis in Form einer positiven These, der zweite Teil liefert den Beweis *via negationis*, in Form einer negativen These. Am Anfang steht die Schilderung des hierarchisch-organischen Aufbaus der Bienengemeinschaft, die sofort als Veranschaulichung der zeitgenössischen englischen Gesellschaft und ihrer monarchischen Verfassung kenntlich gemacht wird. Danach wird die Betrachtungsperspektive konkret. Nacheinander nimmt sich Mandeville der einzelnen Stände und Berufe an und zeichnet in grellen Farben ihre standesspezifischen und berufsspezifischen Laster. Die Rechtsgelehrten spucken auf die Gerechtigkeit und biegen und beugen die Gesetze; die Ärzte denken nur an ihr Honorar und nicht an die Patienten; die Offiziere betrinken sich im Kasino und schicken die Mannschaften in den Kugelhagel; der Klerus predigt Mäßigung und säuft und prasst; die Beamten sind bestechlich und wirtschaften in die eigenen Taschen: Wo auch immer man die dünne Decke bürgerlicher Wohlanständigkeit zurückschlägt, stets stößt man auf Betrug, Bestechung, Vetternwirtschaft, Lasterhaftigkeit, Heuchelei.

Diese Verkommenheitsklagen waren nicht im Mindesten neu. Sie erregten auch keinerlei Anstoß. Dekadenzkritik und Zusammenstellung von Lasterkatalogen gehören von Beginn an zum tugendethischen Diskurs; sie geben eine Vorstellung von den Herausforderungen, denen ein Tugenderzieher gewachsen sein muss. Im Himmel herrscht kein Bedarf an Ethikern. Das Eigentümliche der Bienenfabel ist aber nun, dass sie behauptet, dass man auch hienieden nicht der Tugendlehre und der ethischen Erziehung bedarf. Denn dass es in einer hochkomplexen, arbeitsteilig organisierten Gesellschaft um die Moral so schlecht steht, ist gut. Und erst diese paradoxe Konsequenz, diese serologische Dialektik hat Mandeville bei Klerus und allen anderen Agenten der Moral und bürgerlichen Wohlanständigkeit verhasst gemacht.

Freilich kann man nur dann behaupten, dass so viel Schlechtigkeit gut ist, wenn man die Semantik des Guten verändert. Und genau das ist das Geheimnis der Mandevilleschen Botschaft: Er wechselt vom moralischen Diskurs in den ökonomischen Diskurs, von der mikromoralischen Perspektive zur makroökonomischen Perspektive. Und dann zeigt sich, dass das, was von einem moralischen Gesichtwinkel aus betrachtet abzulehnen ist, von einem ökonomischen Gesichtswinkel aus betrachtet jedoch begrüßt werden muss. Freilich ist das nicht die ganze Wahrheit. Denn grundsätzlich ist gegen einen Perspektivenwechsel nichts einzuwenden; warum sollte eine Sache nicht aus zwei unterschiedlichen Blickwinkeln betrachtet werden? Warum sollte es keine ökonomische Betrachtung der Tugend und des Lasters geben dürfen? Aber Mandeville hat keine neutrale ökonomische Vermessung einer lasterhaften, sich durchgehend gegen die normativen Standards ihrer Arbeits- und Professionswelt stellenden Gesellschaft im Sinn. Er macht sich vielmehr an die moralisch provokante Aufgabe, die Lasterhaftigkeit durch den Nachweis ihrer wirtschaftlichen Produktivität moralisch zu rehabilitieren, da – das ist die als evident angesehene und nicht weiter reflektierte Prämisse – volkswirtschaftlich begrüßenswerte Zustände immer auch moralisch positive Zustände sind. Wird der Egoismus als unentbehrliche Produktivkraft des wirtschaftlichen Wachstums entdeckt, dann kann er nicht mehr der moralischen Kritik ausgesetzt werden, dann muss er auch gelobt werden, wenn er in der Gestalt moralischer Verworfenheit auftritt. Dann muss er in seiner ökonomischen Funktionalität gewürdigt und vor der übereifrigen moralischen Verurteilung derjenigen, denen es an ökonomischem Sachverstand mangelt und die die Mechanismen der Wohlstandsmehrung im Bienenkorb nicht kennen, geschützt werden.

Wie unvernünftig es ist, diese Entmachtung der Moral durch die Ökonomie rückgängig zu machen und die Herrschaft über die öffentliche Meinung wieder den Ethikern zu überlassen, zeigt der zweite Teil der Fabel. Moralphilosophen und Moralisten, die Mandeville nur »sermonizing rascals« – predigende Schurken – nennt[9], können die Lasterhaftigkeit oder vielleicht auch nur ihre Entmachtung nicht länger ertragen. Sie wollen der Sünde Einhalt gebieten, prangern Fehlverhalten an. Die Gesellschaft folgt ihnen und bekehrt sich. Sie wird tugendhaft. Niemand besticht mehr, niemand sucht mehr rücksichtslos seinen Vorteil, alle halten sich an die Regeln, werden maßvoll und bescheiden. Und das Ergebnis ist fatal: Die Energien des Egoismus verschwinden; der moralischen Mäßigung fallen alle Antriebskräfte zum Opfer; die Gesellschaft wird passiv; der Wettbewerb schläft ein; das Wohlstandsniveau fällt; die Zivilisation verödet; aus der prassenden Gesellschaft wird eine frugale Gesellschaft, die mit dem Nötigsten zufrieden ist; statt einer wachstumsfördernden Produktivität nur noch robuste Subsistenzwirtschaft, die den Status quo kontinuiert; die Manufakturen schließen ihre Pforten, die Gerichte, Restaurants und Bars ebenso; Massenarbeitslosigkeit macht sich breit; die gesamte Gesellschaft verarmt und geht zugrunde.

Der Umschlagsplatz, auf dem *private vices* sich in *public benefits* verwandeln, ist die makroökonomische Ebene, die Ebene der Wirtschaftsverfassung. Damit diese paradoxe Symbiose von privater Unmoral und sozio-ökonomischem Gesamtwohlstand gelingt, bedarf es freilich kluger Politiker, die die geeigneten Institutionen schaffen und Gesetze erlassen. Mandeville ist kein Apologet des absoluten Marktes; nur wenn eine Verfassung die nötigen Handlungsspielräume festlegt, mag es so sein, »daß private Laster durch das gescheite Management eines geschickten Politikers in öffentlichen Nutzen gewendet werden mögen«.[10]

Dieser letzte Punkt ist wichtig. Er zeigt an, dass Mandeville kein Theoretiker war, sondern ein Pamphletist mit liberalen Instinkten. Er steht mehr in der Tradition der französischen Moralisten als in der Tradition der Physiokraten, die später dann mit ihrer These vom *ordre naturel* (im Unterschied zum *ordre de la nature*) Adam Smith beeinflussten. Dass ein derartiger *ordre naturel* existiere, dass es ein System natürlicher, zeitlos gültiger und unabänderlicher, von Gott selbst errichteter Gesetze gäbe, deren Kenntnis die Menschen instand setzen würde, ihre Gesellschaft und insbesondere auch ihre Wirtschaft zum größten Nutzen aller zu organisieren, diese These gehört nicht zu Mandevilles Überzeugungsbestand. Für die Physiokraten hingegen lieferte sie die Grundlage für ihr *Laissez-faire-/Laissez-aller*-Programm der Wirtschaftsfreiheit. Bei François Quesnay, dem Begründer des Physiokratismus – der seinen Lebensunterhalt übrigens als Leibarzt von Madame Pompadour verdiente –, können wir lesen: »Die konstitutiven Gesetze der Gesellschaft sind keine menschlichen Institutionen … Die Gesetze sind für immer etabliert durch den Schöpfer der Natur … Es gibt keinen Grund, über die gesetzgeberische Autorität zu streiten … denn sie gehört nur dem Allmächtigen, der alles in der allgemeinen Ordnung des Universums geregelt und vorgesehen hat: Die Menschen können nur Unordnung hineinbringen, und diese Unordnung, die sie vermeiden sollen, kann nur durch die genaue Respektierung der natürlichen Gesetze ausgeschlossen werden.«[11] Es gehört zu den Merkwürdigkeiten der Moderne, dass das Naturrecht, dem Hobbes auf grobe, Kant auf subtile Art den Garaus bereitet haben, ausgerechnet auf jenem Gebiet Auferstehung feierte, auf dem die Modernisierung am heftigsten voranstürmte und ihre destruktiven Effekte besonders sinnfällig wurden, auf dem Gebiet der Ökonomie und Wettbewerbsgesellschaft.

3. Adam Smiths optimistische Metaphysik

Während Mandeville uns den Kapitalismus als *graphic novel*, als *cartoon* und *comic book* präsentiert, präsentiert ihn Adam Smith als Traktat, durch den wir nicht nur von seinen empirisch erfassbaren Gesetzmäßigkeiten, sondern auch von seiner verborgenen Verfassung erfahren. Adam Smith war zweifellos ein glücklicher Mensch; nicht nur, weil er sich großer gesellschaftlicher Wertschätzung erfreuen durfte, sondern weil auch er sich sicher war, dass in allen Dingen eine natürliche Ordnung waltete, die Spannungen ausglich und die selbstzentrierten Strategien der Einzelnen bündelte und zu einem für alle vorteilhaften Ergebnis summierte. Adam Smith war ein glücklicher Mensch, weil er sein Denken auf eine optimistische Metaphysik stützte. Die ökonomischen Entdeckungen, der Automatismus der Marktwirtschaft, die Selbstregulierung im Wettbewerbssystem durch den Mechanismus von Angebot und Nachfrage, waren für ihn ökonomische Manifestationen einer natürlichen wohltätigen Harmonie. Indem er die Gesetzmäßigkeiten des Kapitalismus auf die ordnende Weisheit des Weltenschöpfers zurückführt, bedient er sich eines wohletablierten kosmologischen Deutungsschemas. Dass die Welt ebenso wie die menschlichen Angelegenheiten den Kräften einer heimlichen Ordnung unterworfen sind, dass den Kosmos eine Harmonie durchwaltet, die sich in allen Dingen widerspiegelt, gehört zum Fundus des abendländischen Weltverständnisses. Erste Zeugnisse dieser Metaphysik der verborgenen Ordnung der Dinge finden sich in den Theorien des Pythagoras und des Heraklits.

Alle Künder der Moderne haben die mit dem modernen Individuum in die Welt gekommene Rastlosigkeit bemerkt, haben sie – wie Machiavelli – als Begehrensdynamik interpretiert, deren innere Destruktivität nur durch ein geeignetes Verfassungswerk gebändigt werden kann, haben sie – wie Hobbes – als rationales Selbsterhaltungsprogramm in einer Welt der Knappheit ausgelegt, das erst dann Ruhe findet, wenn die schützenden Mauern des Staates hochgezogen werden, oder haben sie – wie Adam Smith – als Ursache wirtschaftlicher Produktivität und zivilisatorischen Fortschritts gefeiert. Smith sieht in diesem rastlosen Streben nach besseren Lebensverhältnissen das Wirken eines unbändigen Freiheitsdrangs, der sich gegen jede obrigkeitliche Einschränkung seiner Glücksvorstellungen richtet und auf die Dauer durch keine politische Intervention unterdrückt werden kann. »Das gleichmäßige fortwährende und ununterbrochene Streben der Menschen nach besseren Lebensbedingungen, Ursache und Quelle des öffentlichen und nationalen wie des privaten Wohlstands, ist durchweg mächtig genug, trotz Unmäßigkeit der Regierung und größter Fehlentscheidungen in der Verwaltung den natürlichen Fortschritt zum Besseren hin aufrechtzuerhalten. Er wirkt ähnlich wie die Abwehrkräfte im menschlichen Organismus, die den Körper immer wieder gesunden lassen, trotz unsinniger Anweisungen des Arztes.«[12]

Während bei Machiavelli und Hobbes das rastlose Begehren ein Ordnungsrisiko darstellt, das durch ein mächtiges institutionelles Bollwerk entschärft werden muss, die Obrigkeit, die politischen Maßnahmen, die Gesetze und Einrichtungen also als Arznei verstanden werden, die die Krankheit des Egoismus einzudämmen versucht, haben sich bei Adam Smith die Seiten verkehrt: Jetzt ist die merkantilistische Eingriffsverwaltung der fürstlichen Politik und vor allem die paternalistische Gemeindeleibeigenschaft der Arbeiter, die den Aufbau eines Arbeitmarktes verhindert, der Krankheitsherd und der entschlossen an der Besserung seiner Verhältnisse nach eigenem Urteil arbeitende Bürger die Kraft, an dem der Körper der Volkswirtschaft gesunden wird. Das Heil der Gesellschaft liegt in einer Deregulierung des Verordnungswesens, in einer Kommodifizierung von Boden, Geld und Arbeit, einem Abbau aller Hindernisse ökonomischer Selbstbestimmung, in Freihandel und Aufhebung des Zunftwesens, in der Gewährung von Gewerbefreiheit, freiem Warenverkehr und freier Preisbildung. Ökonomische Selbstbestimmung heißt: Arbeitskraft und Kapitel dort einzusetzen, wo es dem Eigentümer der Arbeitskraft und dem Kapitalisten geeignet erscheint; ökonomische Selbstbestimmung heißt: selbst über die Wege der Optimierung des Nutzens der eigenen Ressourcen bestimmen zu können und die dabei auftretenden Risiken selbst zu tragen. Nicht die Politik soll mit ihren ordnungspolitischen Verfehlungen über das Gelingen des individuellen Ressourceneinsatzes entscheiden, sondern ausschließlich der von allen merkantilistischen und paternalistischen Verordnungen, von allen Freiheitsbeschränkungen befreite Markt.

Dieses Vertrauen auf einen expansiven Markt, diese Ausschaltung der politischen Steuerung fiel Adam Smith umso leichter, als er davon überzeugt war, dass das pleonektische Streben der Menschen, ihre Unzufriedenheit und Rastlosigkeit sich mit der natürlichen Ordnung der Dinge in Übereinstimmung befanden, deren Optimierungsdynamik durch politische Ignoranz und fehlgeleiteten Paternalismus zerstört werden würde. Gerade weil eine natürliche Ordnung die vielen selbstzentrierten Glücksstrategien zum Nutzen aller und der Allgemeinheit integrieren würde, kann und muss sich die verordnungssüchtige Politik aus dem wirtschaftlichen Geschehen zurückziehen. Nur so kann sich der Markt mit seinen Selbstregulationsmechanismen ausbilden, durch den sich die natürliche Ordnung segensreich in der Gesellschaft bemerkbar macht. Der Markt ist gleichsam ein kosmisches Pfingsten; der Ort der Epiphanie der natürlichen Ordnung; die Wirkungsstätte einer unsichtbaren Hand des Ausgleichs. In welchem Maße sich in dem Werk des Begründers der Nationalökonomie religionstheoretische und metaphysische Vorstellungen auswirken, zeigt eindrucksvoll die folgende Passage aus der *Theory of Moral Sentiments.* »Man kann also in gewissem Sinne von uns sagen, daß wir Mitarbeiter Gottes sind, und daß wir, soweit es in unserer Macht steht, die Pläne der Vorsehung ihrer Verwirklichung näher bringen. Wenn wir anders handeln, dann scheinen wir dagegen den Plan gewissermaßen zu durchkreuzen, den der Schöpfer der Natur zur Herbeiführung der Glückseligkeit und Vollkommenheit der Welt entworfen hat, und scheinen uns, wenn ich so sagen darf, gewissermaßen als Feinde Gottes zu erklären.«[13]

Adam Smith hat zwar die Metapher von der unsichtbaren Hand berühmt gemacht, aber die damit zum Ausdruck gebrachte Vorstellung eines hinter dem Rücken der Akteure wirkenden Mechanismus des Ausgleichs privater und öffentlicher, besonderer und allgemeiner Interessen war zu Beginn der Neuzeit weit verbreitet. So heißt es etwa in Montesquieus *Geist der Gesetze* über die politische Ambition: »Man könnte hier einen Vergleich ziehen zu der Ordnung des Weltalls, wo es eine Kraft gibt, die alle Körper ständig vom Mittelpunkt fliehen läßt, und die Schwerkraft, die sie dahin zurückzieht. Die Ehre setzt alle Teile des Staatskörpers in Bewegung, sie verbindet sie durch ihr Wirken, und schließlich ergibt sich, daß jeder zum Gemeinwohl beiträgt, auch wenn er glaubt, nur seine Sonderinteressen zu verfolgen.«[14] Die immer weiter vordringende Form einer marktgravitierten Vergesellschaftung hat die gesellschaftliche Komplexität so stark anwachsen lassen, dass die traditionellen Mächte sittlicher Selbstdisziplinierung zunehmend wirkungslos wurden. Der Zerfall alter Verfassungsstrukturen, die Freisetzung vieler Gesellschaftsmitglieder aus vorgegebenen Praktiken und Handlungsmustern warf Ordnungsprobleme auf, die mit den überkommenden Sittlichkeitsinstrumenten der wertintegrierten Traditionswelt nicht mehr gelöst werden konnten.

Die Disziplinierungswirkung wechselseitiger Beobachtung bleibt aus, wenn die sozialen Räume zunehmend unübersichtlich und undurchschaubar werden. Diese Diskrepanz zwischen der überkommenden Moral und einer sich ihr ins Abstrakt-Atomistische entziehenden bürgerlichen Gesellschaft schafft Ungewissheit und Unsicherheit und damit ein Bedürfnis nach konzeptioneller Neuorientierung, die die offensichtlich gewordene, die dynamische Entwicklung der neuen Gesellschaft der Individuen hemmende Irrationalität des alten Moralkonzepts überwindet und ein den neuen Gegebenheiten angepasstes neues Ordnungsmodell entwickelt. Dieses neue Ordnungsmodell zielt auf eine moralische Entlastung der Individuen; es erlaubt ihnen, ihre Kräfte ausschließlich für eine Teilhabe an der neuen wirtschaftlichen Welt der bürgerlichen Gesellschaft einzusetzen. Niemand sieht sich mehr der Verpflichtung gegenüber, das allgemeine Gute in seine Handlungsstrategien aufzunehmen, Verantwortung für die Allgemeinheit zu übernehmen. Möglich wurde diese Externalisierung moralischer Selbstdisziplin zum einen durch eine Versachlichungsstrategie, durch die die bekämpften Leidenschaften und lasterhaften Passionen der sittlichen Vergangenheit in neutrale und legitime Interessen verwandelt wurden[15]; und zum anderen durch die Einbindung dieser sittlich freigesetzten selbstischen Interessen in ein absichtslos und unsichtbar wirkendes Ordnungsgefüge.

4. Alexander Rüstow und Wilhelm Röpke über das Versagen des Wirtschaftsliberalismus

Man kann diesen erstaunlichen Umstand, dass der Wirtschaftsliberalismus alteuropäische Kosmos-Spekulationen aufgegriffen hat, um die Wirkungsweise der weltgeschichtlichen neuen Marktwirtschaft in einer individualistischen Gesellschaft zu erläutern, auf mehrfache Weise interpretieren. Man kann es als Ausdruck des Erstaunens des Forschers bewerten, der bei seiner Erforschung der jungen bürgerlichen Gesellschaft auf den merkwürdigen Sachverhalt stieß, dass der bislang tugendethisch geächtete Egoismus sich in eine Produktivkraft des gesellschaftlichen Wohlstands verwandeln kann. Man kann es als Nachahmung der Naturwissenschaften, als Übernahme des Erfolgsbedingungen der neuzeitlichen Physik deuten: Wissenschaft verlangt Gesetzmäßigkeiten, um mittels Erklärung und Prognose das Handeln rational orientieren zu können. Man kann in dieser theologisch-metaphysischen Begründung aber auch eine Strategie praktischer Kapitalismusaffirmation erblicken. Der Mythos von der unsichtbaren Hand erscheint dann als kapitalistisches Legitimationsmodell der ersten Stunde; indem das vielfältige Marktgeschehen von einer unsichtbaren Hand gelenkt erscheint – die »aber im Grunde nur ein anderer Ausdruck für die göttliche Vernunft der deistischen Philosophie ist«[16] –, sieht es so aus, als ob diese neue Wirtschaftsform mit der Vorsehung Gottes im Bunde steht. So bot dieser Mythos dem konservativen tugendethischen Bewusstsein die Möglichkeit, sich mit den veränderten Lebensbedingungen zu arrangieren und allmählich selbst modern zu werden, und erleichterte den Einbruch des Marktmodells in die gesellschaftlichen Bereiche, die bislang keinerlei marktförmige Organisation besaßen.

Gemeinsam ist diesen Hypothesen, dass sie die Verwendung metaphysischer und theologischer Ordnungsbegründungen damit erklären, dass bei den Selbstverständigungsbemühungen neuer kultureller und gesellschaftlicher Konstellationen in der Regel traditionelle Deutungsmuster hermeneutische Verwendung finden. Denn die Sprache steht noch nicht bereit, die dem revolutionär Neuen zu adäquatem Ausdruck verhelfen könnte. Gemeinsam ist den Thesen auch, dass sie hermeneutisch harmlos sind und den verwendeten Metaphern lediglich die Bedeutung einer behelfsmäßigen Veranschaulichung struktureller Stetigkeit und erfahrener Gesetzmäßigkeit zuschreiben, die obsolet wird, sobald der Blick des Forschers ins Detail geht und sich das begriffliche Instrumentarium verfeinert.

4.1 Marktwirtschaft als Religion

Der Neoliberale Alexander Rüstow freilich hat eine wesentlich dramatischere Interpretation dieses aus Religion und Metaphysik gewebten Metaphernnetzes vorgelegt, die die Rede von der natürlichen Ordnung nicht als Platzhalter für eine noch zu entwickelnde feinere und empiriefreundliche Beschreibungssprache betrachtet, sondern als Ausdruck eines verhängnisvoll fehlgeleiteten Denkens, das wesentlich verantwortlich für das sein soll, was er das »Versagen des Wirtschaftsliberalismus« genannt hat.[17] Wenn Rüstow von Wirtschaftsliberalismus spricht, dann meint er mehr als die theoretischen Bemühungen der Schottischen Aufklärung, mehr als die ersten Selbstverständigungsversuche der frühen bürgerlichen Jahre bei Adam Smith und seinen gesellschafts- und wirtschaftsinteressierten Freunden. Wirtschaftsliberalismus ist für Rüstow eine Weltanschauung, eine kulturelle Formation und kollektive Bewusstseinsform, relativ einheitlich und von einem zentralen

Prinzip beherrscht. Sie formiert die öffentlichen Diskurse und prägt die politischen Entscheidungen. Sie gibt dem Geist der Zeit sprachlichen Ausdruck; regiert und repräsentiert zugleich die realen materiellen Geschehnisse. Sie ist hinreichend bestimmt, um in den ideologischen Auseinandersetzungen der Zeit ideelle Orientierung zu geben, doch in ihrer Begrifflichkeit allgemein genug, um durch kleinere Diskontinuitäts- und Abweichungsphänomene nicht sonderlich irritiert zu werden und darum größere Zeiträume deutend überwölben zu können.

Wenn Rüstow vom Versagen des Wirtschaftsliberalismus spricht, dann meint er, dass diese wirtschaftsliberale Weltanschauung mit ihrem Zentraldogma des unbegrenzten Marktes wesentlich dafür verantwortlich ist, dass das liberale Projekt des 19. Jahrhunderts gescheitert ist, dass unter der Herrschaft des Mythos der Selbstregulationsfähigkeit des Marktes ein ungeheures Zerstörungswerk in Gang gesetzt wurde, das letztlich den Liberalismus selbst zertrümmerte und die Stätte für die totalitären Systeme des Leninismus/Stalinismus und des Faschismus/Nationalsozialismus mit ihren menschenverachtenden Politikvorstellungen und ihren freiheitswidrigen plan- und staatswirtschaftlichen Organisationsformen bereitete. Und eben dieser Untergang der bürgerlichen Welt, dieser Zivilisationsbruch soll, so Rüstows erstaunlich idealistische Ätiologie, seine Ursache in den religiösen und metaphysischen Vorstellungen des wirtschaftsliberalen Denkens haben, die die entstehende Marktwirtschaft als Erlösungsordnung deuteten und damit ihre Unangreifbarkeit begründeten und ihre gesellschaftliche Entgrenzung begünstigten.[18] Dieses Denken soll die faktischen Verhältnisse in einen mystischen Nebel gehüllt haben, soll ihre Erforschung und sachliche Bewertung durch Apotheose verhindert haben, so dass die wahre Natur des Kapitalismus, seine wirklichen Stärken und seine wirklichen Schwächen verborgen blieben und keine aufgeklärte Wirtschaftspolitik entwickelt werden konnte, die der Marktwirtschaft die Ordnung zu geben vermochte, die sie um ihrer selbst und um des gesellschaftlichen Zusammenhalts willen braucht.

Alexander Rüstow hat *Das Versagen des Wirtschaftsliberalismus* während des Zweiten Weltkriegs in seinem türkischen Exil geschrieben und 1945 veröffentlicht; ein Jahr nachdem der gebürtige Budapester Karl Polanyi seine Studie *The Great Transformation* veröffentlicht hatte[19], die er während des Zweiten Weltkriegs zuerst in England und dann in den Vereinigten Staaten, wohin er 1933 ausgewandert ist, geschrieben hat. Beide Bücher erzählen eine Geschichte des Liberalismus: Rüstow aus mehr geistesgeschichtlicher, Polanyi aus mehr sozialgeschichtlicher Perspektive. Und beide kommen zu derselben Einsicht: Der entfesselte Kapitalismus muss gezähmt werden, der anarchisch freie Markt muss geordnet werden; die sich aus allen sozialen und kulturellen Bindungen lösende, tradierte Loyalitäten und Obligationen in ihren »Teufelsmühlen« (Polanyi) zermahlende Wirtschaft muss wieder eingebettet werden. Eingebettetsein, *embeddedness*, ist das Stichwort der Polanyi-Jünger. Es gilt, die Wirtschaft wieder in die Gesellschaft zu integrieren, die Erkenntnis zu beherzigen, dass das kapitalistische System sich aus sich selbst nicht erhalten kann, seine eigenen Gelingensbedingungen nicht kontrollieren kann, sondern auf externen Beistand und auf externe Beaufsichtigung angewiesen ist, auf einen ordnenden Staat und ein kulturelles Ethos. Polanyi bezeichnet diese Zivilisierung des Kapitalismus durch geeignete Strategien der Einbettung als »great transformation«. Ihr Ziel ist letztlich die Abschaffung der Marktwirtschaft, die Entkommodifizierung von Geld, Boden und Arbeit. Letztlich wird in diesem Kommunitarismus *avant la lettre* das »utopische Experiment eines selbstregulierenden Marktes«[20]

ersetzt durch den Traum vom »Ende der Marktwirtschaft«, von dem sich Polanyi »den Anfang einer Ära nie dagewesener Freiheit«[21] erhofft.

Rüstow hingegen setzt auf eine »Erneuerung des Liberalismus«[22], auf einen revidierten, neuen Liberalismus, eben den Neoliberalismus. Er versteht ihn als dritten Weg, der die Scylla des Wirtschaftsliberalismus und die Charybdis der totalitären Planwirtschaft gleichermaßen zu vermeiden sucht, aber wie alle dritten Wege, wie alle Vermittlungen nicht aus sich selbst heraus die Mitte bestimmen kann, sondern seinen Kurs immer nur als gleichzeitige Vermeidung der Extreme, also stets mit Blick auf sie – und nie mit Blick nach vorn – festlegen kann. Entsprechend ist er fortwährend der Kritik ausgesetzt, sich entweder der einen oder der anderen Seite zu weit zu nähern, und wird doch immer auch zugleich versuchen, diesen Vorwürfen zu entgehen. Daher gerät er unvermeidlich ins Schlingern. Wir bezeichnen diesen wirtschaftspolitischen Schlingerkurs als soziale Marktwirtschaft.

Aber bevor ich auf diese »Erneuerung des Liberalismus«, auf diesen dritten Weg des Neoliberalismus näher eingehe, ist erst einmal zu klären, was denn nun im Einzelnen dem Wirtschaftsliberalismus aufgrund seiner metaphysisch-theologisch drapierten Selbstregulierungsillusion anzulasten ist. Rüstows Defizitliste weist fünf Mängel auf. Da ist einmal der Passivismus, Resultat eines Pessimismus, der angesichts der negativen sozialen Folgewirkungen von Wirtschaftsfreiheit und entfesseltem Arbeitsmarkt keinerlei reformerische Regung aufkommen ließ und in dem Verzicht auf gestaltendes Eingreifen das ordnungspolitische Nichthandeln des Optimismus mit negativem Vorzeichen fortsetzte: Beruhte die Abwesenheit aller Ordnungspolitik im smithianischen Optimismus auf dem subtheologischen Glauben an die Selbstregulierungsfähigkeit der Marktwirtschaft, so geht sie nach dem

Umschlag in malthusianischen Pessimismus auf fatalistische Lähmungserscheinungen zurück. Das Nichtmüssen weicht einem Nichtkönnen, die Überzeugung von der Verbesserungsunbedürftigkeit der Marktwirtschaft weicht der Überzeugung von der Verbesserungsunfähigkeit. In beidem wirkt der gleiche Aberglaube an unbedingte, mit geradezu kosmischer Notwendigkeit ablaufende Gesetzmäßigkeiten, an eine autonome, für sich selbst bestehende und durch eigene Gesetze regierte Wirtschaftssphäre. Der Sozialismus hat dann dieses durch pessimistischen Passivismus erzeugte Reformvakuum des Liberalismus als Chance für sein sozialrevolutionäres Programm zu nutzen versucht.

Ein weiterer Mangel des Wirtschaftsliberalismus ist das, was Rüstow »Glückseligkeitsdusel«[23] nennt. Gemeint ist damit, dass im Schatten des theologischen Optimismus des Wirtschaftsliberalismus eine vulgärliberale Verharmlosung des kompetitiven Marktgeschehens stattfand: Alle wurden zu Gewinnern erklärt; Verlierer durfte es nicht geben, war doch die Konkurrenz, wie der französische Ökonom Frédéric Bastiat in seinem Werk *Harmonies Economique* meinte, ein »offensichtlicher Beweis der unparteiischen Fürsorge Gottes gegenüber all seinen Schöpfungen«.[24] Die Konkurrenz wurde in einen Harmoniebrei getaucht und verlor alle Kantigkeit, alle Härten; sie war ein gottgegebener Weg, der alle ausnahmslos zu Wohlstand und Glückseligkeit führte. Wenn dieser Weg jedoch eine andere Wendung nahm, wenn sich kein Wohlstand einstellte und der Markt sich gegen sie kehrte, waren die Menschen nicht darauf vorbereitet. Im Schatten der Glückseligkeitsduselei entwickelt sich keine Kultur der Selbstverantwortlichkeit. Schicksalsglauben macht defätistisch, führt nicht zur Anspannung eigener Kräfte, bringt keine Kämpfermentalität hervor, die einen wieder aufstehen ließ, wenn das Marktgeschick einem übel mitgespielt hat.

»Was dadurch gezüchtet wurde, besonders in denjenigen Ländern, denen die härtende Tradition des Calvinismus fehlte, das war jener Typ des Spielers, dem das Spiel nur Spaß macht, solange er gewinnt, der aber beim ersten Verlust beleidigt fortgeht und nicht mehr mitspielen will: das Gegenteil des guten Verlierers. Das war jene unmännliche Wehleidigkeit, die besonders im Traditionsbereich des lutherischen Patriarchalismus bei der kleinsten Schramme gleich laut schreiend zum Vater Staat gelaufen kam, um sich ein Subventionspflaster aufkleben zu lassen.«[25] Die Wirtschaftswelt hat seit ihrer wirtschaftsliberalen Hochgestimmtheit und der dann folgenden »kapitalistischen Entartung«[26] bis zur sozialstaatlichen Gegenwart allerlei Häutungen durchlaufen und ihre Gestalt mehrfach verändert, doch wird man nicht sagen können, dass diese von Rüstow beschriebene Mentalität verschwunden ist. Im Gegenteil, ihr Wirken ist immer noch zu beobachten, auch wenn die sozialstaatliche Welt in vielerlei Hinsicht das Gegenteil wirtschaftsliberaler Freiheit ist. Oder anders formuliert: Das, was im Zuge der kapitalistischen Entartung mit Subventionismus und Protektionismus begann, die staatliche Korruption der Leistungskonkurrenz und Milderung der Härten des Auswirkungen des Konkurrenzmechanismus, fand im Sozialstaat seine Fortsetzung.

Weiterhin ist der Wirtschaftsliberalismus von einem »Unbedingtheitsglauben«[27] beherrscht, der die Marktwirtschaft aus aller menschlichen Gestaltungsreichweite rückt und ihr Treiben als hinzunehmendes Schicksal, als zu ertragendes Geschick, als naturanaloges Notwendigkeitssystem betrachtet. In diesem Unbedingtheitsglauben befangen verurteilt sich der Wirtschaftsliberale zur Wehrlosigkeit, wähnt er sich einem Geschehen ausgeliefert. Die Marktwirtschaft erscheint ihm als ein isolierter, durch eine unbeeinflussbare Systemdynamik vorangetriebener, mit der gesellschaftlichen Umwelt unverbundener und eigentümlich fremder Körper, dessen Aufblühen wie dessen Niedergang gleichermaßen sich ausschließlich interner Sachlogik verdankt. Keinerlei Kommunikation besteht mit der gesellschaftlichen Außenwelt, keinerlei Abhängigkeiten liegen vor. Daher bedarf es auch nicht einer Betrachtung der Interdependenzen, die innerhalb der Gesamtgesellschaft zwischen den einzelnen realen und geistigen Bereichen einschließlich der Marktwirtschaft bestehen. Marktwirtschaft wird durch den Unbedingtheitsglauben zu einem metaphysisch-theologischen Absolutum, das wie das Sein, wie die Schöpfung kein ihm Äußerliches kennt und somit auch in seinem Wesen durch keinerlei Beziehung auf etwas, was es nicht selbst ist, bestimmt ist.

4.2 »Rationalistische Verranntheit«

In seiner Analyse des Wirtschaftsliberalismus setzt Röpke die Akzente ein wenig anders. Obwohl er sich in der Beschreibung der Oberflächengestalt des Wirtschaftsliberalismus wenig von Rüstow unterscheidet, ebenso wie dieser den Wirtschaftsliberalismus für viele pathologische Züge der Moderne haftbar macht, sieht er die Ursachen für diese Fehlentwicklung der Marktwirtschaft, für deren kapitalistische Degeneration nicht in einer theologisch-metaphysischen Unterfütterung des Selbstregulationsdogmas, sondern in der neuzeitlichen Vernunfthybris, in der »rationalistischen Verranntheit«[28] modernen Denkens. Beiden gemeinsam ist die Ausrichtung aufs Absolute und Unbedingte. Gleichgültig, ob sich in der Gleichgewichtsüberzeugung des ökonomischen Liberalismus die Ordnungsvorstellung der metaphysischen Überlieferung und die Hoffnung auf die providentielle Vernunft Gottes oder die szientistische Hybris des rationalistischen Weltbildes zum Ausdruck bringen, immer wird das Wirtschaftssystem als ein selbstgenügsames, ausschließlich durch die Bewegungen interner Kräfte gesteuertes System betrachtet, dessen Schicksal nicht im Mindesten von systemexternen Voraussetzungen abhängt. Aber die These von der rationalistischen Abkunft des ökonomischen Liberalismus hat gegenüber der Rüstowschen These den Vorzug einer größeren Bestimmtheit; sie vermag Besonderheiten modernen Denkens abzudecken, die Rüstows These vom metaphysisch-theologischen Restbestand in der Prinzipienlogik der Nationalökonomie nicht berücksichtigen kann. Das für die Entfaltung des kapitalistischen Produktionssystems und die Entwicklung der wissenschaftlich-technologischen Zivilisation konstitutive quantitativ-naturwissenschaftliche Denken ist ohne jeden Zweifel eine Frucht des neuzeitlichen Rationalismus und seiner szientistischen und ökonomistischen Ausprägung.

Das Charakteristische des Ökonomismus und seines szientistischen Zwillingsbruders ist ihre reduktionistische Wirklichkeitssicht. Als Reduktionismus bezeichnet man eine Vereinfachungsstrategie, die eine Pluralität auf eine homogene, monochrome, einsinnige Einheit herunterbricht, eine mehrdimensionale Wirklichkeit, eine Vielzahl unterschiedlicher Sprachen, differenter Betrachtungsperspektiven und Wertebenen auf eine Betrachtungsweise, auf eine Wertebene, auf eine Sprache zurückführt. Dabei behauptet der Reduktionist entweder, dass die ausgemusterten Betrachtungsweisen und Wirklichkeitsfacetten sich einer falschen Weltsicht, einer überlebten Metaphysik, einer unkritischen Sprachverwendung verdanken, oder auch: dass alle herkömmlichen Beschreibungsweisen ohne jeden Bedeutungsverlust in die verbleibende, sei es der Naturwissenschaften, sei es der Ökonomie, übersetzt werden könnten. Reduktionisten sind ontolgische Ikonoklasten, Bilderstürmer, die die bunte Wirklichkeit einreißen, bis nur noch kahle einfarbige Wände übrig bleiben. Sie sind eine Geburt des wissenschaftlichen Rationalismus. Denn immer sind es wissenschaftliche Wirklichkeitsbegriffe, deren Alleingültigkeitsanspruch den Reduktionismus evoziert. Und immer ist es der kulturelle Verbund aus Metaphysik, Religion und Common Sense, dessen weitaus komplexeres Wirklichkeitsverständnis diese szientistische Schrumpfung erleiden soll. Der Reduktionismus führt zur Wirklichkeitsverarmung, zur Verflachung der Reflexion und zur Entdifferenzierung der Beschreibung.

Es liegt in der inneren Logik der physikalistischen und ökonomistischen Ausprägungen des Rationalismus, dass sie absolutieren und dekontextualisieren. Gerade diese konstitutive Unfähigkeit, komplexe Zusammenhänge und wechselseitige Abhängigkeiten zwischen unterschiedlichen Wirklichkeitsbereichen zu erkennen, charakterisiert den Wirtschaftsliberalismus. Wie der Szientist, so ist auch der Ökonomist totalitär. Er kennt nur eine Wirklichkeit, die Wirklichkeit seiner eigenen Art. Was von anderer Art ist, fällt aus seinem ontologischen Raster. Daher kann der Wirtschaftsliberalismus auch nicht einsehen, dass die Marktwirtschaft alles andere als autonom und autark ist, dass sie vielmehr in ihrem Gelingen von vielerlei nichtökonomischen Voraussetzungen abhängig ist, die in ihrem Bestand zu sichern und in ihrer Qualität zu pflegen die Marktwirtschaft um ihrer selbst willen stets bemüht sein muss.

4.3 »Soziologieblindheit«

Mit diesem Unbedingtheitsglauben hängt die »Soziologieblindheit«[29] eng zusammen. Sie ist für Rüstow und auch Röpke ohne Zweifel die schlimmste Verfehlung des Wirtschaftsliberalismus. Wird der Liberalismus auf das metaphysische Fundament eines Zusammenfalls von natürlich-kosmisch-göttlicher Ordnung und Marktsystem gestellt derart, dass sich in den Selbstregulationsmechanismen des Letzteren die Gleichgewichtsgrammatik des Ersteren spiegelt, dann führt das zu einer fatalen Blindheit gegenüber den Bedingungen der Anwendung konkurrenzwirtschaftlicher Prinzipien. Dann überlässt man sich gedankenlos der inneren Expansionsdynamik des Marktsystems, lässt dieses über die wirtschaftlichen Ufer treten und sich auf alle gesellschaftlichen Bereiche ausdehnen, ohne zu berücksichtigen, dass es gerade umgekehrt darauf ankommt, die »Geltungsgrenze der Konkurrenzharmonie« zu beachten und fest im Auge zu halten. Denn das Konkurrenzprinzip hat keinerlei Integrationskraft und kann deshalb den Kohärenzbedarf der Gesellschaft nicht stillen. Daher ist die Konkurrenz »auf das Gegengewicht starker umrahmender Integrationskräfte anderer Art, auf anderweit gesicherte ethische und soziologische Bindungen als ihre Ergänzung und Voraussetzung angewiesen«. Diese sozialtheoretische Grundeinsicht von der Abhängigkeit der Marktwirtschaft von fremden, in ihr nicht produzierten und von ihr nicht reproduzierten Kohärenzressourcen wird durch den Glauben des Wirtschaftsliberalismus an einen Pseudouniversalismus des Konkurrenzprinzips und seiner immanenten, sich auf jedem gesellschaftlichen Gebiet gleichermaßen segensreich entfaltenden Produktivität verstellt. Somit kam es weder zu einer institutionell-ethischen Einrahmung der Marktwirtschaft noch zu einer pfleglichen Behandlung der noch vorhandenen traditionellen Bindekräfte. »Sobald das Erbgut überkommener Integration aufgebracht war, trat infolgedessen eine fortschreitende Zersetzung und Atomisierung des Sozialkörpers ein.«[30]

Zweierlei Eris gibt es, so meinte Hesiod in seinem Lehrgedicht *Erga kai Hemérai* (*Werke und Tage*)[31]: Die eine ist zu loben, denn sie ist den Sterblichen nützlich, die, von ihr angestachelt, um den besseren Ertrag, das bessere Ergebnis wetteifern; die andere hingegen ist zu tadeln, denn sie erweckt nur Hader, Missgunst und hässliche Feindschaft. Der von Eris I ins Werk gesetzte, faire Überbietungswettbewerb setzt ausschließlich auf die Anspannung der eigenen Kräfte und entspricht der Leistungskonkurrenz; wohingegen der von Eris II organisierte unfaire Überbietungswettbewerb keinerlei faire Selbstbeschränkung kennt und jede, den Wettbewerber übervorteilende und aus dem Rennen drängende Handlungsweise zulässt. Rüstow spricht in diesem Fall von einer Behinderungskonkurrenz.[32] Es ist evident, dass nicht nur aus ethischen, sondern auch aus wirtschaftlichen Gründen die Leistungskonkurrenz der Behinderungskonkurrenz vorzuziehen ist, denn die Leistungskonkurrenz zwingt die Wettbewerber alle ihnen zur Verfügung stehenden Ressourcen optimal für die Erreichung des bestmöglichen Ergebnisses einzusetzen. Eris I ist darum auch die Smithsche Göttin, denn nur die Leistungskonkurrenz kann die wundersame Kausalität garantieren, die den Eigennutz in eine Produktivkraft für die Verbesserung des allgemeinen Wohls verwandelt. Die Behinderungskonkurrenz hingegen ist keine Wettbewerbsform, die das unter den gegebenen Bedingungen bestmögliche Ergebnis garantiert, da sie nicht auf die Überbietung durch bessere Leistung setzt, sondern auf die Übervorteilung oder gar Beseitigung des Mitbewerbers. Diese Übervorteilung kann sich marktinternen, aber auch marktexternen Ursachen verdanken. Im ersten Fall wird die Leistungskonkurrenz durch Monopolismus zerstört, im zweiten Fall durch Subventionismus und Protektionismus und Interventionismus.

Es gehört nun zu den entscheidenden Mängeln des Wirtschaftsliberalismus, dass er die Pervertierung der Leistungskonkurrenz in eine derartige monopolistisch-subventionistische Behinderungskonkurrenz nicht verhindern kann. Er hat zwar die wohlstandsfördernde Produktivität der antagonistischen Kooperation der Marktwirtschaft entdeckt, aber sie aufgrund seiner unseligen Selbstregulierungsillusion für eine Naturkonstante gehalten. Aufgrund seiner Soziologieblindheit, seiner institutionalistischen Ahnungslosigkeit ist er nicht auf den Gedanken gekommen, dass das Funktionieren der Marktwirtschaft unter gesellschaftlichen und institutionellen Gelingensbedingungen steht, dass der marktwirtschaftliche Wettbewerb eine Ordnung benötigt, damit er seine wohlstandsmehrende Wirkung entfalten kann. Von dem merkwürdigen Glauben an eine göttliche Vorsehung in *oeconomicis* durchdrungen hat er die Marktwirtschaft verwahrlosen, verkommen lassen. Das Fehlen einer Wettbewerbsordnung hat zur Ausbildung marktzerstörerischer Monopole geführt. Diese Tendenz zur Monopolbildung ist durch den interventionistischen Dilettantismus staatlicher Wirtschaftspolitik noch verstärkt worden. Und die Unternehmerschaft hat die staatlichen Zuwendungen gerne aufgegriffen. Das Leistungsethos wird durch »Subventionsgier«[33] abgelöst, denn die Umstände erziehen und die Verhältnisse prägen die Seele; daher hat eine Zerrüttung der Marktwirtschaft stets auch ein ethisches Echo. So tritt dann an die Stelle einer kundig gehegten, allein durch faire Leistungskonkurrenz angetriebenen Wirtschaft ein formloses und sinnwidriges Monstrum.[34] Denn wenn eine gesellschaftliche Sektion nicht die ihr angemessene Pflege und Hege erhält, werden aufgrund der für moderne Gesellschaften unvermeidlichen Interdependenz aller sozialen Funktionsregionen auch alle anderen Sektionen in Mitleidenschaft gezogen, sowohl auf der Seite des Seins als auch auf der Seite des Bewusstseins. Der Degenerationsvirus ist hochansteckend. Die Korruption breitet sich aus und dringt auch in den Staat ein. In dem Maße, in dem die angenommene naturrechtliche Ordnung des Marktes immer machtloser wird, wird die faktische Unordentlichkeit immer auffälliger. Aber kein politisches Konzept weit und breit, auf dessen Grundlage ein ordnendes Eingreifen hätte entwickelt werden können. Stattdessen ein konzeptionsloser Okkasionalismus, ein hektisches Reagieren auf die Verwerfungen der Wirtschaft.

Der Staat verlor schnell seine Unabhängigkeit und wurde zum Spießgesellen einer verwahrlosten Wirtschaft. Die organisierten Interessen gingen auf Beutezug, in den Arenen der Öffentlichkeit hörte man das Verteilungsgezänk der gesellschaftlichen Gruppen. Es kam zu dem, was Rüstow die »pluralistische Entartung des Staates«[35] nennt; deren notwendige Konsequenz war eine unaufhörliche Ausdehnung der politischen Kompetenzen und Verantwortlichkeiten. Und am Horizont zeichneten sich bereits die Umrisse des totalen Staates, des Staates des Totalitarismus ab, von denen herbeigesehnt, die mit demagogischer Energie aus der »Degeneration der Marktwirtschaft«[36] und der »pluralistischen Staatserweichung«[37] das Gift gewannen, an der in kurzer Zeit die bürgerlich-liberale Zivilisation zugrunde gehen sollte.

Zu Recht hat Rüstow den von der leviathanischen Machtfülle des totalen Staates träumenden Etatisten um Carl Schmitt zugerufen, dass die Totalisierung des Staates notwendig zu seiner Schwächung führen muss. Der Hobbessche Leviathan des staatlichen Lebensschutzes vereinigte alle Macht der Bürger. Die sich angstvoll in ihm zusammendrängenden Naturzustandsflüchtlinge statteten ihn mit uneingeschränkter Autorität aus. Doch darf nicht vergessen werden, dass diese leviathanische Macht, die auf Erden ihresgleichen sucht, ausschließlich dem einen Zweck der Naturzustandsverhinderung, der Anarchieabwehr und Bürgerkriegsvermeidung dient. Der Hobbessche Staat war ein konzentrierter Staat. Mit dem Übergang vom klaren negativen Staatszweck zum diffusen positiven Staatszweck änderte sich alles. Jetzt patrouilliert der Staat nicht mehr nachts auf den Straßen, damit die Bürger ruhig schlafen können. Jetzt ist er auch tagsüber anwesend, mischt sich in alles ein, zeigt eine penetrante Allgegenwärtigkeit; gleichgültig, welches Lebenssegment der Bürger betritt, immer schon ist der Staat da, benevolent verteilend, paternalistisch drängelnd, wohlmeinend verbietend. Der Leviathan des sozialstaatlichen Betreuungswesens ist ein schwacher Staat. Wo einst der Staat handlungsmächtig und entscheidungsstark agierte, findet sich jetzt nur eine matte Moderation der interessierten Parteien und organisierten Gier, die die politische Gestaltungs- und Ordnungsverantwortlichkeit unter parteipolitischem Geschacher und fortgesetzter Verschuldung begräbt. »Ein starker Staat ist nun aber nicht derjenige, der sich in alles mischt und alles an sich zieht. Im Gegenteil, nicht die Vielgeschäftigkeit, sondern die Unabhängigkeit von den Interessengruppen und die unbeugsame Geltendmachung seiner Autorität und seiner Würde als Vertreter der Allgemeinheit kennzeichnen den wirklich starken Staat, während der vielgeschäftige schließlich zum jämmerlichen Schwächling wird, der den Interessenten zur Beute fällt.«[38]

Auch die Phänomene der Konzentration der Unternehmen, der Herausbildung krakenhafter Großkonzerne – das Buch spricht von »Megalomanie und Elephantiasis der Wirtschaft«[39] – führt Rüstow auf die metaphysischen Motive des Wirtschaftsliberalismus zurück, auf das Selbstregulationsdogma und die Autonomieillusion. Letztlich sieht er sogar einen Zusammenhang zwischen der Herausbildung der Massengesellschaft mit ihren Arbeiter- und Angestelltenheeren und den subtheologischen Hintergrundüberzeugungen des Wirtschaftsliberalismus. Der Kapitalismus hat alle Traditionsmilieus zerstört; die bäuerliche Lebenswelt, die Welt der selbständigen Handwerker und Kleinbetriebe verschwand; übrig blieben ökonomisch unselbständige Individuen, die sich auf den Weg in die immer größer werdenden Fabriken und in die immer größer werdenden Städte machen mussten, um ihren Lebensunterhalt zu verdienen. Das Ergebnis dieser Deformation der traditionellen gegliederten Gesellschaft der unterschiedlichen Sozialmilieus war »eine immer weiter um sich greifende Proletarisierung und Vermassung, mit Massenentwurzelung, Massenelend und schließlich politischen Massenbewegungen als revolutionären Exponenten dieser menschenunwürdigen und unerträglichen Zustände«.[40] Und am Ende dann die »Pseudointegration der Tyrannis«.[41]

4.4 Neoliberalismus und Marxismus

Diese »pathologisch degenerierte Wirtschaftsform«, diese »infolge eines subtheologisch verabsolutierten Laissez-faire entartete subventionistisch-monopolistisch-protektionistisch-pluralistische Wirtschaft des 19. und 20. Jahrhunderts« bezeichnet Rüstow als Kapitalismus.[42] Der Kapitalismus ist also für ihn ein ökonomisch-politisches Dekadenzphänomen, das Resultat des Niedergangs der freien Marktwirtschaft, der seinerseits das Ergebnis der metaphysischen Selbstüberschätzung der Marktwirtschaft war, die sich von allen sozialen Abhängigkeiten und ethischen Voraussetzungen befreit wähnte und dadurch die Möglichkeit verspielte, durch eine kluge, den Markt sozial und ethisch kontextualisierende Ordnung die ökonomischen und zivilisatorischen Segnungen der vollständigen Konkurrenzwirtschaft dauerhaft zu sichern. Stattdessen die verhängnisvolle Verkehrung in das kapitalistische Monstrum, das von Rüstow nicht entschiedener zurückgewiesen wird als von Karl Marx und den Seinen. Aber anders als der Marxismus erblickt der Rüstowsche Liberalismus keinen notwendigen Zusammenhang zwischen Marktfreiheit und Kapitalismus: Die Marktwirtschaft bringt nicht mit Notwendigkeit den Kapitalismus mit all seinen ökonomischen, politischen und sozialen Pathologien hervor. Hier existiert kein Geschichtsgesetz, das die Konkurrenzwirtschaft unvermeidlich in eine kapitalistische Wirtschaft und dann, am Ende der nicht minder unvermeidlichen »Selbstruinierung der kapitalistischen Wirtschaft«[43], in ein kollektivistisch-planwirtschaftliches System übergehen lässt.

Für den Neoliberalen Rüstow ist der Kapitalismus grundsätzlich vermeidbar, ist eine Marktwirtschaft der vollständigen Konkurrenz durch eine angemessene Ordnung, durch die Sicherung der allgemeingesellschaftlichen, außerökonomischen Gelingensbedingungen und die Existenz eines stabilen, Leistung wie Fairness gleichermaßen respektierenden Ethos vor der kapitalistischen Degeneration zu schützen. Eine solche Ordnung aber kann nur dann als Stabilisierungsinstrument der Konkurrenzwirtschaft entwickelt werden, wenn die Ideologie des Wirtschaftsliberalismus verabschiedet und der Markt zum einen als Sozialraum erkannt wird, dessen Gedeihen von vielerlei marktexternen und kulturellen Voraussetzungen abhängt, und zum anderen durch eine Monopolbildung verhindernde Wettbewerbsordnung diszipliniert wird, die durch einen starken, Protektionismus und Subventionismus gleichermaßen verabscheuenden Staat beaufsichtigt und gewartet wird. Dann kann ein dritter Weg eingeschlagen werden, der zwischen Marktabsolutismus und Kollektivismus hindurchführt, der zu einer Reliberalisierung des Kapitalismus hinleitet und die Gesellschaft vor planwirtschaftlichem Kollektivismus und politischem Totalitarismus verschont und »die Menschheit zu einer neuen Möglichkeit führt, als Menschen menschlich und menschenwürdig zu leben«.[44]

Folgte der Smithsche Altliberalismus einem Konkurrenzmodell von Markt und Gesellschaft, so folgte der historische Neoliberalismus einem Kooperationsmodell von Markt und Gesellschaft. Das Kooperationsmodell der Gesellschaft ist jedoch nicht konkurrenzfeindlich. Es ist nicht Ausdruck eines zartbesaiteten, harmoniesüchtigen Temperaments, das die Robustheit des Wettbewerbs, das raue Klima der Konkurrenz nicht ertragen kann. Das gesellschaftliche Kooperationsmodell betrachtet die Kooperation nicht als Alternative zur Konkurrenz, sondern als deren Rettung. Unter dem Schutz der unsichtbaren Hand kann die Konkurrenz ihre segensreichen Fortschrittsleistungen gerade nicht erbringen, da die unsichtbare Hand koordinationspolitisch kläglich versagt und der Wettbewerbsdynamik nicht die institutionell gefestigte Ordnung bieten kann, die sie zu ihrer Entfaltung benötigt. Kooperation ist also eine unabdingbare Rationalitätsbedingung der Konkurrenz. Nur im Rahmen kooperativ erstellter und Kooperation ermöglichender, mit dem staatlichen Gewaltmonopol geschützter Strukturen können die Wirtschaftssubjekte die Selbstbestimmungschancen des Marktes wahrnehmen. Es ist nur konsequent, dass der Neoliberalismus diese Konzeption der ordoliberalen Einhegung des Marktes dann später zu dem Konzept der sozialen Marktwirtschaft ausbaute und damit die staatliche Zuständigkeit auf die Gebiete der Daseinsfürsorge und des sozialen Ausgleichs ausdehnte.

Rüstow teilt mit dem Marxismus nicht nur die moralische, politische und ökonomische Verachtung des Kapitalismus, er ist auch davon überzeugt, dass zwischen Kapitalismus und Kollektivismus ein notwendiger Zusammenhang bestehe, die kapitalistische Welt mit Gesetzmäßigkeit sich in ein sozialistisches System verwandeln werde. Dabei sind ihm weniger die ohnehin nicht mit der Lehre von Karl Marx in Übereinstimmung stehenden diversen sozialistischen Revolutionen Beleg dieser unerlässlichen Entwicklung, sondern vielmehr die Verwandlung der kapitalistischen Staaten des Westens in Wohlfahrtsstaaten. Für ihn ist diese Tendenz zur immer umfassenderen, immer tiefer in alle Lebensbereiche eindringenden, letztlich die ganze Bürgerschaft auf die eine oder andere Weise in Klienten, in Transferzahlungsempfänger verwandelnde Sozialstaatlichkeit genauso eine Gestalt des Sozialismus wie die ineffizienten Planwirtschaften des Kommunismus. Dass diese sich ihre ideologische Rückendeckung durch eine Marxsche Geschichtsphilosophie holen, die nicht weniger den Vorwurf eines subtheologischen Rationalismus auf sich zieht als die Selbstregulierungsmythen des Laissez-faire-Liberalismus, ändert für Rüstow nichts an dem Realitätsgehalt der Diagnose. Auch nicht, dass der Liberale und der Sozialist diese kollektivistische Frucht kapitalistischer Selbstzersetzung unterschiedlich bewerten: Während dem planwirtschaftlichen Sozialismus von Karl Marx und seinen Anhängern menschheitserlösende Bedeutung zugesprochen wird, erblickt Rüstow in ihm ein freiheitsfeindliches politisch-wirtschaftliches Unterdrückungssystem. Trotz der Differenz in der Bewertung sind sich beide einig: Der Kapitalismus bringt mit Notwendigkeit den Kollektivismus hervor. Will man diesen vermeiden, so Rüstows sehr übersichtliche Ätiologie, dann muss man den Kapitalismus vermeiden. Und diesen kann man nur vermeiden, wenn man die Degeneration des Wirtschaftsliberalismus vermeidet, wenn man den Wirtschaftsliberalismus vor seinem eigenen exaltierten Selbstverständnis schützt und ihn als eine voraussetzungsgebundene und sorgfältiger politischer

Pflege bedürftige freiheitliche Wirtschaftsform ansieht, die den Menschen nur dann nützlich sein kann, wenn sie durch eine Wettbewerbsordnung diszipliniert wird.

Historiografische Thesen, die komplizierte geschichtliche Entwicklungen über größere Zeiträume als Auswirkungen eines Motivs, eines Gedankens, einer Idee oder eines Prinzips darstellen wollen, verlieren mit jedem Schritt, mit dem man tiefer ins Geflecht der konkreten Phänomene hinabsteigt, an Überzeugungskraft. Daher will ich den vielen holzschnittartigen Erklärungen realgeschichtlicher Prozesse nicht weiter folgen, sondern noch einmal den durchaus bedenkenswerten Hauptgedanken Rüstows vergegenwärtigen: Der Wirtschaftsliberalismus hat die Mechanismen der Marktwirtschaft metaphysisch und theologisch überhöht und als ein autonomes, selbstregulationsfähiges System gedeutet. Das hat verhindert, dass er die wirtschaftspolitische Intelligenz entwickeln konnte, die die Sache verlangt. Denn die Marktwirtschaft ist kein autarkes, sich selbst genügendes System, sondern eine Wirtschaftsform, deren unbestreitbar wohlstandsfördernde Effekte nur dann gesichert werden können, wenn das Marktgeschehen politisch beaufsichtigt und geordnet wird, wenn eine Wettbewerbsordnung für eine faire Leistungskonkurrenz sorgt und die Wirtschaft wieder in die Gesellschaft integriert wird. »Es ist an der Zeit, die Wirtschaft, trotz ihrer selbstverständlichen Unentbehrlichkeit, wieder in die gebührende untergeordnete und dienende Stellung zurückzuverweisen, die sie auch, außer im 19. Jahrhundert, stets eingenommen hat. Der Mensch lebt nicht vom Brot allein. Dabei gilt es zu erkennen, daß auch innerhalb der Wirtschaft selber das unwägbare Vitale und Anthropologische wichtiger ist als das eigentlich Wirtschaftliche, in Mengenzahlen Meßbare. Da die Wirtschaft um des Menschen willen da ist, und nicht der Mensch um der Wirtschaft willen …, so ist die Vitalsituation des wirtschaftenden Menschen ein überwirtschaftlicher Wert innerhalb der Wirtschaft. Die Wirtschaft ist das Mittel, die Vitalsituation aber Zweck. Diese grundlegende Wahrheit gehört zu denen, die der alte soziologieblinde Vulgärliberalismus übersah.«[45]

Diese in vielerlei Hinsicht nicht besonders glücklich formulierte, gleichwohl bezüglich ihrer Kernaussage zu beherzigende Passage findet sich im Schlusskapitel der Rüstowschen Studie, in der er die »Erneuerung des Liberalismus« skizziert. Diese knappen Ausführungen rechtfertigen, Rüstows Kritik des Wirtschaftsliberalismus zur Vorgeschichte der sozialen Marktwirtschaft zu zählen, die ja durchaus als wirtschafts- und gesellschaftspolitischer Großversuch bezeichnet werden kann, durch einen Verbund wirtschaftsordnender Maßnahmen und sozialpolitischer Instrumente die Wirtschaft in die Gesellschaft zu integrieren, in der die Einsicht in die Abhängigkeit der Marktwirtschaft von marktexternen Gelingensbedingungen institutionelle Wirklichkeit geworden ist. Und zu diesen gehören, daran haben die Neoliberalen Rüstow und Röpke keinen Zweifel gelassen, neben Gesetzen und Institutionen auch ethische Einstellungen und Handlungsmuster.

Denn es scheint so zu sein, dass der Bestand der Ordnungen der Freiheit, auch und erst recht der Marktwirtschaft, von ethischen Voraussetzungen abhängt, die nicht auf dem Markt erworben werden können und daher von den Bürgern und Wirtschaftssubjekten immer schon mitgebracht werden müssen; von Anstand und Verantwortungsgefühl, von Ehrlichkeit und Verlässlichkeit, von einem Sinn für Maß und Fairness, von Vertrauen und einem ethisch ausbalancierten Verhältnis von Nutzen und Haftung. Die fragilen modernen Ordnungen der Freiheit verlangen Menschen, die fähig und bereit sind, auch die Auswirkungen ihres Handelns auf das gesellschaftliche Umfeld mitzubedenken, die sich darüber klar sind, dass kurzsichtige und rücksichtslose Interessenverfolgen das Gesamtsystem aufs Spiel setzen kann, dass bei jedem Handeln die Erhaltungsbedingungen des Gesamtsystems im Auge behalten werden müssen. Es scheint, dass diese Wahrheit von der Moralabhängigkeit des Kapitalismus, von den ethischen Voraussetzungen der Marktwirtschaft in den hektischen Jahren der forcierten Globalisierung vergessen worden ist. Sie wieder in Erinnerung zu rufen ist dringend erforderlich. Aber nicht durch schrilles Moralisieren, durch empörtes Anklagen und folgenloses Appellieren, sondern durch Aufzeigen von ethisch-ökonomischen Funktionszusammenhängen, durch das Ausbuchstabieren der Gelingensbedingungen unserer gesellschaftlichen Ordnungen. Gesamtgesellschaftliche Aufklärungsarbeit ist nötig. Wir müssen wieder die Basislektion der sozialen Marktwirtschaft lernen. Die Freiheit, derer wir uns in unserer Marktwirtschaft erfreuen und die uns bisher beispielslosen Wohlstand gebracht hat, ist keinesfalls selbstverständlich. Sie steht unter Bedingungen und verschwindet daher, wenn diese Bedingungen nicht mehr gesichert sind. Und diese Bedingungen sind ordnende Gesetze, stabilisierende Institutionen, ein sich zurückhaltender, konzeptionssicherer Staat und ein Ethos der gesellschaftlichen Verantwortlichkeit.

II. Neoliberalismus und Moderne

Der Neoliberalismus betrachtet die Marktwirtschaft nicht als autonomes, selbstgesetzliches System, das über seine Gelingensbedingungen intern entscheiden könnte. Die Marktwirtschaft ist vielmehr kulturell eingebettet und in ihrem Gelingen von vielen marktexternen Faktoren abhängig. Nicht nur ist sie auf eine kluge staatliche Wettbewerbsaufsicht und eine zuverlässige Privatrechtsordnung angewiesen; sie bedarf auch einer ethischen Grundlage. Letzteres sogar in zweifacher Hinsicht: Nicht nur muss die Gesellschaft die Marktwirtschaft als Freiheitsordnung begrüßen, auch muss auf dem Markt selbst eine Ethik der zuverlässigen Geschäftspartnerschaft und der individuellen Verantwortung und Haftungsbereitschaft wirksam werden. Da die Mitte immer der Gefahr ausgesetzt ist, vom Pfad der Vernunft abzuweichen und den Extremen zu nahe zu kommen, muss der den mittleren Kurs zwischen wirtschaftsliberaler Anarchie und Kollektivismus suchende Neoliberalismus stets nach allen Seiten hin wachsam sein. Er muss einen Mehrfrontenkrieg führen und dabei immer auch die Wandlungsfähigkeit seiner Gegner im Auge behalten. Besondere Aufmerksamkeit verlangt in dieser Hinsicht der expandierende Sozialstaat, der die totalitäre Bedrohungskulisse der sozialistischen Zentralverwaltungswirtschaft durch das wohlfahrtsstaatliche Füllhorn benevolenter Transferzahlungen ersetzt und nur noch wenig Gemeinsamkeit mit dem ursprünglich anvisierten Konzept einer sozialen Marktwirtschaft hat.

Meine Berücksichtigung der Ideen und Konzepte, der gegenwartsdiagnostischen Analysen und kulturgeschichtlichen Deutungen der Neoliberalen, der Ordoliberalen und der Begründer der sozialen Marktwirtschaft beansprucht keinesfalls Vollständigkeit. Ich bin ausschließlich an den Vorstellungen interessiert, die sich mit der Marktordnung, mit den internen und externen Voraussetzungen marktwirtschaftlichen Gelingens einerseits und der integrativen Verortung des Marktes im sozio-kulturellen Gesamtsystem andererseits beschäftigen. Da es aber nun ein eigentümlicher Grundzug all dieser Konzeptionen ist, den Markt nicht als abgeschotteten Sonderbereich und Region wirtschaftlicher Eigengesetzlichkeit zu betrachten, sondern als einen Bereich, der in vielerlei Hinsicht durch umfassende geistesgeschichtliche Entwicklungen und kulturelle Wendungen geprägt ist, ist es unerlässlich, die kulturgeschichtlichen Deutungen und gegenwartsdiagnostischen Analysen mit in die Darstellung einzubeziehen. Für den deutschen Neoliberalismus – und dadurch unterscheidet er sich erheblich vom österreichischen Neoliberalismus von Mises' und von Hayeks – ist es charakteristisch, den Markt immer aus kulturgeschichtlicher und gesamtgesellschaftlicher Perspektive zu betrachten. Daher ist seine Analyse der Entwicklung des Kapitalismus und seiner Krisen immer eingebettet in großformatige geistesgeschichtliche Deutungen und umfassende zeitgeschichtliche Analysen. Gleichgültig, ob man das Schrifttum Rüstows oder Röpkes oder auch Müller-Armacks betrachtet, immer sind die hohe Zeit des Wirtschaftsliberalismus, die Entstehung des historischen Kapitalismus und das ihn begleitende Auftauchen kollektivistischer Vorstellungen und planwirtschaftlicher Ideologien Ausdruck und Folge umfassenderer Modernisierungsprozesse, die sie allesamt äußerst skeptisch, wenn nicht gar ablehnend beurteilen. Entsprechend sind die unterschiedlichen Vorstellungen einer neuen, die kapitalistischen Pathologien vermeidenden, jedoch die Freiheits- und Wohlstandsverheißungen der Wettbewerbswirtschaft rettenden Wirtschaftsform nicht nur simple innerökonomische Alternativen, sondern komplexe Reformkonzeptionen, in denen sich ökonomische Gedanken mit durchwegs modernitätskritischen Sichtweisen verschränken. Denn ist der kapitalistische Niedergang der Wettbewerbsgesellschaft, ihre Deformierung durch Monopolismus, Subventionismus und Protektionismus selbst eine Folge außerökonomischer Wandlungen, ist marktwirtschaftliches Gelingen abhängig von einem wirksamen bürgerlichen Ethos, dann kann der Kapitalismus und Kollektivismus gleichermaßen vermeidende dritte Weg, der dann später als soziale Marktwirtschaft bezeichnet wurde, nicht nur aus einer binnenökonomischen Rezeptur bestehen, dann muss er auch sozialpolitische Reformen und mentalitätspolitische Veränderungen umfassen, dann muss er sich auch auf die ethisch-kulturellen Deformierungen konzentrieren, die die kulturelle Modernisierung in den Seelen der Menschen, in ihren Einstellungen zu sich, ihrer Welt und ihrem Leben angerichtet hat.

Man wird den einen oder anderen Bemühungen nicht kulturgeschichtlichen Ehrgeiz absprechen können, aber zumeist werden die großformatigen Deutungen der Neoliberalen nicht mit der nüchternen Gelassenheit des Kulturwissenschaftlers und Geistesgeschichtlers vorgetragen. Die Gegenwart färbt den Blick auf die Vergangenheit; gegenwartsdiagnostische Interessen und zeitgeschichtliche Wertungen prägen die Darstellungen. Weniger das Interesse daran, wie das, was wir jetzt haben, geworden ist, worin sich unser kulturelles Selbstverständnis von dem der Alten, von dem des Mittelalters unterscheidet, wo die hermeneutische Weichenstellung erfolgte, die das moderne Individuum veranlasst hat, sein Selbstverständnis und sein Weltbild den neuen veränderten Lebensverhältnissen anzupassen, haben Rüstow und Röpke zu ihren großformatigen Deutungen veranlasst, sondern das Interesse daran, woher der Krisenerscheinungen rühren.

Ihre Modernisierungstheorien sind durchwegs monokausale Krisentheorien der Moderne. Sie machen sich auf die Suche nach dem Schuldigen und finden diesen in der restmetaphysischen Apotheose des Marktes, in einem sich das ganze Denken unterwerfenden Rationalismus, in der Gott aus der modernen Welt exilierenden Säkularisierung. Natürlich verlangten das Verblassen der theologischen Weltsicht, das Verschwinden der traditionellen metaphysischen Naturauffassung unter dem nüchternen Tatsachenblick der mathematischen Naturwissenschaften, der Zerfall der festgefügten und wertintegrierten Sozialordnung unter dem wachsenden Ansturm der Verbürgerlichung und Ökonomisierung der gesellschaftlichen Verhältnisse eine Neuorganisation des kulturellen Selbstverständnisses. Ein gänzlich neues Menschenbild entstand; ebenfalls entstand eine neue Wirklichkeitsauffassung, eine neue Vorstellung von legitimer politischer Herrschaft, ein neues Modell gesellschaftlichen Zusammenlebens. All dies kann man beschreiben. All dies kann man auch begrüßen; man kann diese Befreiung der menschlichen Vernunft vom Absolutismus der Metaphysik und Theologie, diese Verwissenschaftlichung unseres Wirklichkeitsverständnisses und die damit verbundenen technologischen Fortschritte bei der Befriedigung menschlicher Bedürfnisse, bei unseren Versuchen, mit den Beschränkungen unserer endlichen Natur zurechtzukommen, willkommen heißen; man kann die der Neuzeit innewohnenden emanzipatorischen Verheißungen sich zu eigen machen und das vielfältige Freiheitswachstum preisen.

Diese affirmative Einstellung zur Moderne findet sich jedoch im deutschen Neoliberalismus nicht. Modernisierung ist für ihn stets Zerfall, Entartung, Zersetzung, Niedergang, Verlust. Daher muss richtige Wirtschaftspolitik für die Neoliberalen nicht nur immer eingebettet sein in ein umfassendes sozialpolitisches Reformprogramm, sondern dieses muss notwendigerweise immer auch ausgeprägte konservative Elemente enthalten, durch die die noch vorhandenen Traditionskräfte gestärkt und modernisierungsentschleunigend in Stellung gebracht werden. Mit einem Wort: Wirtschaftspolitik wird durch eine sozialpolitische Reform umfasst, die von widerständlerischen Motiven getrieben ist und die eigene Zeit modernisierungsresistent machen möchte.

1. Die Systemfrage

Auf vier Fragen muss eine Wirtschafts- und Sozialreform nach Röpke eine Antwort geben: 1. auf die Ordnungsfrage; 2. auf die Sozialfrage; 3. auf die politische Frage, das heißt auf die Frage nach der Verteilung der Macht; und schließlich 4. auf die moralisch-anthropologische Frage.[46] Dieses komplexe Aufgabentableau macht deutlich, dass die modernitätsbedingten Mangelerscheinungen nicht durch eine einzige Rezeptur kuriert werden können. Einfach Lösungen erlaubt die Moderne nicht. Einfache Lösungen haben allesamt zu den Pathologien des 20. Jahrhunderts geführt: zu Totalitarismus und kollektivistischer Zwangswirtschaft. Es geht um verschiedene Probleme, und es gilt, verschiedene, problemangepasste Lösungen zu finden.

Die einfachen Lösungen, die bisher in der Moderne auf die Frage der Wirtschaftsverfassung gefunden wurden, sind die Wege des Sozialismus und des ökonomischen Liberalismus. Beide sind nicht länger begehbar: der Sozialismus nicht, weil die Wirklichkeit des 20. Jahrhunderts längst gezeigt hat, dass die kommunistische Idylle der Frühzeit nicht länger aufrechterhalten werden kann, dass das Ideal längst durch die harte Realität der Zwangswirtschaft desavouiert ist. Das Experiment hat die Utopie diskreditiert. Ebenfalls kann nicht auf das Gegenteil zurückgegriffen werden: Auch die Utopie des freien Marktes, des ohne politische Ordnungssetzung sich selbst regulierenden Marktgeschehens hat sich verbraucht; nicht zuletzt, weil der Wirtschaftsliberalismus gescheitert ist, ist ja im 19. Jahrhundert die kollektivistische Gegenbewegung überhaupt erst entstanden. Der Sozialismus ist ein Reaktionsphänomen, keine genuine ordnungspolitische Position. Was an die Stelle des Wirtschaftsliberalismus treten muss, ist eben ein Neoliberalismus, der von der These ausgeht, dass das marktwirtschaftliche System der freien Preise einer steten staatlichen Pflege bedarf. Nie darf der Staat die Wirtschaft allein lassen. Nie darf er sich darauf beschränken, als Nachtwächter den Schlaf der Bürger zu schützen. Nicht Nachtwächter ist er, sondern Regelsetzer und Spielleiter. Wie der Hobbessche Staat, der durch seine Gesetze den Naturzustand befriedete und in eine Gesellschaft verwandelte, ein starker Staat sein musste, so muss auch der Staat des Neoliberalismus ein starker Staat sein. Und ein starker Staat ist vor allem ein Staat, der sich zum einen auf die ordnungspolitische Aufgabe konzentriert und zum anderen in neutraler Äquidistanz zu allen gesellschaftlichen Kräften und organisierten Interessen verharrt; der interventionsaversiv ist und sich nicht einmischt. Er ist ausschließlich daran interessiert, dass die Spielregeln eingehalten werden. Ansonsten hat er keinerlei inhaltliche Interessen; er steuert nicht das Spiel in diese oder jene Richtung, gibt nicht durch Eingriffsentscheidungen, Prämierungen und Sanktionen kund, welches Konsumentenverhalten, welche Verhaltensprofile und Charakterzüge ihm lieb sind, sondern er lenkt das Spiel und muss sich genauso wie alle Spieler damit zufrieden geben, dass er den Ausgang des Spieles nicht kennt, und jeder Verführung widerstehen, einen bestimmten Ausgang herbeizuführen.

Alle Laissez-faire-Illusionen sind verflogen. Heutige Liberale »erkennen, daß die Entschiedenheit, mit der die Verwirklichung der Freiheit auf dem Markte selbst gefordert wird, ihr Gegengewicht in der gleichen Entschiedenheit finden muß, mit der für einen festen politisch-rechtlich – moralisch – institutionellen Rahmen des Marktverkehrs zu sorgen ist. Man weiß, daß die Freiheit missbraucht werden kann zur Aufhebung der Freiheit, zur Verfälschung des Wettbewerbs, zur Schaffung von Machtstellungen und zur Begründung von Monopolen einschließlich der monopolistischen Stellung von Gewerkschaften, die deshalb so gefährlich ist, weil die Gewerkschaften mit dem ganzen Pathos des sozial und politisch Tugendhaften auftreten – so gefährlich in der Tat, daß bereits ein gewisser Mut dazu gehört, freimütig davon zu sprechen.«[47] Aber der Sozialismus scheidet ebenfalls aus. Es bedarf eines neuen, eines dritten Weges. Röpke will zugleich die Marktwirtschaft vor ihrer kapitalistischen Entartung schützen und dem »kollektivistischen Programm der Lähmung, Unordnung, Willkür und Ungerechtigkeit ein Programm der Freiheit, der Bestimmtheit, der Wohlfahrt, der Ordnung und der sozialen Gerechtigkeit entgegenstellen«.[48] Die Hauptsorge der neuen Liberalen gilt der Verhinderung der Entstehung von ökonomischen Machtstellungen, »nicht nur aus Gründen der sozialen Gerechtigkeit, der politischen Gesundheit und des gesellschaftlichen Gleichgewichts, sondern auch aus Sorge um die technische Funktionsfähigkeit der Marktwirtschaft und um die Erhaltung ihres eigentlichen Sinnes als einer im Dienste des Konsumenten stehenden Wirtschaftsordnung«.[49] Und der Weg dazu ist: »Auflösung und Zerstreuung durch Wiederherstellung des Wettbewerbs und … Diffusion des Eigentums.«

Wirtschaftspolitik ist also vor allem Wettbewerbssicherung durch Monopolbekämpfung und Subventionsverzicht. Freilich ist für den Neoliberalen der Non-Interventionismus keine doktrinäre Angelegenheit. Er ist durchaus gewillt, sich einem pragmatischen Interventionismus zu öffnen, der nach Zweckmäßigkeitsgesichtspunkten auf den unterschiedlichsten Marktsegmenten eingesetzt werden kann – Arbeitsmarkt, Wohnungsmarkt, Agrarmarkt. Wichtig ist es, dabei Erhaltungsinterventionen von Anpassungsinterventionen zu unterscheiden.[50] Der Staat der Erhaltungsinterventionen erweist sich als der große Konservative, der durch seine Schutzprogramme die Verweigerung der Anpassung an die sich unaufhörlich verändernden Horizonte der Zwänge und Möglichkeiten prämiiert. So können in der Wirtschaft veränderungsimmune Inseln entstehen, in denen der Staat industriegesellschaftliche Vergangenheitszustände künstlich am Leben erhält und zum Beispiel Teile des Ruhrgebiets in ein Heimatmuseum für Kohlebergbau verwandelt. Stellen sich Erstere der ökonomischen Entwicklung in den Weg und sind daher abzulehnen, so dienen Letztere der Abfederung von Übergangsschmerzen und Transformationsnöten. Aber nie darf dieser undoktrinäre Interventionismus, dieser bereichsspezifische Gestaltungseingriff in als rektifizierungsbedürftig erkannte Marktsegmente die Schwelle zum Kollektivismus überschreiten. Der Preismechanismus muss immer intakt bleiben; die Konsumentenpräferenzen müssen sich immer frei von jeder politischen Manipulation artikulieren können.

2. Das moralisch-anthropologische Problem

Eine zufriedenstellende Antwort auf die Systemfrage, also auf die Begehbarkeit des dritten Weges einer sozialen Marktwirtschaft, ist nicht nur von der Existenz eines starken Staates und eines die Marktfreiheit und das Eigentum schützenden Rechtssystems abhängig, sondern auch und vor allem davon, ob die Gegenwart es zulässt, dass die zur Lösung des moralisch-anthropologischen Problems der Marktwirtschaft erforderlichen Schritte unternommen werden können. Diese vorsichtige Formulierung ist angebracht, denn das von Röpke zur Lösung des moralisch-anthropologischen Problems der Marktwirtschaft Vorgeschlagene ist unverträglich mit dem Selbstverständnis der Moderne.

Röpke zögert, sich einen Liberalen zu nennen; eher möchte er sich zu dem Kreis der antikollektivistischen Gruppen zählen. Dann besteht aber die Gefahr, dass man sich der Möglichkeit begibt, die eigene Position eigenständig und positiv zu definieren. Wählt man zur Selbstcharakterisierung ausschließlich den Weg der Abgrenzung, dann steht man immer in semantischer Abhängigkeit vom Abgelehnten. Dieser Verlegenheit entgeht Röpke dadurch, dass er diese Gruppe der Antikollektivisten dadurch charakterisiert sieht, dass in ihrer Überzeugungsmitte eine fundamentale, mit der progressistischen und emanzipatorischen Moderne streng ins Gericht gehende Gesellschafts- und Kulturkritik steht, die zugleich mit dem Sozialismus auch den Liberalismus alten Stils, den historischen Kapitalismus des 18. und 19. Jahrhunderts trifft, der »für die tiefen geistigen und sozialen Schäden unserer Großstadt- und Industriezivilisation blind« war.[51]

Röpke weiß selbst, dass seine Modernitätskritik Sympathisanten anzieht, die mit der freien Marktwirtschaft nichts gemein haben, die vielmehr diese Marktwirtschaft selbst mit zu den verwerflichen Auswirkungen der Moderne zählen und sich daher schnell auf der kollektivistischen Seite wiederfinden. Dagegen gilt es im Sinne des neuen Liberalismus festzuhalten, dass alle reformerischen Bemühungen nicht den Kern der freien Marktwirtschaft, nicht das System der Produktivitätssteuerung durch freie Konsumentenentscheidungen und der dezentralen Allokation durch den freien Preis antasten dürfen. Kulturkritik darf nicht zu einem vergangenheitsseligen Romantizismus degenerieren oder als freiheitsblinde Kapitalismuskritik in einen sozialistischen Utopismus flüchten; sie muss mit der »Achtung vor der Freiheit und der Natürlichkeit der Marktwirtschaft« verbunden sein.[52] Die wirtschaftliche Ordnungsfrage muss getrennt und für sich beantwortet werden. Und alle anderen Aufgabenstellungen können nur in Übereinstimmung mit dem gut begründeten Entschluss für die Marktwirtschaft angegangen werden. »Umgekehrt hat eine echte und freie Marktwirtschaft in unserer Zeit nur noch dann Aussicht auf Verwirklichung, wenn sie mit Reformen verbunden wird, die der Proletarisierung, Vermassung, Mechanisierung und Devitalisierung unserer Kultur wirksam entgegenarbeiten.«[53]

2.1 Die »natürliche Ordnung«

Im Zentrum dieser Reformkonzeption steht das, was Röpke die »natürliche Ordnung« nennt. Soziale Marktwirtschaft, die zum historischen Kapitalismus wie zu den unterschiedlichen Gestalten des planwirtschaftlichen Kollektivismus in Äquidistanz steht und sich um einen dritten, menschendienlichen Weg bemüht, ist vor allem »Eintreten für etwas, was man die ›natürliche Ordnung‹ nennen kann, das heißt für die Schaffung von Existenz- und Produktionsformen, die der Natur des Menschen gemäßer sind als diejenigen der heutigen Industrie- und Großstadtwelt und ihn zugleich der ihm fremd gewordenen Natur näherbringen«.[54] Es geht um einen »Protest gegen die Unnatur unseres gesamten Lebens. Um sie zu überwinden, streben wir nach Entproletarisierung und möglichst breiter Verteilung des Eigentums, nach dem Kleinen und Mittleren, nach dem Bäuerlichen und Handwerklichen, nach dem Garten, nach dem Herd des eigenen, wenn auch noch so bescheidenen Hauses, nach Nachbarschaft und Familiengemeinschaft, nach Besinnung auf die echten und dauernden Werte des oberflächlich gewordenen modernen Lebens.«[55]

Durch die Modernisierung wird der »Humus fester Lebensordnung und echter Gemeinschaftsgesinnung«[56] fortgewaschen. Die Prozesse der Entbürgerlichung und Proletarisierung der Lebensverhältnisse in der »von den Ankern des Naturrechts und der Tradition losgerissenen Massendemokratie«[57] untergraben zwar nicht die »materielle Lebenshaltung«, im Gegenteil: Diese mag auf ein weicheres Prosperitätspolster gebettet werden können als in der Vergangenheit. Aber sie zerstören genau den »Lebensstil« und genau die »seelische Existenzform« der Bürger, die die Marktwirtschaft benötigt, um zu gelingen. Sie nehmen den Individuen den Halt, den Stand, die Lebensfestigkeit; sie sprengen sie »aus dem sozialen Zellgewebe der Familie und Generationenkette heraus«[58], vereinzeln sie, atomisieren sie.

Eine geradezu natürliche Verbündete erblickt Röpke in seinem Feldzug gegen die Auflösungs- und Entfremdungserscheinungen der Modernisierung in der bäuerlichen Kultur. Daher muss der Erhaltung und Pflege dieser »dem Bauernfremden schwer zu beschreibenden ökonomisch-sozial-geistigen Gesamtstruktur« größte Aufmerksamkeit gewidmet werden. Dieses Bäuerliche ist das »Rückgrat einer gesunden Nation«; solange es intakt bleibt, vermag die kapitalistische Degeneration der Marktwirtschaft aufgehalten werden, bleibt das kulturelle Gesamtklima erträglich und die Gesellschaft ein wirtlicher Ort. Durch das Bäuerliche hindurch geht die Nabelschnur, durch die die Gesellschaft mit dem sauerstoffreichen Blut der Natur versehen wird. Schwindet das Bäuerliche, dringt das Rationalistisch-Mathematische-Fabrikmäßige auch in die Landwirtschaft ein, geht die Verbindung zum Natürlichen verloren, wird die durch natürliches Maß strukturierte Wirklichkeit durch die Unnatur des Industriellen verdrängt. »Der bäuerliche Landwirtschaftsbetrieb verbindet in idealer Weise Leben und Arbeit, Produktion und Konsumtion, Wohnraum und Arbeitsraum, Natur und Menschentum, beglückend sinnvolle Berufstätigkeit und unmittelbaren Genuß ihres Ertrags, selbständige Persönlichkeitsentfaltung und die Wärme des sozialen Kontaktes und stellt der industriell-städtischen Seite unserer Zivilisation Tradition und Beharren, wirtschaftliche Unabhängigkeit und Selbstversorgung, allseitige Tätigkeit und Entfaltung, Naturnähe, Maß und Gelassenheit, ungekünstelte Existenz an den wirklichen Quellen des Lebens, Geschlossenheit des Daseins und demütige Eingliederung in die Kette des Werdens und Sterbens entgegen.«[59]

Marktwirtschaft muss »in einen höheren Gesamtzusammenhang eingebettet sein, der nicht auf Angebot und Nachfrage, freien Preisen und Wettbewerb beruhen kann. Sie muß vom festen Rahmen einer Gesamtordnung gehalten sein, die nicht nur die Unvollkommenheiten und Härten der Wirtschaftsfreiheit durch Gesetze korrigiert, sondern auch dem Menschen die seiner Natur gemäße Existenz nicht verweigert.«[60] Sie ist »einer Lebensauffassung und einer gesellschaftlich-moralischen Welt zugeordnet«[61] und kann nur in dieser Zuordnung glücken.

Röpke bezeichnet diese gesellschaftlich-moralische Welt, die die Marktordnung hegend umfängt, als bürgerliche Welt. »In Wahrheit kann die Marktwirtschaft – und mit ihr die gesellschaftliche und politische Freiheit – nur als Stück einer bürgerlichen Gesamtordnung und in ihrem Schutze gedeihen. Das soll heißen, daß sie eine Gesellschaft voraussetzt, in der bestimmte grundlegende Dinge respektiert werden und dem ganzen Gewebe der gesellschaftlichen Beziehungen Farbe geben. Individuelle Anstrengung und Verantwortung, unantastbare Normen und Werte, im Eigentum verankerte Unabhängigkeit, Wägen und Wagen, Rechnen und Sparen, selbstverantwortliche Lebensplanung, rechte Einbettung in die Gemeinschaft, Familiensinn, Sinn für Überlieferung und die Verbundenheit der Generationen mit offenem Blick für Gegenwart und Zukunft, rechte Spannung zwischen Individuum und Gemeinschaft, feste moralische Bindung, Respekt vor der Unantastbarkeit des Geldwertes, der Mut, es mit dem Leben und seinen Unsicherheiten männlich auf eigene Faust aufzunehmen, der Sinn für die natürliche Ordnung der Dinge und eine unerschütterliche Rangordnung der Werte.«[62]

Diese bürgerliche Welt muss unaufhörlich um ihre Erhaltung besorgt und bereit sein, alle »moralisch-religiösen Reserven«[63] zu mobilisieren, um dem wachsenden Proletarisierungsdruck zu widerstehen. Proletarisierung der Gesellschaft führt zu einer Umwertung aller Werte, zerstört das bürgerliche Ethos und damit die moralisch-kulturellen Ressourcen der Marktwirtschaft. »Unabhängigkeit, Eigentum, individuelle Reserven, natürliche Anker des Lebens, Sparen, Verantwortungsbewußtsein, vernünftige Lebensplanung, all das wird einer solchen proletarisierten Massengesellschaft fremd, ja widerwärtig und verächtlich.«[64] Um sich vor diesem entwürdigenden Proletarisierungsschicksal zu schützen, bedarf die moderne Gesellschaft einer »Therapie der Dezentralisation, der »Wiederverwurzelung«, der »Entmassung«.[65] Wenn man sich darum bemüht, so Röpkes Hoffnung, die alten Lebensverhältnisse wiederherzustellen, die Dorfkultur wiederzubeleben, die Arbeiter mit Garten und kleiner Werkstatt zu versehen, dann wird auch das alte Ethos wieder aufblühen, werden die alten sittlichen Selbstverständlichkeiten wieder Geltung erlangen, kann der moralische Raubbau, der durch »die erschreckende Entchristlichung und irreligiöse Säkularisierung unserer Kultur«[66] und den verhängnisvollen Rationalismus und den sich auf der von beiden Modernisierungsmächten freigeräumten Sozialwelt ausbreitenden ökonomischen Materialismus ins Werk gesetzt worden ist, aufgehalten werden.

»Marktwirtschaft im Rahmen einer ›natürlichen Ordnung‹ und eine ›natürliche Ordnung‹ als Rahmen der Marktwirtschaft«[67] – so lautet Röpkes Formel für den dritten Weg. Was aber ist eine »natürliche Ordnung«? Offenkundig eine Ordnung, die mit der Natur des Menschen in Übereinstimmung steht, die ihm keine unnatürlichen Lebensverhältnisse aufzwingt. Aber damit ist das Problem nur verschoben: Denn was ist die Natur des Menschen? Augenscheinlich ist damit nicht der Forschungsbereich der Humanbiologie gemeint. Denn aus der gattungsbiologischen Empirie ist kein Maßstab für das richtige Ordnen der menschlichen Angelegenheiten zu entnehmen. Einen solchen Maßstab glaubt Röpke aber zweifellos zu besitzen. Der hier verwendete Begriff der natürlichen Ordnung und der Natur des Menschen ist ein metaphysischer Begriff. Röpke zitiert mit ihm die für die vorneuzeitliche europäische Metaphysik kennzeichnende Überzeugung, dass es eine ewige, unveränderliche Ordnung hinter dem Vorhang der empirischen Erscheinungen gibt, die als verbindliches Muster menschlichen Zusammenlebens erkannt werden kann und befolgt werden muss. Übrigens macht sich auch in der Anrufung einer »natürlichen Ordnung« Röpkes tiefes Misstrauen gegenüber modernitätseigentümlicher menschlicher Selbstmächtigkeit bemerkbar. Grundsätzlich gibt es zwei Wege, das Ordnungsbedürfnis des Menschen zu befriedigen. Der eine Weg ist theologisch-metaphysischer Natur, der andere säkular-menschlicher Natur. Einmal entstammt die Ordnung einem vorgegebenen, in der Natur, im Sein, im göttlichen Willen verankerten Ordnungsmuster von zeitloser Gültigkeit und Verbindlichkeit. Zum anderen entstammt die Ordnung menschlicher Vernunft und menschlichem Interesse. Einmal basiert sie auf Glauben und nichtempirischer, metaphysischer Erkenntnis; zum anderen gründet sie in empirischer Analyse des Menschen, seiner Fähigkeiten und Fertigkeiten, seiner Begierden und Begehrlichkeiten.

Diese auf empirischer Menschenkenntnis sich stützende, von Menschen gemachte Ordnung ist ein nützliches Instrument, eine kluge Erfindung. Der Begründer dieses Konzepts einer künstlichen, menschengemachten Ordnung ist Thomas Hobbes. Und für Hobbes war es darum notwendig, den Ordnungsgedanken auf ein neues Fundament zu stellen, weil die alten ordnungsstiftenden Instanzen der Tradition, Gott, das Sein, eine erfahrungsjenseitige Wesensnatur mit dem Übergang zur Neuzeit ihre Autorität eingebüßt hatten. Jetzt mussten die Menschen die Lösung ihrer Ordnungsprobleme selbst in die Hand nehmen. Wenn nun Röpke eines der anarchieriskantesten Kinder der Moderne, die kompetitive Marktwirtschaft, wieder in eine »natürliche Ordnung« einbetten und dadurch vor ihren destruktiven Konsequenzen schützen möchte, dann widerruft er die modernitätseigentümliche Selbstermächtigung des Menschen und ruft wieder voller Demut die alten Götter an. Freilich ist dieser Versuch, die hegenden Kräfte des Alten gegen das ungebärdige Neue zu kehren, auch in diesem Fall eine vergebliche Mühe. Denn diese natürliche Ordnung gibt es schlicht nicht. Auch hier ist – um mit Hegel zu sprechen – das Maß des Apriorischen das Aposteriorische: Das, was als ewig gültiges Wesen, als aller menschlichen Willkür entrücktes Muster ausgegeben wird, ist in Wirklichkeit nichts anderes als das, was die Zeit gerade als vorbildlich und wünschenswert empfindet.

Seit Menschen Metaphysik und Religion besitzen, also eine zusammenhängende Konzeption der Selbstverständigung entwickelt haben, ihr Selbstverhältnis, Fremdverhältnis und Weltverhältnis in einem umfassenden Theorieentwurf thematisieren, ist menschliches Naturverständnis kulturell codiert. Natur ist ein zutiefst kultureller, gesellschaftlicher Begriff, auch der Begriff von Natur, der Natur als das Gesellschafts-Andere und Gesellschaft als das Natur-Andere, von der Natur Abgefallene versteht, ist ein gesellschaftlicher Naturbegriff. Es gibt kaum etwas, das mehr Gesellschaftlichkeit in sich aufgesogen hat als der Begriff der Natürlichkeit. Will man feststellen, was zeitkritischen Denkern an ihrer eigenen Gegenwart nicht gefällt, braucht man nur ihre Verwendung des Naturbegriffs zu untersuchen. Immer sind es aus ihrer Zeit verständlich zu machende Wertungen, die sich die semantische Haut des Natürlichen überziehen und damit aller Kritik und Relativität entrückt zu sein wähnen. Natur ist das Vorgegebene, Hinzunehmende schlechthin. Indem sich die eigene Wertung als natürliche Gegebenheit, als Element des unwandelbaren menschlichen Wesens, als Strukturzug der natürlichen Ordnung verkleidet, wird sie aus dem Zeitzusammenhang, aus den Selbstverständigungsdiskursen der Gegenwart herausgenommen und als Ausdruck ewigen Seins ausgegeben.

Röpkes Verwendung des Naturbegriffs ist genau in diesem strategischen Sinn zu verstehen. Er ist eine modernitätspolemische Kategorie, die die kulturpessimistischen Wertungen des Neoliberalen ins Geschichts- und Kulturjenseitige verlegt und damit der Auseinandersetzung entziehen will. Die natürliche Ordnung soll eine antimodernistische Überwindung der Moderne stützen.

Mit der Berufung auf die menschliche Natur soll die modernitätstypische Bewusstseinsstellung systematisch revidiert und sollen alle epochalen, für die Neuzeit grundlegenden konzeptuellen und paradigmatischen Wechsel rückgängig gemacht werden. Vordergründig geht es vom Großen zum Kleinen, von der proletarisierten Massendemokratie zu Heim, Werkstatt und Garten; von der industrialisierten Produktion zurück zum starken Bauerntum und zum Familienbetrieb. Hintergründig geht es um eine mentalitätspolitische Umstellung, um eine Neujustierung des Denkens durch Rehabilitierung des Alten und Abgelegten. Und es geht von der Orientierung am wissenschaftlichen Weltbild zurück zur Kosmos- und Schöpfungsorientierung, von der Funktion zurück zur Substanz, von der Naturkausalität zurück zur Finalität des natürlichen Lebens, von der Welt der raum-zeitlichen Einzeldinge zurück zur hinter- und überweltlichen Wesenswirklichkeit. Zurück soll es gehen zu einem altmetaphysischen, ganzheitlichen Weltbild, zurück zur Einheitsdeutung und zur Totalintegration – und vor allem, denn die Religion ist eine wirksamere Bewusstseinsbildnerin als die Metaphysik, ist Holismus und Essentialismus fürs Volk – zurück zum Christentum.

2.2 Mehrfrontenkrieg

Der richtige Liberalismus, der Liberalismus der natürlichen Ordnung muss immer einen Mehrfrontenkrieg führen. Immer muss er die Anstrengung einer vielfachen Abgrenzung auf sich nehmen. Nicht nur gilt es, sich gegen den Kollektivismus in all seinen Spielarten zu behaupten. Auch eine Zurückweisung des Wirtschaftsliberalismus, des Kapitalismus des unschuldigen Beginns ist erforderlich. Aber damit ist es noch nicht getan. Da der richtige, aus dem Unbehagen an der Moderne entstandene, die Verheerungen des durch seine Selbstregulierungsillusion gelähmten Marktabsolutismus vermeidende neue, revidierte, reflektierte Liberalismus davon überzeugt ist, dass die Segnungen der freien Markt- und Wettbewerbswirtschaft nur dann allen zuteil werden, wenn die Marktwirtschaft in eine natürliche Ordnung eingebettet wird, muss sich der richtige Liberalismus auch gegen den Konservativismus stellen, der zwar das Unbehagen an der Moderne teilt und wie die um Dezentralisierung, Überschaubarkeit und lebensweltliche Integriertheit der Menschen kämpfenden richtigen Liberalen das Rad der sozio-kulturellen Modernisierung zurückdrehen will, jedoch anders als dieser die Markt- und Wettbewerbswirtschaft ebenfalls zu den apokalyptischen Reitern zählt, die den kulturellen und sittlichen Untergang herbeigeführt haben.

Der neue Liberalismus, der im humanistischen Menschenbild der europäischen Überlieferung, in der christlichen Religion und im naturrechtlichen Ordnungsdenken wurzelt – Röpke spricht auch vom »unvergänglichen Liberalismus«[68] –, plädiert für Differenzierungen, zu denen seine ideologischen Konkurrenten weder bereit noch fähig sind. Er halbiert die Moderne, hält an der freien Marktwirtschaft fest, weist aber alle ihre Entwicklung begleitenden sozio-kulturellen Effekte der Desintegration, der Zentralisation und Entfremdung zurück. Er hält an der Möglichkeit einer entfremdungsfreien Marktwirtschaft fest, ist aber davon überzeugt, dass dieses menschliche Antlitz der freien Marktwirtschaft nur bewahrt werden kann, wenn die Marktwirtschaft durch die natürliche Ordnung diszipliniert, in ihrem hitzigen, Grenzen einreißenden Vordringen gemäßigt wird. Und das kann nur gelingen, wenn die sie umgebende Gesellschaft sich der Kur einer moralisch-anthropologischen Rückbesinnung unterzieht, durch die die sittliche Ausbleichung der tradierten Lebenswelt rückgängig gemacht und die alte Überschaubarkeit und alte Konkretheit der

Lebensverhältnisse wiederhergestellt werden kann. Die Pointe dieses differenzierten Tableaus ist, dass ein solcher Griff in die Speichen des Modernisierungsrades nicht durch einen diffusen Romantizismus veranlasst wird, keine ziellose Flucht aus der Unwirtlichkeit der Moderne bedeutet, sondern sich der Überzeugung verdankt, dass die freie Marktwirtschaft nur dann Bestand haben kann, ihre Segnungen nur dann dauerhaft gesichert werden können, wenn sie durch eine konservierte vorneuzeitliche Sozialwelt und eine konservierte vormoderne Lebenseinstellung gezähmt wird. Andernfalls wird sie wie ein wildes Tier losbrechen, nur Schrecken und Entsetzen verbreiten und schließlich alles in den Abgrund des Kollektivismus reißen.

Dieser Mehrfrontenkrieg verlangt vom richtigen Liberalen höchste Wachsamkeit. Die feindlichen Linien müssen stets sorgfältig beobachtet werden, denn der Frontverlauf mag sich ändern, der Feind mag sein Aussehen verändern. Und da kommt es darauf an, sich von neuen Larven nicht täuschen zu lassen. Insbesondere der Kollektivismus erweist sich als wahrer Meister der Maskierung. Die erfolgreichste Maske des Kollektivismus ist der Wohlfahrtsstaat. »Eine ganze Welt trennt einen Staat, der von Fall zu Fall Unglückliche davor bewahrt, unter ein Existenzminimum zu sinken, von einem anderen, in dem im Namen der wirtschaftlichen Gleichheit und unter Abstumpfung der individuellen Verantwortung ein erheblicher Teil des Privateinkommens fortgesetzt durch das Pumpwerk des Wohlfahrtsstaats erfaßt wird und, unter beträchtlichen Leistungsverlusten, vom Staate umgeleitet wird. Alles in einen Topf, alles aus einem Topf – das wird nunmehr ernsthaft zum Ideal.«[69] Die Neoliberalen waren sich darüber klar, dass der Sozialstaat nicht eine Gegenwelt zum Kapitalismus bildet, sondern seine notwendige Konsequenz ist. Der Wohlfahrtsstaat setzt die Atomisierungstendenzen der kapitalistischen Wirtschaftsgesellschaft fort. Die wertintegrierten Sozialwelten mit ihren lebensweltlichen Solidaritätsressourcen haben der Modernisierung nicht standhalten können; selbst die Familie begegnet einem heute zunehmend mehr in den postmodernen Schrumpfgestalten des kinderlosen Paars und der Alleinerziehungsduale. Die familialen Beziehungen der Traditionswelt sind aufgelöst; die atomisierten Familienmitglieder werden auf den Markt, auf die Rechtswege des Gerichtsstaats oder in die Flure der Wohlfahrtsbürokratie geschickt.

Der Wohlfahrtsstaat ist kein Remedium der Modernisierung, kein Antidot gegen die Vereinzelung. Die von ihm gelieferte Solidarität restituiert nicht das Ethos der kleinen Lebenskreise, den verlorenen Gemeinsinn. Er ist auf den Individualisierungssteppen der Moderne errichtet und vermag die verblichenen Sozialwelten nicht zurückzubringen. Daher ist das modernitätsskeptische Reethisierungsprogramm des Neoliberalismus konsequenterweise immer auch gegen den bürokratischen Wohlfahrtsstaat gerichtet, gegen die Ökonomisierung und Verrechtlichung der gemeinschaftlichen Solidarität. Der Wohlfahrtsstaat ist eine bürokratische Meisterleistung der Versorgungstechnik, aber er ist darum zugleich auch ein effektives Unternehmen der Bürgerverhinderung. Keinesfalls ist er ein Verbündeter in der »Verteidigung der letzten Werte und Prinzipien einer freien Persönlichkeitskultur«.[70]

Im Wohlfahrtsstaat können sich die Menschen nicht zu verantwortlichen Bürgern entwickeln, die sich für ihr Gemeinwesen einsetzen, frei und einsichtig die Pflichten der Gemeinschaft übernehmen und sich um das Allgemeine sorgen. Dort, wo das ebenso wohlmeinende wie regelungssüchtige Präventionsethos der Helferbürokratie herrscht, wo eine Beratungs- und Betreuungskultur wuchert und das Leben in Watte gepackt wird, kann keine selbstmächtige Zivilität gedeihen. Die sich von konkreten Notlagen emanzipierende Fürsorgerationalität des modernen Sozialstaats gipfelt in der hybriden Vorstellung einer Totalverantwortung der Gesellschaft für die Lebenschancen ihrer Mitglieder, die sich als umfassende Verrechtlichung mit großer Reglementierungsdichte vergegenständlicht. Das rechtliche Steuerungsmedium wird im sozialstaatlichen Kontext durch die materialethischen Zielvorstellungen einer perfekten Versicherung gegen Daseinsrisiken und Lebensunzufriedenheit in den Dienst genommen. Das rechtsstaatliche Instrument reaktiver Konfliktregulierung verliert seine liberale Identität und verwandelt sich in ein sozialpaternalistisches Instrument der Wohlfahrtspolitik, das die bislang der moralischen Subjektivität und der natürlichen und sozialen Kontingenz überlassenen Lebensräume zunehmend stärker durchdringt und so den Bereich der egalitaristischen Zentralverwaltung individueller Lebenschancen unaufhörlich vergrößert. Im Namen der Verbesserung der sozialen Gerechtigkeit wird ein Krieg gegen die Kontingenz geführt. Die Menschen werden durch ein Netz kompensatorischer Verrechtlichung aus ihren normalen kontingenzgebundenen Lebenssituationen herausgelöst; damit werden die gewachsenen und routiniert beherrschten lebensweltеigenen, situationsangemessenen und gemeinsamkeitsbegründeten Praktiken des Umgangs mit Kontingenz, mit Not und den Widrigkeiten des Lebens zerstört, ohne dass die leviathanische Sozialstaatskulisse als neue gemeinsame Lebenssituation mit inhärentem Obligationsprofil und Loyalitätsmuster an ihre Stelle treten könnte. Die Menschen vereinzeln. Sie werden zu Selbstverwirklichungsvirtuosen im ethischen Niemandsland, die ihre Erfolgskarrieren auf dem Markt und ihre Versorgungskarrieren im Sozialstaat mit der gleichen egozentrischen Konzentration vorantreiben.

2.3 Wilhelm Röpke über Markt und Moral

Ursprünglich war man der Meinung, »daß die auf Konkurrenz und Arbeitsteilung beruhende Marktwirtschaft eine ausgezeichnete moralische Erziehungsanstalt sei und durch den Appell an den Egoismus die Menschen zu Frieden, Anstand und allen bürgerlichen Tugenden anhalte. Während wir heute wissen …, daß die Konkurrenzwirtschaft ein Moralverzehrer ist und daher Moralreserven außerhalb der Marktwirtschaft voraussetzt, war man verblendet genug, sie für einen Moralanreicherer zu halten.«[71] Dabei hat der Liberalismus als einzige der großen politisch-kulturellen Formationen der Moderne saubere Hände. Der Liberalismus ist keine totalitäre Ideologie, die dumpf blökende Menschenherden unter dem Banner teleokratischer Beglückung versammelt. Ihm ist kein Zivilisationsbruch anzulasten, er hat keine Lager gebaut und keine Massengräber gefüllt.

Es genügt nicht, die Wirtschaftssubjekte »bei ihrem wohlverstandenen Interesse und unter Berufung auf die Regeln der Marktwirtschaft zu packen und an ihre wirtschaftliche Vernunft zu appellieren«.[72] Die Marktwirtschaft ist zur Selbsterhaltung nicht fähig. Sie erzeugt nicht die Dispositionen und Einstellungen, die erforderlich sind, um sie am Leben zu erhalten. Die Marktwirtschaft ist fremderhaltungsbedürftig. Über ihr Überleben wird außerhalb der Marktwirtschaft entschieden. »Es muß höhere, ethische Werte geben, die wir mit Erfolg anrufen können: Gerechtigkeit, Verantwortung für das Ganze, Wohlwollen und Sympathie.« Nur dann kann sich eine Gesellschaft ein marktwirtschaftliches System leisten, seine Spannungen ertragen, ohne an ihm zugrunde zu gehen, wenn in ihr die überlieferte Moral noch lebendig ist, noch die alten Tugenden gelten. Der Markt selbst trägt nicht zur Erzeugung und Stärkung moralisch wünschenswerter Einstellung bei. »Markt, Wettbewerb und das Spiel von Angebot und Nachfrage erzeugen jene sittlichen Reserven nicht. Sie setzen sie voraus und verbrauchen sie.« Ohne Moralimport aus der sittlichen Lebenswelt kann das fragile Marktspiel interaktiver Nutzenmaximierung nicht funktionieren. »Selbstdisziplin, Gerechtigkeitssinn, Ehrlichkeit, Fairneß, Ritterlichkeit, Maßhalten, Gemeinsinn, Achtung vor der Menschenwürde des anderen, feste sittliche Normen – das alles sind Dinge, die die Menschen bereits mitbringen müssen, wenn sie auf den Markt gehen und sich im Wettbewerb miteinander messen. Sie sind die unentbehrlichen Stützen, die beide vor Entartung bewahren. Familie, Kirche, echte Gemeinschaften und Überlieferung müssen sie damit ausstatten. Die Menschen müssen auch unter Bedingungen aufwachsen, die solche moralischen Überzeugungen begünstigen, Bedingungen einer natürlichen, die Zusammenarbeit fördernden, die Überlieferung achtenden und den einzelnen einbettenden Ordnung.«

Obwohl Röpke einerseits das Gelingen der Marktwirtschaft von außerökonomischen Faktoren abhängig macht, somit die moralische Qualität der Marktwirtschaft als Resultante eines Zusammenspiels mehrerer – rechtlicher, politischer, kultureller – Faktoren kennzeichnet, ist er doch andererseits nicht gegen den Kurzschluss gefeit, den Markt als solchen, unabhängig von allen ihn umspielenden Kräften, als genuin moralisch zweifelhaften Ort zu charakterisieren, der in einem fort seelenvergiftende Stoffe in die ethische Umwelt entlässt. Eine angemessenere Sichtweise sieht den Markt zusammen mit Aufklärung, wissenschaftlicher Zivilisation, menschenrechtlichem Egalitarismus, Säkularisierung in einem Verbund von Modernisierungsbeschleunigern am Werk, denen die sittliche Traditionswelt nicht standhalten kann. Die emanzipatorische Modernisierung nimmt den traditionellen Lebensformen ihre Mustergültigkeit, ihre Selbstverständlichkeit und wirft das Individuum auf sich selbst zurück und weist ihm die zumutungsvolle Aufgabe zu, sein Leben aus sich selbst heraus zu leben und zu ordnen. Die Welt der Moderne ist eine Welt der überbordenden Möglichkeiten und der schwindenden Bindungen; daher rücken Selbstmächtigkeit und Verantwortungsfähigkeit des Individuums ins Zentrum. Und dieser Freiheitszuwachs ist mit Entscheidungszumutungen und auch mit Fehlentscheidungsrisiken verbunden; aber gleichwohl ist er zu begrüßen. Überdies können wir auch gar nichts anders. Die konservativen Jeremiaden über Sittlichkeitsverlust, Bindungslosigkeit und Sinnleere des Lebens in der Moderne wollen uns vergessen machen, dass die Moderne selbst bereits hinzunehmendes Schicksal ist, dass die Autonomie uns nicht nur als Ideal moderner Humanität aufgegeben ist, sondern auch unvermeidbar ist.

Da Röpke der Moderne keine ihr eigentümliche Sittlichkeit zutraut – die Menschenrechtsmoral findet in seinen Schriften keine Erwähnung, nur die im Naturrecht wurzelnden »ewigen Werte und Prinzipien einer freien Persönlichkeitskultur«[73] –, ist die Modernisierungsbewegung für ihn ausschließlich eine Entsittlichungsbewegung. Die Modernisierung erzeugt ein sittliches Vakuum, in das der platte Materialismus der Marktwirtschaft strömt. Die Menschen machen sich auf die Jagd nach Geld und Gütern, aber ihre innere Leere können sie damit nicht ausfüllen. Röpke zitiert hier das bekannte Matthäus-Wort 16,26 von dem Reichtum, der angesichts der Schäden der Seele ohne jeden Nutzen ist. Aber diese Klage über den seelenzerstörenden Materialismus ist seit Platons Tagen ein Gemeinplatz abendländischer Zivilisationskritik. Den Materialismus, den alle geistige Eigenwirklichkeit leugnenden ontologischen wie den das Selbstinteresse in den Mittelpunkt stellenden ethischen, hat es schon viel früher gegeben als die Marktwirtschaft. Er hat die gesamte europäische Geistesgeschichte begleitet wie ein Schatten. Und immer hat es auch sowohl den metaphysischen als auch den lebensethischen Protest gegen ihn gegeben. Platon, Aristoteles, die hellenistischen Ethiker, alle haben für Lebensformen geworben, die sich mit einer schlichten Befriedigung der leiblichen Bedürfnisse nicht zufrieden geben. Der *bios apolaustikos*, die Suche körperlicher Genüsse galt allen als die am wenigsten erstrebenswerte, die Möglichkeiten erfüllten Menschentums eklatant unterbietende Lebensform. Noch der Utilitarist Mill hat verkündet, dass das Leben eines unglücklichen Sokrates dem Leben eines glücklichen Schweins allemal vorzuziehen sei. Aber alle Künder des höheren Menschentums, des anspruchsvolleren Lebens, einer sich den immateriellen Wichtigkeiten nicht verschließenden seelischen Existenz haben aber immer auch gewusst, dass ein solches anspruchsvolles Leben organisiert werden muss, in einer Welt der Knappheit und mit begrenztem Wissen gelebt werden muss und daher auf die Organisationsleistungen einer knappheits- und endlichkeitsversierten, also der ökonomischen Vernunft angewiesen ist, nicht weniger angewiesen ist als der Handgreifliches zusammenraffende Materialist und der manisch Geld mehrende Pleonektiker.

Mit dieser These vom moralzerstörenden Markt stellt sich Röpke erstaunlicherweise dicht neben die Neoliberalismuskritiker. In gewisser Weise teilen Neoliberalismuskritiker und Neoliberaler dieselben antikapitalistischen Ressentiments und Affekte. Freilich ist die Moral, die durch den expansiven Markt gefressen wird, in beiden Fällen eine unterschiedliche: Bei Röpke ist es die traditionelle Moral, die Persönlichkeit stützende Moral; die lebensweltliche Sittlichkeit, die nachbarliche Solidarität, die im sozialen Nahwirkungsbereich wirksame Loyalität, der ganze Kranz bürgerlicher Tugenden; bei den Neoliberalismuskritikern ist es die abstrakte Moral des umverteilenden Sozialstaats. Und damit wird auch noch ein anderer Unterschied deutlich: Röpke ist Modernitätsskeptiker und Kulturpessimist, der nicht nur den Moralverzehr, sondern auch den sittlichen Atheismus, die Gottlosigkeit der Moderne, den durch die Säkularisierung freigefegten Himmel beklagt, während die Neoliberalismuskritiker mit dieser Trauer über den Verlust all der Unwiederbringlichkeiten des metaphysisch-religiösen Zeitalters nicht viel anfangen können und sich als bedenkenlose Nutznießer der rationalistischen massendemokratischen und sozialstaatlichen Moderne zeigen. Sie fühlen sich auf allen emanzipatorischen Bühnen der modernen Freiheitswachstumsgesellschaft zu Hause, nur der Markt bildet da die Ausnahme. Dass auch der Markt eine Freiheitsordnung ist, die Demokratie des Preises nicht minder von der Freiheitsliebe verteidigt werden muss als die Demokratie der Stimmen, sich in beiden der gleiche Freiheitsbegriff artikuliert, Freiheit also unteilbar ist, kommt ihnen nicht in den Sinn. Ansonsten mit allen emanzipatorischen Wassern gewaschen, will ihnen nicht einleuchten, dass der primitive moralische Dualismus von bösem Markt und gutem Sozialstaat selbst wiederum ein Rückfall in die Vormoderne ist, ein Manichäismus in Comicformat.

Redlicherweise muss erwähnt werden, dass Röpke die forsche These vom Moralverzehr zwar sehr ans Herz gewachsen ist, dass er gelegentlich aber auch eine gemäßigtere Position vertreten hat. Der Markt ist nicht dieses schwarze Loch der Moral, in dem die gesellschaftliche Sittlichkeit annihiliert wird. Der Markt konsumiert nicht nur Moral, er produziert auch Moral. Es gibt eine Fülle von Tugenden, Fertigkeiten und Tauglichkeiten, die sowohl von der Traditionswelt geschätzt werden als auch Erfolgsbedingungen ökonomischen Handelns sind. Und indem der Markt diese Verhaltensmuster mit Erfolg belohnt, wird er zu einem Moralerzieher. Er ist nicht nur die hohe Schule der Selbstverantwortung und rationalen Lebensplanung, er unterstützt auch den »Selbstentfaltungs- und Selbstbehauptungsdrang des für sich und seine Familie sorgenden Einzelnen« und gibt den »entsprechenden Tugenden der Arbeitsamkeit, der Rührigkeit, der Sparsamkeit, des Pflichtgefühls, der Zuverlässigkeit, Pünktlichkeit und Vernünftigkeit den gebührenden Rang«. Natürlich gedeiht auf dem Markt keine ethische Exzellenz; Krämer taugen nicht zu Helden; Händler nicht zu Heiligen. Hier findet sich nur die »mittlere Höhenlage der Ethik«[74]; aber damit unterscheidet sich der Markt nicht von den anderen Gebieten der Gesellschaft. Der Markt bedarf keiner Helden und keiner Heiligen, ebenso wenig wie der Rest der Gesellschaft. Auch dort herrscht lediglich durchschnittliche Moralität. Aber das ist nur zu begrüßen. Denn das ist ein Signum der Normalität, der Unauffälligkeit und Alltäglichkeit. Eine Gesellschaft, die Helden und Heilige braucht, ist zu bedauern.

III. Selektive Moderne: Neoliberalismus und Böckenförde-Axiom

Man sagt den Freiheitsordnungen der Moderne nach, dass sie sich aus sich selbst nicht erhalten können und von sozio-moralischen Voraussetzungen leben, die sie selbst nicht erneuern können. Diese These geht davon aus, dass die unter den Strapazen des Individualismus und Pluralismus ächzende Moderne aus sich selbst nicht die für eine Gesellschaft der Individuen besonders dringlichen Probleme sozialer Kohärenz- und Koordination lösen kann. Der Neoliberalismus teilt diese These. Er ist durch und durch modernitätsskeptisch. Er teilt die Moderne; er will die Marktwirtschaft, begrüßt sie als Garant ökonomischer Effizienz und Ausdruck individueller Freiheit. Aber er glaubt nicht, dass die zur Disziplinierung der Marktwirtschaft erforderlichen sozio-moralischen Ressourcen in der Moderne selbst entwickelt werden können. Er plädiert daher für eine Wiederbelebung der Traditionen, für eine Entschleunigung des Veränderungstempos der wissenschaftlichen Zivilisation. Diese Kombination aus marktwirtschaftlicher Moderne und ethisch-kultureller Tradition ist jedoch kein erfolgreiches Konzept, um eine Wirtschaftsordnung zu entwickeln. Naturrecht, Vergangenheitssehnsucht, dörfliche Milieupflege – all das sind Ingredienzien einer Gesellschaftssicht, über die die Moderne längst hinweggegangen ist. Bauerntum, Handwerk und Dorflinde sind nicht der Ort, wo sich die Moderne vom Individualisierungs- und Pluralisierungsstress erholen könnte. Dieser kultu-

relle Konservatismus enthält keinerlei Materialien, auf die die Aufgabe, die Wirtschaft zu ordnen und gesellschaftlich zu integrieren, zurückgreifen könnte.

Die Geschichte des 19. Jahrhunderts ist für die Neoliberalen eine Geschichte des Niedergangs, eine Geschichte der Zersetzung und Entartung. Während die Schilderung dieser verhängnisvollen Entwicklung von der Marktwirtschaft zum Kapitalismus mit breitem Quast erfolgt, bleiben die Umrisse der Ausgangssituation jedoch weitgehend im Dunkel. Rüstow war so sehr damit beschäftigt, die für die ganze kapitalistische Malaise verantwortliche subtheologische Ideologie der Selbstgenügsamkeit freizulegen, dass die soziale und kulturelle Umwelt des marktwirtschaftlichen Konkurrenzsystems der ersten Stunde unbelichtet blieb. Wenn wir eine Vorstellung davon gewinnen wollen, was sich Rüstow unter einer Marktwirtschaft vor ihrer kapitalistischen Entartung, unter einer Marktwirtschaft also in einem Zustand smithianischer Unschuld vorgestellt hat, müssen wir aus dem kapitalistischen Elendsbild alle Dekadenzfacetten herausrechnen. Folgen wir dieser *via negationis*, gehen wir den Weg von der megalomanen Industrie und der »atomistischen Vermassung der Gesellschaft«, von dem »zusammengeklumpten großstädtischen Proletariat«[75] weit genug rückwärts, dann gelangen wir zu einer erstaunlich naiven kommunitaristischen Idylle, zu einer sittenstarken Gemeinschaftswelt mit übersichtlichen Sozialverhältnissen, in der die Menschen in bäuerlichen und handwerklichen Kleinbetrieben ihrer unentfremdeten und erfüllenden Arbeit nachgingen, in denen die Dorflinde Schatten spendet und die Mühle am rauschenden Bach klappert. Ein wesentliches Kennzeichen dieser Welt ist das Fehlen eines Arbeitsmarktes, den Rüstow zu Recht als »das eigentliche strukturelle Charakteristikum der modernen ›kapitalistisch‹ genannten

Wirtschaft« bezeichnet.[76] Der Arbeitsmarkt ist die größte der polanyischen Teufelsmühlen. Er zieht das Individuum aus der lebensweltlichen Vertrautheit, nimmt ihm seine Würde und seine Seele. Hier wird der als abstrakter Warenhersteller eingestellte Arbeiter selbst zur Ware. »Der Arbeiter, der bisher als Bauer oder Handwerker sein ganzes Leben auf seinem Hof oder in seiner Werkstatt in der engsten und selbstverständlichsten aller natürlichen Gemeinschaften, der Familie verbrachte, wird jetzt aus dieser organischen Einbettung gewaltsam herausgerissen und für den größten und wichtigsten Teil seines Lebens – nämlich seine Arbeit – mit lauter völlig fremden Menschen zusammengesperrt, mit denen ihn nur der gleiche abstrakte und kalte Zwang des für alle gleichen Arbeitskommandos zusammenhält, eine denkbar gemeinschaftsferne Form nacktester Zwangsgesellschaft. Ein soziologischer Temperatursturz aus nesthafter Gemeinschaftswärme in äußerste Gesellschaftskälte. Die Arbeit, die sich bisher in engster Gemeinschaft vollzog, vollzieht sich nun in kältester Gesellschaft.«[77]

Mit diesem kulturpessimistischen Entfremdungs- und Verdinglichungslamento fällt Rüstow weit hinter Smithsche Einsichten zurück. Der schottische Aufklärer wusste, dass die bürgerliche Erwerbs- und Wettbewerbsgesellschaft nur dann ihre segensreiche Wirksamkeit entfalten und zur Steigerung des Wohlstands der Völker und zur Anhebung des Zivilitätsniveaus führen kann, wenn ihre durch die politische Ökonomie freizulegenden Gesetzmäßigkeiten durch keine bürokratischen Behinderungen und keine merkantilistische Eingriffsverwaltung gestört werden. Und Smith wusste auch, dass die neue bürgerliche Marktwirtschaft einen Arbeitsmarkt aufbauen muss, dass Lohnarbeit als wertvolle Ressource gesellschaftlicher Mehrwertschaffung unerlässlich und das Rückgrat dieser auf Wachstum, Zivilisation und Wohlstandsmehrung ausgerichteten Gesellschaft ist, darum auch ethisch aufgewertet und als selbstverständlicher Bestandteil einer freien Lebensführung betrachtet werden muss. So rückte der Lohnarbeiter von den Rändern der öffentlichen Beachtung ins ökonomische Zentrum. Die Emanzipation des Bürgers wurde durch die Emanzipation des Lohnarbeiters vervollständigt, der freie Markt der Leistungen durch den freien Markt der Arbeit ergänzt.[78]

Während der Leviathan über Untertanen herrscht, ist die liberale Regierung eine Regierung von freien Bürgern. Die Kunst liberalen Regierens manifestiert sich in der Fähigkeit, sich sowohl der inneren Gesetzmäßigkeit des komplexen gesellschaftlichen Tauschverkehrs anzuschmiegen als auch die Menschen dazu zu bringen, sich selbst zu regieren. Regierungserfolg zeigt sich in erreichter Mündigkeit. Und Mündigkeit zeigt sich in Selbstregierungskompetenz. Insofern rechnet gerade die liberale Regierungskunst nicht mit den Homunculi der entsoziologisierenden und entmoralisierenden Rationalwahltheorie, sondern mit moralischen Subjekten. Insofern gehören die beiden Smithschen Werke *Theory of Moral Sentiments* und *Wealth of Nations* zusammen: Ersteres liefert die ethische Innenansicht der Gesellschaftsmitglieder, die Letzteres von außen betrachtet. Aber damit die ökonomischen Subjekte sich der Rationalität des allgemeinen Tausch- und Lohnarbeitssystems entsprechend verhalten, damit sich die diesem System innewohnenden Prosperitätsverheißungen für alle erfüllen und stabile Verhältnisse beruhigend andauern, muss die moderne Tugendverfassung in den Teilnehmern der ökonomischen Transaktionen wirksam werden und ein internes Freiheitsregime ermöglichen. Diese Smithsche Vision der ethischen Integration des freien Lohnarbeiters verblasste freilich angesichts des Pauperismus, der England um die Jahrhundertwende heimsuchte. Mit dem aufkommenden Industriezeitalter wuchsen die

Herausforderungen, denen sich liberales Regieren in immer neuen Anläufen zu stellen hatte.

Das Schrifttum der Neoliberalen ist von einer starken antimodernistischen Stimmung durchzogen. Rüstow und Röpke entwickeln eine Zentaurenposition, die die Bejahung einer Marktwirtschaft der Leistungskonkurrenz mit einer konservativen Einstellung verbindet, einen selektiven Modernismus im Ökonomischen mit einem pessimistischen Blick auf Gesellschaft und Kultur, mit einer kommunitaristischen Klage über Gemeinschaftsverlust, Vermassung und Entfremdung verknüpft. Die Moderne ist für sie keine Epoche der Emanzipation, der Freiheitsverheißungen einer defatalisierenden Technik, einer menschenrechtlichen Politik, einer Wachstumswirtschaft – nein, sie ist nur ein Kälteeinbruch, ein »soziologischer Temperatursturz aus nesthafter Gemeinschaftswärme in äußerste Gesellschaftskälte«. In ihr werden die alten Sicherheiten durch eine neue Unsicherheit verdrängt: »… und dabei war diese wirtschaftliche Unsicherheit, wie sie bei eintretender Arbeitslosigkeit … akut und sichtbar wurde, letzten Endes nur eine Zuspitzung jener allgemeinen und chronischen soziologischen Unsicherheit, die auf der Zersetzung der traditionellen Gemeinschaftseinbettung beruht.«[79] Vermassung, großindustrielle Zusammenballung ist Rüstow und Röpke ersichtlich ein Gräuel. Die soziale Idylle des bäuerlich-handwerklichen Klein- und Familienbetriebs, die wertintegrierte Gemeinschaftswelt, die unter die Hufe der apokalyptischen Reiter der Moderne, der Autonomisierung und Versachlichung, der Individualisierung und Pluralisierung geraten ist, bildet den Horizont ihrer erträumten Gegenwelt.

Offensichtlich begegnet uns in Rüstows und Röpkes Neoliberalismus-Konzept eine frühe Variante des sogenannten Böckenförde-Axioms.[80] Dieses behauptet zwar nur für den säkularisierten Rechtsstaat, dass dieser von Voraussetzungen lebe, die er selbst nicht garantieren könne, aber dieser Befund lässt sich mühelos verallgemeinern: Das Gelingen aller freiheitsrechtlich verfassten Ordnungsformen der individualistischen Moderne hängt von einem hinreichenden Bestand an sozio-moralischen Ressourcen ab, die innerhalb der Funktionsbereiche dieser Ordnungsformen nicht regeneriert werden können. Insofern der Modernisierungsprozess selbst unvermeidlich diese Ressourcen verschleißt, Raubbau an eingelebter Sittlichkeit und traditioneller Moral betreibt, scheint ein guter Fortgang der Dinge nur zwei Wege beschreiten zu können. Entweder wird ein modernitätsadäquates Ethos ausgebildet, das sich von den versiegenden Quellen der Traditionswelt unabhängig macht und auf der Grundlage des freiheitsrechtlichen Egalitarismus einsichtig die Disziplinierungsleistungen erbringt, die zur Kontinuitätssicherung der liberalen Ordnungsformen vom Markt bis zum Rechtsstaat erforderlich sind. Oder man versucht dem Modernisierungsrad in die Speichen zu greifen und die Erosion lebensweltlicher Verbindlichkeiten aufzuhalten. Liberale versuchen Ersteres, Konservative hingegen versuchen mit ihren Reethisierungsprogrammen und antiliberalen Jeremiaden Letzteres.

1. Modernitätsparadoxie

Es ist für den Neoliberalismus charakteristisch, dass die disziplinierende Integration der Marktwirtschaft in das gesellschaftlich-kulturelle Gesamtgefüge im Rahmen eines modernitätsskeptischen Ethisierungsprogramms betrieben werden muss. Wesentlicher Bestandteil dieses Ethisierungsprogramms ist das Paradoxon eines konservativen Sittlichkeitsschutzes, der die Elemente der tradierten Sittlichkeit gegen die sittlichkeitserodierenden Auswirkungen des expansiven Marktsystems in Stellung bringen will. Auf der einen Seite eine lebhafte Bejahung der Marktwirtschaft und ihrer wettbewerblichen Dynamik, auf der anderen Seite eine entschiedene Zurückweisung aller Individualisierungs- und Pluralisierungsfolgen der gesellschaftlichen und kulturellen Modernisierung. Zusammengehalten werden beide auseinanderstrebenden Einstellungen durch die Überzeugung, dass es keine mit der Modernität auf gleicher Höhe stehende, keine aus der Modernität selbst erwachsende Möglichkeit zur sozialen Einbettung und kulturellen Integration der Marktwirtschaft geben würde und dass die kapitalistische Wirtschaft nur dann gemeinschaftsverträglich sich entwickeln kann, wenn sich ihr die Kräfte traditioneller Sittlichkeit entschieden entgegenstellen. Diese hat der Staat zu organisieren und zu bündeln. Wirtschaftspolitik ist darum mehr als eine Wirtschaftsverfassungspolitik, mehr als aufmerksame, die Gesetze wirtschaftlichen Handelns respektierende Ordnungspflege. Aufgabe der Politik ist für Röpke vor allem widerständige Gesellschaftspolitik, ein dem zersetzenden, die kulturelle Erbschaft verzehrenden Markt sich entgegenstellendes, dem Moralverschleiß des Marktes sich widersetzendes Programm. Der Staat ist hier der Widerständler, der die vom Kapitalismus aufgeweckten Mächte der Freiheit bekämpft, der Komplize der Kultur, die durch den Wettbewerbsmarkt angegriffen und ausgehöhlt wird, der Parteigänger der Sittlichkeit, der die Desintegration und Fragmentierung der Gesellschaft durch die kapitalistisch angeheizte Modernisierung bekämpft und als Anwalt der Einheit und gesellschaftlichen Kohärenz den Markt bändigt. Der Markt ist der Feind der Moral und der Kultur und letztlich der gesamten Gesellschaft, er ist der Krankheitsherd, der den ganzen Volkskörper zu vergiften droht; und der Staat ist der Retter der Kultur, der Moral und der Gesellschaft vor den Anschlägen der kapitalistischen Wirtschaft.

Modernisierung ist für Röpke ein Geflecht zerstörender Wirkungen, die in der marktwirtschaftlichen Dynamik ihr Zentrum haben. Die Entwicklung der Marktwirtschaft ist der Malstrom, der alle anderen gesellschaftlichen Bereiche in sich hineinzieht. So taumeln Kultur und Religion, Moral und Sittlichkeit, der ganze gesellschaftlich-kulturelle Lebensbereich im Kielwasser der wirtschaftlichen Modernisierung; haltlos geworden, entwurzelt, folgen sie hypnotisch dem Takt, den die Wirtschaft vorgibt. Widerstandslos fügen sie sich in die Verhaltensmuster und Anschauungsformen, die die Wirtschaft eigensüchtig und selbstzerstörerisch vorgibt. Die Situation ist hoffnungslos. Letztlich ist das Ethisierungsprogramm wenig mehr als ohnmächtiger Appell, das Kleine und Übersichtliche zurückzubauen, den Proletarisierungs- und Entbürgerlichungsprozess zu stoppen und die »Schaufelbagger der fortschreitenden Technisierung« zum Stillstand zu bringen.[81]

2. Negativer Gottesbeweis

Selbst wenn es stimmen sollte, dass die liberale Gesellschaft ihren Integrationsbedarf bislang aus noch sprudelnden ethischen Quellen längst verblichener Traditionswelten gedeckt hat, hilft das uns Gegenwärtigen nicht weiter. Traditionen sind wahrheitsdurchwirkt und können daher nicht künstlich wiederbelebt werden. Diejenigen, die wieder Religion und Metaphysik wegen ihrer willkommenen integrativen Wirkungen einführen wollen, verachten beides, die Deutungssysteme der Tradition und die liberale Gesellschaft der Gegenwart. Der Liberalismus mit seinen Freiheitsordnungen des Marktes, der Politik und der Gesellschaft ist zweifellos ein überaus fragiles Projekt der Moderne, aber es ist illusionär, es durch manipulativ eingesetzte Traditionsimitate instrumentalistisch stabilisieren zu können. Nicht weniger illusionär sind die Reethisierungshoffnungen, die Röpke mit dem sozialpolitischen Unternehmen einer Stärkung der Bauern- und Kleinbetriebskultur und des dörflichen Lebensmilieus verknüpft.

Kulturkritische Klagen über die Verflachung der Lebensstile, einen alles durchdringenden Egoismus, einen sittlichen Atheismus, der die religiösen Vorstellungen gelingender Lebensführung durch eine diesseitsorientierte Glückssuche ersetzt hat, helfen wenig. Sie führen auch nicht zu genuin liberalen Lösungen modernisierungsbedingter Integrations- und Kohärenzprobleme. Gewiss war die noch nicht durch Individualisierung der Glückskonzepte und Pluralisierung der Lebensstiele fragmentarisierte, porös gewordene Gesellschaft der Vormoderne eine zuverlässig ordnende Umwelt, die jedem seinen Platz zuwies. Sicherlich sind diese kulturelle Homogenität und die soziale Kohärenz der sittlichen Traditionswelt in hohem Maße durch die kulturelle Macht der Religion ermöglicht worden. Und mit dem kulturellen Tod Gottes ist diese Integrationsleistung, diese moralisch-sittliche Charakterprägung der Religion verschwunden. Den modernisierungsbedingten Fragmentierungs- und Desintegrationsauswirkungen jedoch dadurch begegnen zu wollen, dass man sich für eine Rehabilitierung von Religion und Metaphysik einsetzt, beruht auf einem tiefen Missverständnis der Natur von Religion und Metaphysik. Für dieses funktionalistische und pragmatische Verständnis tradierter Sinnsysteme ist nicht die Wahrheit entscheidend, sondern ihre ethische Orientierungsleistung und ihr sozialer Integrationseffekt, ihre stabilitäts- und kohärenzpolitische Nützlichkeit. »Es erscheint zweifelhaft, ob das bewegliche Element einer sich unaufhörlich modifizierenden und umwälzenden spontanen Kultur des gesellschaftlichen Lebens ohne die dauerhaften Lebensordnungen der Religion möglich ist. Dort, wo die Religion fehlt, wird das Moment der Universalität und Beständigkeit, ohne das die gesellschaftliche Einheit diachron und synchron zwischen den Mitgliedern der Gesellschaft nicht gewahrt werden kann, durch die Zwangsgeltung des Staates durchgesetzt. Die religiöse Innenlenkung der Individuen wird durch staatlich erzwungene Kultur und damit Außenlenkung ersetzt. Die Staatsform der Demokratie und die Wirtschaftsform der Marktwirtschaft, die der spontanen Entfaltung des politischen Willens, der wirtschaftlichen Bedürfnisse und der kulturellen Selbstinterpretation der Gesellschaft besonderen Spielraum lassen, sind daher stärker als autoritäre und planwirtschaftliche Systeme auf die vereinigende Kraft der Religion angewiesen.«[82] Aber diese integrative Funktion haben Religionen nur, weil sie Glaubenssysteme sind, deren Wahrheitsanspruch, deren Anspruch auf Authentizität und existenzielle Bedeutsamkeit geglaubt wird. Die externe soziologische Perspektive und die interne Perspektive des Gläubigen sind zu unterscheiden. Und all die aus soziologischer Perspektive auszumachenden Leistungen gehören gerade nicht zum Selbstverständnis der Religion. Es ist nicht Aufgabe des Christentums, einer pluralisierten und fragmentarisierten modernen Gesellschaft als kohärenzpolitischer Klebstoff zu dienen, sondern den Menschen mit Gott zu verbinden. Nicht für die stabilitätspolitische Immanenz, sondern für die seelenerlösende Transzendenz ist die Religion zuständig. Die Religion entzieht sich aller funktionalistischen Manipulation. Ihre integrationspolitisch wünschenswerten Leistungen sind selbst ein religionsexternes Nebenprodukt ihrer kulturellen Wirklichkeit. Wird diese integrationspolitische Eignung überlieferter Glaubenssysteme zum Anlass ihrer Reanimation, dann wird dies Unternehmen notwendig scheitern. Denn nur dann kann eine Religion kulturelle Macht entfalten, wenn sie um ihrer Wahrheit willen geglaubt und um ihrer Sorge um die Seelen der Gläubigen willen gelebt wird. Das ist das Dilemma aller funktionalistischen Betrachtung überlieferter Wahrheits- und Bedeutungssysteme: Wenn die Tradition als Tradition identifiziert wird, ist sie tot und kann nicht wiederbelebt werden.

Röpkes gesamter modernitätskritischer Reformismus ist von dieser funktionalistischen Mentalität geprägt. Es werden schöne Unwiederbringlichkeiten aufgeboten, denen sein kulturpessimistisch geschwärzter Blick die angenehmsten Auswirkungen auf den Menschen und die gesellschaftlich-kulturellen Gegebenheiten menschlichen Lebens bescheinigt, um all die Wunden zu heilen, die die Moderne dem Menschen zugefügt hat. So bevölkert er die Gegenwart mit allerlei Traditionsimitaten, denen es notwendig an aller kulturellen Wirksamkeit mangeln muss. Stärksten Ausdruck erhält dieser Funktionalismus in dem Gedanken, dass die von den Pathologien der Moderne gezeichnete Gegenwart als negativer Gottesbeweis gelesen werden kann. »Es ist«, so heißt es in *Jenseits von Angebot und Nachfrage*, »als könnten wir den Gottesbeweisen einen neuen und überzeugenden hinzufügen …: den indirekten Beweis aus den praktischen Folgen der angenommenen Nicht-Existenz Gottes.«[83] Röpke ist gänzlich entgangen, dass dieser indirekte Gottesbeweis sich genau der funktionalistischen Vernunftsorte bedient, die die substanzielle Vernunft der Vorneuzeit verdrängt hat und die in seiner eigenen Theorie von der durch Rationalismus, Szientismus und Ökonomismus in die Krise gestürzten Moderne eine prominente Rolle spielt. Die Gegenwart beweist die Existenz Gottes indirekt, weil sie für die Menschen ein unwirtlicher und unnatürlicher Lebensraum ist. Ist nun die »erschreckenden Entchristlichung und irreligiösen Säkularisierung unserer Kultur« die Ursache dieser Entfremdung des Menschen von seiner Natur, dann muss Gott existieren.

Götter sind wie Menschen; sind sie tot, lassen sie sich nicht mehr zum Leben erwecken. Ist eine Tradition als Tradition erkannt, hat sie ihre mentalitätsbildende und verhaltensprägende Wirkung bereits eingebüßt. Ihre Wiederbelebung erzeugt lediglich Folklore. Modernisierung ist Ausdifferenzierung, ist zunehmende Lockerung der einen integrierenden kulturellen Klammer und Auseinanderfall der homogenen Wirklichkeit in autonome Funktionsbereiche. Ethik und Ökonomie treten auseinander, Moral, Recht und Politik treten auseinander; wissenschaftliche Weltsicht, lebensweltliche Überzeugungen und religiöse Gesamtauslegung treten auseinander. Jedes dieser Teilsysteme des sozialen Lebens- und Sinnzusammenhanges entwickelt seine eigene Rationalität, seine eigenen Begründungsstandards und Rechtfertigungsroutinen. Verbunden sind damit eine Versachlichung der sozialen Beziehungen in der sich immer weiter ausdehnenden, den sozialen und den psychologischen Raum immer stärker kolonisierenden Marktwirtschaft und eine Subjektivierung des Sinnhaushalts. Wie das metaphysische Menschenwesen unter dem Diktat des Nominalismus sich in eine Pluralität biologischer Gattungsexemplare verwandelte, verwandelte sich auch die eine objektive, kulturelle Identität stiftende Glücks- und Sinndefinition in eine Pluralität von Sinnkonzepten und Vorstellungen von einem guten Leben. Die Moderne hat nicht mehr den einen Himmel, sondern sie hat viele Himmel; jedes Individuum hat seinen eigenen und auch das Recht, sich seinen eigenen Himmel zu wählen.

Acht Jahre lang hatte Telephos, König von Mysien, an unerträglichen Schmerzen gelitten, die ihm eine Wunde bereitete, die ihm Achill mit seiner Lanze zugefügt hatte. Nachdem ihn das Vertrauen auf die Kunst seiner Ärzte verlassen hatte, ließ er das Orakel des Phöbus Apollo befragen. Dieses antwortete, dass nur der

Speer, der die Wunde verursachte, sie auch zu schließen vermöge. Daraufhin schiffte sich Telephos nach Troja ein. Der Anblick des leidenden Königs veranlasste Achill, ihm seine Lanze zu Füßen zu legen. Und die Ärzte Podalirios und Machaon feilten dann einige Späne von der Speerspitze und legten diese auf die Wunde, die sich sofort schloss. Nach wenigen Stunden war der König genesen. Wir sind heute in einer ähnlichen Situation. Die Herdfeuer der Tradition sind erkaltet. Die Wunden der Moderne können wir nicht durch eine Flucht aus der Moderne, sondern nur durch eine kritische Handhabung ihrer Wertperspektiven, Einstellungen und Errungenschaften heilen, durch einen kritisch-reflektierten Modernismus, der gegen sozialromantische Vergangenheitsbeschwörung ebenso gefeit ist wie gegen die egalitaristische Utopie einer geschichtslosen Welt. Die Moderne ist zu einem Münchhausenschicksal verurteilt. Sie muss sich selbst als Gut betrachten, muss ihre Vorstellungen eines guten Lebens, einer wohlgeordneten Gesellschaft ausschließlich aus den Selbstverständigungsmaterialien des modernen Individuums bilden. Daher können wir die Kräfte des Wettbewerbsmarktes nur dadurch zähmen, dass wir sie in eine freiheitsrechtliche Ordnung zwingen. Und diese freiheitsrechtliche Ordnung finden wir, indem wir uns die Institutionalisierungswege des Menschenrechts betrachten. Moderne Ordnungen sind institutionalisiertes Menschenrecht. Das gilt für die engere rechtliche Marktordnung selbst, das gilt aber auch für die Ordnungen der Gesellschaft und Politik, in die die Marktordnung integriert werden muss. Und das gilt nicht zuletzt für die Ordnung der Mentalitäten, für das Ethos moderner Bürgerexistenz, für die Grammatik der gesellschaftlichen Selbstverständigung. Auch diese müssen in der Menschenrechtsmoral gründen, müssen der Freiheit und Selbstbestimmung dienen.

IV. Wirtschaftliche Ordnung, Ordnung der Wirtschaft, soziale Marktwirtschaft

Mit dem Übergang zum Euckenschen Ordoliberalismus und zur Müller-Armackschen Konzeption der sozialen Marktwirtschaft verändert sich der Stil des ökonomischen Ordnungsdenkens beträchtlich. Er wird nüchterner. Der kulturkritische, modernitätsskeptische Ton wird schwächer. Aber das große Motiv des dritten Weges bleibt weiterhin wirksam. Auch Euckens und Müller-Armacks Schriften sind von dem ordnungsökonomischen Credo geprägt, dass der Wirtschaftsliberalismus aufgrund der Selbstregulierungsillusion, seiner Überzeugung, dass die Marktwirtschaft eine selbstgenügsame Eigenwelt sei, nicht nur die Frage der institutionellen Sicherung der marktwirtschaftsinternen Erhaltungs- und Funktionsbedingungen vernachlässigt, sondern auch gänzlich außer Acht gelassen hat, dass es eine Fülle marktexterner Gelingensvoraussetzungen für die wirtschaftlichen Abläufe gibt. Diese umfassen neben einer auf die internen Stabilitätserfordernisse der Wirtschaft abgestimmte Rechtsordnung und einer ordnungskompetenten Politik auch Mentalitäten, Einstellungen und Wertüberzeugungen. Schaut man sich nun die Äußerungen Euckens und Müller-Armacks daraufhin näher an, stellt man fest, dass diese These von der ethisch-erweiterten Wirtschaftspolitik merkwürdig blass bleibt und kaum über den intuitiven Werthorizont des Common Sense hinausreicht.

1. Walter Euckens Ordoliberalismus

In vielerlei Hinsicht wandelt sich das Klima, wenn wir das Schrifttum des Gegenwartsdiagnostikers und begnadeten Pamphletisten Wilhelm Röpke verlassen und uns dem volkswirtschaftlichen Ordnungsdenker schlechthin, Walter Eucken, zuwenden. Walter Eucken ist Wissenschaftler mit großem konstruktiven Willen und großer theoretischer Leidenschaft. Sein Hauptinteresse gilt dem Begreifen der wirtschaftlichen Wirklichkeit. Und all die bekannten Lehrstücke, die Lehre von der Interdependenz der Ordnungen, die Lehre von der wirtschaftspolitischen Verpflichtung, jedes Handeln in den Horizont der Gesamtordnungspflege zu stellen, sind entwickelt worden, um ein konzeptuelles Instrumentarium an die Hand zu bekommen, diese erkenntnistheoretische Mammutaufgabe mit Erfolg angehen zu können. Eine erkenntnistheoretische Mammutaufgabe ist das Begreifen wirtschaftlicher Wirklichkeit, weil wir in den Massendemokratien der Moderne in einer Gesellschaftswelt gesteigerter Komplexität leben. Allerdings dauert die Moderne schon einige Zeit, daher ist der Wissenschaftler des 20. Jahrhunderts besser dran als seine Vorgänger im 19. Jahrhundert, die sich angesichts der heftigen und rasanten Änderungen des industriellen Zeitalters in der unglücklichen Lage befanden, dass die neue Wirklichkeit den alten Begriffen davonlief. Das führte einerseits zu theoretischer Bescheidenheit, die sich darüber klar war, dass mehr als ein Herumstochern im Nebel der Vermutungen nicht erreicht werden konnte, begünstigte andererseits aber auch den Aufstieg von Ideologien, die mit ihren groben Deutungsmustern und mobilisierungswirksamen Parolen die Ratlosen und Unzufriedenen anlockten. Zu Euckens Zeit hatte der Wissenschaftler jedoch bereits hinreichende Erfahrung mit der Moderne machen können, so dass er sich jetzt an die Arbeit der begrifflichen Durchdringung machen und nach dem richtigen methodischen Besteck Ausschau halten konnte, um einen solchen Weg von den Realitäten zu den Begriffen zu finden, so dass am Ende dieses Weges von der Höhe des Begriffs einsichtsgewinnend auf die Wirklichkeit zurückgeschaut werden konnte.

Aber nicht nur darin unterscheidet sich Eucken von den Neoliberalen, dass er eine volkswirtschaftliche Gesamtkonzeption entwickelt. Er unterscheidet sich vor allem hinsichtlich des Gehalts des Ordnungsbegriffs von Röpke und Rüstow. Wie diese betrachtet er den Wirtschaftsliberalismus des späten 18. und frühen 19. Jahrhunderts als eine Konzeption, die die moderne wirtschaftliche Welt nicht angemessen verstanden hat, weder ihre internen Funktionsmechanismen durchschaut noch ihre Beziehungen zu außerwirtschaftlichen sozio-kulturellen Gegebenheiten beachtet hat. Freilich finden sich bei ihm nicht die dramatischen Schuldzuweisungen, die das Schrifttum der Neoliberalen durchzieht. Eucken ist nicht anfällig für geschichtsphilosophische Spekulationen. Die Moderne ist für ihn schlicht eine Gegebenheit, nicht ein Verhängnis.[84] Daher finden sich bei ihm auch keine Spuren der Modernitätsparadoxie, die sich bei Röpke und Rüstow zeigen. Eucken ist kein Kulturpessimist, kein selektiver Modernist, der das Modernitätsprodukt des Wettbewerbsmarktes dadurch vor kapitalistischer Degeneration stützen möchte, dass er der wirtschaftlichen Dynamik durch eine konservierte Traditionswelt radikal entschleunigt und der sittlichen Haltlosigkeit mit naturrechtlicher Verankerung und dörflich-bäuerlichem Ethos begegnen möchte. *Hic Rhodos, hic salta* – das ist Euckens Wahlspruch. Es gilt sich der Zeit zu stellen und zeitgemäße Problemlösungen zu entwickeln. »Nun muß versucht werden, Ordnungen aufzubauen, die dem Zeitalter der Industrialisierung, der raschen Bevölkerungsvermehrung, der Verstädterung und Technisierung gerecht werden. Von selbst werden diese Ordnungen nicht entstehen. Vielmehr erweist sich das Denken, das in der Wissenschaft zur Entfaltung kommt, für das Handeln als unentbehrlich.«[85] Und dieses ordnungsproduktive Denken kann nicht das Denken von Röpke und Rüstow sein, kann nicht von ohnmächtigen Jeremiaden gegen Proletarisierung und Vermassung, gegen Technikvergötterung und molochartige Großstädte durchzogen werden. Es ist ein erfahrungsbelehrtes Denken, das weiß, dass »Technisierung, Vermassung und Verstädterung« Probleme erzeugen, die nach einer neuen Wirtschaftspolitik verlangen und nicht durch die übrig gebliebenen Kulissen einer geschichtlich zurückgelassenen Traditionswelt in ihren Auswirkungen zurückgedrängt werden können.[86] Es ist ein wissenschaftliches Denken, das sich mit den Gelingensbedingungen von Ordnungen, mit den Ursachen von Ordnungskrisen und den Auswirkungen von Ordnungszerfall beschäftigt und darum auch der Wirtschaft und der Wirtschaftspolitik handlungsbegründendes Orientierungswissen liefern kann.

Ordnung ist für Eucken zuallererst ein ökonomischer Grundbegriff. Als Ordnung bezeichnet er das Regelsystem, in dem der Wirtschaftsprozess konkret abläuft, das die ökonomische Kommunikation und strategische Angleichung der Wirtschaftspläne der Wirtschaftssubjekte, der Haushalte und Betriebe bestimmt. Diese Ordnung ist vielfältig, denn sie ist den Kräften der geschichtlichen Veränderung ausgesetzt und existiert darum immer in unterschiedlicher Gestalt. Gleichwohl entzieht sich dadurch die Wirtschaft nicht der wissenschaftlichen Untersuchung, denn es gibt unter der geschichtlich veränderlichen Oberfläche rekurrente, immer wieder auftauchende Muster und Strukturen. Diese Strukturen legt der morphologische Blick frei; sie entsprechen dem, was in anderen Geistes- und Sozialwissenschaften als Typus oder Idealform bezeichnet wird und was in den Naturwissenschaften die Naturgesetze sind. Diese Strukturen bestimmen die Marktform, die Grammatik der je geschichtlich besonderen Ordnung. Sie bewegen sich in ihrer Ausgestaltung zwischen den Extremen der zentralen Lenkung der Wirtschaft einerseits und der Verkehrswirtschaft andererseits. In der Verkehrswirtschaft entwickeln die Wirtschaftssubjekte ihre Wirtschaftspläne selbständig und setzen sie den unvorhersehbaren Koordinationsmechanismen des Marktes aus. Das Verkehrswirtschaftsmodell ist dezentral und horizontal; hier gibt es keine Planungshierarchie – während die gelenkte Planwirtschaft eben eine solche Planungshierarchie etabliert, die die Unterwerfung aller Wirtschaftspläne der untergeordneten Ebenen unter den zentralen Plan verlangt. Zwischen diesen Extremen sind nun viele Wirtschaftsformen denkbar, in denen unterschiedliche Kombinationen von Nachfrage- und Angebotsformen möglich sind, die auf je eigene Weise die Wirtschaftspläne der Nachfrager und Anbieter koordinieren. Aber letztlich sind nur die beiden Extremformen interessant. Denn Mischformen sind nach Eucken dadurch charakterisiert, dass in ihnen das kollektivistische Element immer stärker wird. Mischformen sind also immer bereits auf dem Weg zur Planwirtschaft.

2. Die Wirtschaftspolitik des Laissez-faire

Diese Morphologie liefert nicht nur das gedankliche Werkzeug, um die hinter dem Vorhang der bunten Erscheinungen wirksamen Grundmuster freizulegen und dadurch die geschichtlich veränderliche Wirklichkeit der Wirtschaft begrifflich zu durchdringen, sie hat auch wirtschaftspolitische, also praktische Bedeutung.

Sie bietet den begrifflichen Rahmen für die Suche nach einer »brauchbaren Ordnungsform« der Wirtschaft.[87]

Ein Anknüpfen an die »Wirtschaftspolitik des Laissez-faire« kommt für Eucken nicht in Frage. Diese glaubte irrtümlicherweise, mit der Etablierung einer auf die Freiheits- und Sicherheitsbedürfnisse des kapitalistischen Verkehrs antwortenden Privatrechtsordnung alles Erforderliche getan zu haben, und verzichtete auf »die Überwachung der Wirtschaftsordnung im Sinne der Gesamtentscheidung«. Sie dachte nicht daran, dass diese Ordnungspflege, die die Gesamtordnung nie aus den Augen verliert, ebenfalls zu den staatlichen Aufgaben gehört.[88] Und dieses Fehlurteil war natürlich – da schließt sich Eucken der Versagensdiagnose Rüstows und Röpkes an – in hohem Maße der Überzeugung geschuldet, dass der Markt selbst eine stabile und selbsterhaltungsfähige Ordnung sei, die sich nach der Beseitigung des gesamten merkantilistischen Regulierungsdickichts frei entfalten würde. »Man war von dem Glauben beherrscht, endlich die allein richtige, natürliche, göttliche Ordnung entdeckt zu haben und zu verwirklichen; die Ordnung nämlich, in welcher die Gesetze der vollständigen Konkurrenz die Produktion und Verteilung beherrschen … Die Kräfte und die Logik, die Gott in die Dinge und auch in die Wirtschaft hineingelegt hat, sollten zur Geltung gebracht werden. Später freilich, im 19. Jahrhundert verblaßte diese metaphysische Begründung, die diesen Ideen die große Stoßkraft verliehen hatte.«[89]

Es gibt in der Eucken-Forschung eine Debatte darüber, ob Euckens Ordnungsvorstellung naturrechtlich grundiert ist, ob er davon überzeugt gewesen sein soll, dass die von ihm favorisierte freiheitsbewahrende und Machtkonzentration jeder Art verhindernde Wettbewerbsordnung als Ausdruck einer ewig gültigen natürlichen Ordnung zu begründen und zu verteidigen sei. Dass man Eucken überhaupt mit einem Bekenntnis zum Naturrecht in Verbindung bringt, mag so abwegig nicht sein, denkt man daran, dass sowohl Rüstow und Röpke, aber auch Müller-Armack bei ihren Vorstellungen einer den Markt disziplinierenden, marktjenseitigen Ordnung durchgängig auf Motive des Naturrechtsdenkens zurückgegriffen haben, entweder in der neuthomistischen Fassung der katholischen Soziallehre wie bei Müller-Armack oder im Sinne einer eher diffusen Vergangenheitsnostalgie wie bei Rüstow und Röpke. Warum also sollte dieses Naturrechtsmotiv, dieses Motiv von der maßgeblichen natürlichen Ordnung nicht auch bei dem Begründer des Ordoliberalismus wirksam sein? Schließlich hat Eucken selbst zwischen der geschichtlichen »Wirtschaftsordnung« und der »Ordnung der Wirtschaft« unterschieden. Und wenn die immer im Plural auftretende Wirtschaftsordnung das geschichtlich vorgefundene und begrifflich zu vermessene Erkenntnisobjekt der Nationalökonomie ist, dann kann die eine Ordnung der Wirtschaft doch nur das ewige naturrechtliche Muster aller Wirtschaftsordnungen in Raum und Zeit sein.[90]

Aber diejenigen, die Eucken, sei es vereinnehmend, sei es kritisch, dem naturrechtlichen Lager zurechnen wollen, beziehen sich in der Regel auf zwei Stellen aus den *Grundsätzen der Wirtschaftspolitik*, die beide nicht den geringsten philologischen Anhaltspunkt für eine naturrechtliche Sichtweise liefern. Die eine Stelle habe ich oben zitiert. In ihr wird in knapper Form von der Hintergrundmetaphysik des Wirtschaftsliberalismus berichtet und von ihrer Bedeutung für die verhängnisvolle wirtschaftspolitische Enthaltsamkeit der Laissez-faire-Periode. Und der Fehler des Wirtschaftsliberalismus lässt sich mit Euckenschen Begriffen prägnant benennen: Der Wirtschaftsliberalismus hat die Wirtschaftsordnung mit der Ordnung der Wirtschaft verwechselt und das naturrechtliche Begründungsmodell als Beschreibung des Ablaufs realer Wirtschaftsprozesse genommen. Daher kam die Wirtschaftsordnung den Wirtschaftsliberalen als selbständiger Gegenstand einer politisch entscheidungsstarken und wissenschaftlich kundigen Ordnungspflege gar nicht in den Sinn. Sie meinten, die Dinge laufen lassen zu dürfen, weil sich der göttliche Ordnungsstifter selbst in ihnen ausgesprochen habe.

Auch die andere Stelle enthält einen historischen Rückblick und liefert keinen Beleg für naturrechtliches Denken. Eucken berichtet im Kapital »Freiheit und Macht« über die Dialektik der Freiheit, die mit unwiderstehlicher Kraft das beengende Alte weggefegt hat, aber mit dem Neuen, das sie an dessen Stelle setzt, sich oft selbst in arge Bedrängnis bringt. So ist die Industrialisierung aus dem Geist der Freiheit geschaffen worden, hat sich aber dann zu einer großen Bedrohung der Freiheit gewandelt. Und auch die Wirtschaft war so ein Ort, dessen Entwicklung von der Freiheit begünstigt wurde, dessen Ausbreitung aber auch die Freiheit immer mehr gefährdete. Großartig war der Anfang, in großen Kantischen Lettern wurde die Freiheitsparole an die Wände der Welt geschrieben. Kein Bereich, der sich nicht den Wünschen der Freiheit beugen musste. Das Recht hatte die Freiheit zu sichern. Und auch die Wirtschaftspolitik hatte der Freiheit zu dienen, hatte den Auftrag, die »freie natürliche gottgewollte Ordnung (zu) verwirklichen«. »Sowenig der Mensch, der in dieser Ordnung steht, seine eigene Freiheit selbst aufheben darf, sowenig darf er die Freiheitssphäre der anderen mißachten.« Eucken schiebt bei der Beschreibung des wirtschaftspolitischen Denkens der Laissez-faire-Periode Kantisches Freiheitsrecht und traditionelles Naturrecht ineinander, gibt der gottgewollten Ordnung des Naturrechts einen Kantischen Inhalt: Vernünftig ist für den Königsberger Philosophen die Ordnung, in der die Handlungsfreiheit aller durch allgemeine Gesetze geregelt wird.

Entscheidend ist aber, dass Eucken nicht von Begründungsargumenten, sondern rückschauend von geschichtlichen Vorgängen berichtet. Aufgrund der sich offenbarenden Dialektik der Freiheit kommt der Betrachter nämlich zu dem Urteil, dass »diese große Bewegung, die gewollte Befreiung des Menschen aus ›seiner selbstverschuldeten Unmündigkeit‹ … sich in Gefahr befindet oder mißlungen ist«.[91] Und an anderer Stelle heißt es: »Der Wirtschaftspolitik des Laissez-faire lag ein großer Gedanke zugrunde. Freiheit soll gegeben werden, damit sich die natürliche, gottgewollte Ordnung entwickelt. Die Denker, die den Anstoß gaben, hatten eine berechtigte Abneigung dagegen, dort zu konstruieren, wo man wachsen lassen sollte, und von oben her einzugreifen, wo sich zureichende Formen von unten her bilden … Wirtschaftliche Freiheit hat also für diese Wirtschaftspolitiker eine doppelte Bedeutung: Sie ist die Grundlage für das persönliche, menschenwürdige Leben des Einzelnen, und sie ermöglicht es zugleich, daß der Schöpfungsplan, aus dem sich bestimmte Naturgesetze der Wirtschaft ergeben, verwirklicht wird. Aber die faktische Entwicklung zeigt, daß nach beiden Seiten hin diese Wirtschaftspolitik nicht d a s erreichte, was sie wollte. Es erwies sich, daß die Gewährung von Freiheit eine Gefahr für die Freiheit werden kann, wenn sie die Bildung privater Macht ermöglicht, daß zwar außerordentliche Energien durch sie geweckt werden, aber daß diese Energien auch freiheitszerstörend wirken können. Und auch eine freie, natürliche Ordnung entsteht nicht einfach dadurch, daß die Wirtschaftspolitik ihre Verwirklichung der Entwicklung überläßt – sondern nur dann, wenn sie selbst darauf gerichtet ist.«[92]

Das könnte so verstanden werden, als ob die Wirtschaftspolitik des Laissez-faire nur der falsche Weg gewesen sei, die natürliche Ordnung durchzusetzen. Da diese sich jedoch eben nicht eigentätig und selbständig realisiert, bedarf es einer kundigen Wirtschaftspolitik, die der natürlichen Ordnung eine geschichtliche Gestalt gibt. Das wäre aber ein Missverständnis: Eucken setzt nicht einfach dem Zusehen und Sich-Entwickelnlassen ein Eingreifen und gestaltendes Machen entgegen. Für ihn ist die Metaphysik einer natürlichen, von Gott in die Natur der Dinge und in das Wesen der Menschen eingelassenen Ordnung nicht im Mindesten mehr von handlungsorientierender Bedeutung. Das lässt sich der oben bereits erwähnten Passage aus den Euckenschen *Grundlagen der Nationalökonomie* entnehmen. Eucken berichtet auf knappstem Raum von der Erfindung der Metaphysik, also von der philosophischen Neigung der Menschen, den Vorhang der Erscheinungen zu zerteilen und die Grammatik der Dinge, den Plan der Schöpfung, die Ordnung des Seins freizulegen. Diese Suche nach den ordnenden Strukturen hinter der wahrnehmbaren Welt diente nicht nur den Interessen an einer geschlossenen Welterklärung, sie diente auch dem praktischen Bedürfnis nach einer Verbesserung der Lebensverhältnisse. In der natürlichen Ordnung fand man den Maßstab, mit dem man die moralische Qualität der vorfindlichen, menschengemachten Ordnung messen konnte; die natürliche Ordnung bildete das Ziel, das zur Verbesserung der Verhältnisse anzuvisieren war. Auf die Ebene der Wirtschaft übertragen besagt das, dass sich im Begriff der Ordnung der Wirtschaft nach Eucken das Ordnungsideal, der Sollzustand der Wirtschaftsordnung artikuliert. Und insbesondere dann , wenn es darum geht, eine den Herausforderungen der Zeit entsprechende Wirtschaftsordnung zu entwickeln, ist es ratsam, eine klare Vorstellung davon zu haben. »Die Industrialisierung ergreift immer mehr Länder, durchläuft jetzt auch in den zuerst industrialisierten Ländern immer neue Stadien, hat überall die alten Wirtschaftsordnungen zerstört. Gleichzeitig haben sich große geistige und politische Umwälzungen vollzogen, die ebenfalls überkommene Ordnungen veränderten und auflösten. – Die zahlreichen und rasch wechselnden Wirtschaftsordnungen, die im Laufe dieses Zeitalters der Industrialisierung bisher bestanden und in denen ... meist verkehrswirtschaftliche, aber neuerdings auch zentralverwaltungswirtschaftliche Ordnungsformen dominierten, haben zu vielfältigen Störungen im Ablauf der Wirtschaftsprozesse, zu Machtballungen, Machtkämpfen und sozialen Spannungen geführt und haben die Vermassung beschleunigt. Deshalb besteht eine große Aufgabe darin, dieser neuen industrialisierten Wirtschaft mit ihrer weitgreifenden Arbeitsteilung eine funktionsfähige und menschenwürdige Ordnung der Wirtschaft zu geben, die dauerhaft ist. Funktionsfähig und menschenwürdig heißt: In ihr soll die Knappheit an Gütern, die sich Tag für Tag in den meisten Haushalten drückend geltend macht, so weitgehend wie möglich und andauernd überwunden werden. Und zugleich soll in dieser Ordnung ein selbstverantwortliches Leben möglich sein.«[93]

3. Gesamtwirtschaftliche Betrachtungsweise

Die Ordnungen des politischen und gesellschaftlichen Lebens hängen zusammen, sind in ihrem Gelingen wie Misslingen Schicksalsgenossen. Und das besagt, dass über das Gelingen der Wirtschaftsordnung nicht nur wirtschaftsimmanent entschieden wird. Das besagt aber auch umgekehrt, dass das Schicksal des außerwirtschaftlichen Lebens wesentlich von einem glückenden Verlauf und einer stabilen Ordnung der Wirtschaftsprozesse abhängt. »Damit ist nicht ... gesagt, daß nun alle Fragen der menschlichen Ordnungen und des Menschen überhaupt durch die Wirtschaftsordnungspolitik allein bewältigt werden könnten. Wohl aber gilt der Satz: Keine geistig-religiöse oder politische Bewegung wird diese Fragen lösen, wenn es nicht gelingt, in adäquaten Wirtschaftsordnungen die Lenkung des alltäglichen Wirtschaftsprozesses durchzuführen ... Wir müssen uns daran gewöhnen, daß feierliche Fragen nach der geistig-seelischen Existenz des Menschen mit sehr nüchternen Fragen der wirtschaftlichen Lenkungsmechanik untrennbar verbunden sind.«[94]

Die Interdependenz der Ordnungen ist also keine Einbahnstraße; sie begründet eine wechselseitige Abhängigkeit. Während Rüstow und Röpke jedoch vor allen Dingen die Wichtigkeit, die sozio-kulturellen Voraussetzungen gelingenden Marktgeschehens betonen und den Markt als Hort des Unheils betrachten, der nur dann menschenverträgliche Leistungen erbringt, wenn er durch solide Sittlichkeit und lebensethischen Konservativismus diszipliniert wird, macht Eucken die Gegenrechnung auf und betont die erfreulichen sozio-kulturellen Auswirkungen einer geordneten Verkehrswirtschaft. Nur dann kann die Kultur feiern, wenn in den Niederungen der materiellen Reproduktionssicherung effektiv und freiheitsdienlich gearbeitet wird. Zerfällt hingegen die Wirtschaftsordnung, werden auch die anderen Ordnungen korrumpiert. Offenkundig gelten im anthropologisch Kleinen und im gesellschaftlichen Großen dieselben Gesetzmäßigkeiten: Wenn das Denken verkommt und die handlungsleitenden Einstellungen brüchig werden, dann wird auch der den Geist im Irdischen verankernde Körper leiden; genauso wie umgekehrt Denken, Handeln und Fühlen umherirren und aus dem Lot geraten, wenn der Körper erkrankt und seine Funktionsfähigkeit verliert.

Aufgrund des internen Zusammenhanges der Ordnung, gleichsam der gesellschaftlichen Psychosomatik ist Wirtschaftspolitik als Ordnungspolitik notwendigerweise ein umfassendes, keineswegs auf die ökonomische Region beschränktes Konzept. Ordnungspolitik ist letztlich Gesamtordnungspflege. Die von ihr zu verwirklichende Ordnung ist nichts Geringeres als die »Ordnung der Wirtschaft, der Gesellschaft, des Rechtes und des Staates«.[95] Es ist evident, dass die Euckensche Konzeption der Ordnungspolitik durch einen erstaunlichen epistemologischen Optimismus getragen ist. Man könnte meinen, dass bereits die Aufforderung, bei jeder wirtschaftspolitischen Entscheidung die Auswirkungen auf die Gesamtordnung mit zu berücksichtigen, aufgrund der dabei unerlässlichen Kombination aus Überblickswissen und detailsicherem Kausalwissen die begrenzten Erkenntniskräfte des Menschen überfordert. Aber der Anspruch an das gesamtordnungskompetente Lenkungswissen erhöht sich noch, bedenkt man, dass aufgrund der Interdependenz der Ordnungen ordnungspolitische Entscheidungen sogar die Stabilitätsbedingungen aller Ordnungen im Blick haben müssen.

Ordnungspolitik bewegt sich nach Eucken in einem Bereich, der durch sechs Datengruppen eingerahmt wird. Und zu diesen Datengruppen gehört neben den menschlichen Bedürfnissen, den Gegebenheiten der Natur, den Arbeitskräften und den Gütervorräten, der Wissenschaft und Technik auch »die rechtliche und soziale Ordnung, die den Handlungen der Wirtschaftssubjekte Richtung geben kann und Grenzen setzt. Dieses letzte Datum muß in einem weiten Sinn aufgefaßt werden: Nicht nur die Gesetze, die Sitten und Gewohnheiten sind gemeint, sondern auch der Geist, in dem die Menschen leben und sich an die Spielregeln halten.«[96] Hier wird die neoliberale Einsicht aufgegriffen, dass das Schicksal der Wirtschaft jenseits der Wirtschaft entschieden wird, folglich eine Wirtschaftslenkungspolitik zu kurz greift, wenn sie sich ausschließlich auf interne Episoden des Wirtschaftsablaufs konzentriert. Wirtschaftspolitik muss, gerade wenn sie einer gesamtwirtschaftlichen Betrachtungsweise verpflichtet ist, nichts weniger als alles im Blick behalten. Und dabei ist es keinesfalls so, dass die nichtökonomischen Regionen von geringerer Wichtigkeit sind; im Gegenteil: Gerade mit der »Datengestaltung … des sechsten Datums richtig umzugehen«, also die Sorge um Ethos und Mentalität, »ist die wichtigste Kunst der Wirtschaftspolitik«.[97]

Dass die nach dem Scheitern der Wirtschaftspolitik des Laissez-faire, des Wegräumens der merkantilistischen Hindernisse für selbsttätiges Marktgeschehen notwendig ordnungsgestaltende Wirtschaftspolitik sich nicht an der Idee einer vorgegebenen natürlichen Ordnung orientiert, zeigt sich auch an der großen Bedeutung, die Eucken der Wissenschaft der Nationalökonomie bei der Bewältigung dieser Gestaltungsaufgabe zumisst. »Daß das Wachsenlassen der Wirtschaftsordnungen durch bewußte Gestaltung der Ordnungsformen abgelöst wird, ist ein Ergebnis der wirtschaftlich-geistigen Entwicklung. Diese bewußte Gestaltung der Ordnungen wälzt dem wissenschaftlichen Denken eine neue Verantwortung auf.«[98] Nur die wissenschaftliche Aufklärung über den »Ablauf des Wirtschaftsprozesses«, das Wechselspiel der ihn konstituierenden Faktoren und die zu erwartenden Auswirkungen unterschiedlicher staatlicher Eingriffe, kann eine Wirtschaftspolitik garantieren, die sich an »dem sachlichen Erfordernis« orientiert. Die Wirtschaftsordnungen sind nach der Vorstellung Euckens großen und sehr komplexen Versuchsanordnungen vergleichbar, deren innerer Aufbau nur dem Eingeweihten verständlich ist; und nur der Eingeweihte weiß, welche Auswirkungen welche Änderungen welcher Elemente auf die Gesamtordnung und das durch diese Gesamtordnung ausgerichtete Geschehen haben. Der Politik kann diese Ordnungspflege nicht anvertraut werden. Sie ist von vielerlei Motiven und Interessen getrieben: Zu groß ist die Gefahr, dass ihr Handeln unter den Einfluss der großen organisierten Interessengruppen gerät, deren Ideologen mit den nötigen demagogischen Formeln das öffentliche Ressentiment auf ihre Seite bringen; zu groß die Versuchung, durch einen opportunistischen »Punktualismus«[99] sich die Unterstützung mal dieser, mal jener Klientel zu erkaufen. Nur die Wissenschaft mit ihrem Wissen um die wirkungskausale Vernetzung der Elemente der wirtschaftlichen Ordnung und ihres Zusammenhangs mit den Ordnungen des Rechts und der Gesellschaft kann kompetent Ordnungspflege betreiben. Es ist ihre Pflicht, ihren Rationalitätsvorsprung zum Wohle des Gemeinwesens einzusetzen und ihren ehernen ordnungspolitischer Grundsatz »Nie eine Maßnahme – ohne in Übereinstimmung mit dem Ganzen der gewollten Ordnung zu bleiben«[100] gegen den tagespolitischen Opportunismus der Politiker zur Geltung zu bringen.

4. Alltagskantianismus

Welches aber ist nun die gewollte, die vernünftigerweise zu wollende, weil normativ vorzugswürdige Wirtschaftsordnung? Welche Ordnung ist zugleich wirtschaftlich funktionsfähig und menschenwürdig? Man sollte meinen, dass sich diese Frage nicht mit den Mitteln der Wissenschaft beantworten lässt. Aber die Wissenschaft hält nach Eucken genügend Erkenntnismittel bereit, um auf der Grundlage einer ordnungspolitischen Komparatistik zu einem begründeten Urteil zu kommen. Die morphologische Übersicht über die Formen der Wirtschaft ergibt ein sehr übersichtliches Alternativszenario: In den Massengesellschaften der Moderne muss die Entscheidung zwischen der verkehrswirtschaftlichen, über den Markt die Einzelpläne der Wirtschaftssubjekte koordinierenden Wirtschaftsform und der zentralwirtschaftlichen, die Einzelpläne dem politisch vorgegebenen Gesamtplan unterwerfenden Wirtschaftsform getroffen werden. Und diese Entscheidung ist nicht schwer, denn die verkehrswirtschaftliche Wirtschaftsform ist der planwirtschaftlichen Wirtschaftsform sowohl ökonomisch als auch moralisch überlegen.

Ökonomisch ist die Verkehrswirtschaft die überlegene Wirtschaftsform, weil sie die effizienteste, den gewinnträchtigsten Mitteleinsatz erlaubende Wirtschaftsform ist und darum der Grundbedingung menschlicher Existenz, nämlich unter Knappheitsbedingungen existieren zu müssen, am angemessensten ist. Aus moralischen Gründen ist die verkehrswirtschaftliche Wirtschaftsform ihrem planwirtschaftlichen Gegenstück vorzuziehen, weil sie mit dem Freiheitsinteresse und dem Freiheitsrecht der Menschen übereinstimmt, selbst eine Freiheitsordnung ist. Mit einem Wort: Die Wettbewerbsordnung ist zugleich ein Programm der Effizienz und ein »Programm der Freiheit«. Daher artikuliert sich in ihr sowohl die auf Knappheitsüberwindung zielende »ökonomische Sachgesetzlichkeit« als auch ein »soziales und ethisches Ordnungswollen«.[101] Und darum auch ist die Verkehrswirtschaft menschenwürdig.

Diese Ordnung der Wirtschaft ist nicht naturrechtlichen Zuschnitts. Sie ist eine genuin liberale Konzeption, die, wenn man einen philosophischen Gewährsmann anrufen möchte, nicht aquinatischen, sondern Kantischen Geistes ist. Hinsichtlich der Freiheitsgefährdung durch die wirtschaftsstaatliche Bürokratie des 20. Jahrhunderts schreibt Eucken etwa: »Der Mensch wird ein Teilchen des anonymen staatlich-wirtschaftlichen Apparates … Der einzelne Mensch wird zur Sache und verliert den Charakter als Person. Der Apparat ist Zweck, der Mensch Mittel.«[102] Kants Definition von der Freiheit als einer Koexistenzordnung unter allgemeinen Gesetzen, seine Würdeformel von dem Menschen, der Zweck an sich selbst sei und nicht ausschließlich zum Mittel eines fremden Willens, zum Objekt fremder Verfügung und Betreuung werden dürfe, bildet offenkundig den normativen Hintergrund der Euckenschen Ordnung der Wirtschaft. Diese Freiheit zu gewähren und zu schützen ist Ordnungspolitik aufgerufen. Eucken vertritt keinen mit metaphysischen und theologischen Hypotheken befrachteten Würdebegriff. Sein Verständnis von menschenwürdigen Verhältnissen ist einem begrifflich nicht weiter elaborierten Alltagskantianismus verpflichtet: Der Mensch lebt in menschenwürdigen Verhältnissen, wenn er frei und selbstbestimmt leben kann, wenn er nicht Verfügungsobjekt fremden Willens ist. Und zu dieser Freiheit gehört aufgrund ihrer Unteilbarkeit auch die ökonomische Freiheit, im Rahmen der Gesetze seine Mittel nach eigenen Vorstellungen einsetzen zu dürfen oder – in der Terminologie Euckens – seinen eigenen Wirtschaftsplan zu verfolgen.[103] Dieser Alltagskantianismus bietet die Basis für die entscheidungsleitende Wertung. Er ist selbst nicht Bestandteil der ökonomischen Wissenschaft, deren Aufgabe darin besteht, aufgrund ihrer Kenntnis der inneren Abläufe der unterschiedlichen Wirtschaftsformen die Ordnung zu finden, die nicht nur die überzeugendste Lösung für das genuin ökonomische Problem der Knappheitsbewältigung bereitstellt, sondern auch das wirksamste Instrument für die Verwirklichung einer gesamtgesellschaftlichen Freiheitsordnung ist. Und das ist die Wettbewerbsordnung.[104]

5. Wettbewerbsordnung und soziale Gerechtigkeit

Aber natürlich können die Wirtschaftssubjekte diese Freiheit einer selbstverantwortlichen Verfolgung ihrer Wirtschaftspläne nur dann genießen, wenn sie etwas Nachfragbares auf dem Markt anzubieten haben. Sobald sie durch Krankheit, Bankrott, Insolvenz oder Arbeitslosigkeit ihre Marktfähigkeit verlieren und ihre selbständige Versorgung nicht mehr sichern können, droht ihnen Verarmung und soziale Verelendung. Spätestens seit dem Beginn des industriellen Zeitalters weiß man um die sozialen Risiken des kapitalistischen Systems. Welche Antwort gibt nun Euckens wirtschaftswissenschaftliche Konzeption auf die soziale Frage? Welche Lehren zieht die Wirtschaftspolitik aus der Betrachtung der Ereignisse des 19. Jahrhunderts?

»Soziale Sicherheit und soziale Gerechtigkeit sind die großen Anliegen der Zeit. Die soziale Frage ist seit Beginn der Industrialisierung mehr und mehr zur Zentralfrage menschlichen Daseins geworden. Sie hat eine eminente geschichtliche Kraft. Auf ihre Lösung müssen Denken und Handeln vor allem gerichtet sein.«[105] Diese Sätze stehen gleich auf der ersten Seite der *Grundsätze der Wirtschaftspolitik*. Damit ist angezeigt, welch große Bedeutung das Problem der sozialen Sicherheit und sozialen Gerechtigkeit innerhalb der ordnungspolitischen Sorge um die Integrität der verkehrswirtschaftlichen Ordnungsform besitzt. Gleichwohl sind Euckens Einlassungen zum Sicherheits- und Gerechtigkeitsproblem eher spärlich. Zumindest finden sich keine grundsätzlichen Überlegungen zur sozialen Gerechtigkeit und zu den Erfordernissen der sozialen Sicherheit. Im Kapitel über die soziale Frage selbst liefert Eucken lediglich einen geschichtlichen Abriss der Sozialpolitik von den Anfängen des industriellen Zeitalters bis in die frühen Jahre der Bundesrepublik. Dabei streicht er heraus, dass alle früheren Versuche, der sozialen Probleme Herr zu werden, zu einer Ausweitung des staatlichen planwirtschaftlichen Engagements geführt und die Freiheiten der Wirtschaftssubjekte immer weiter eingeschnürt haben. Außerdem sei bedauerlicherweise zu beobachten, dass mit dem Ansteigen des sozialen Drucks die gesellschaftliche Neigung, sachliche Analyse und wissenschaftliche Aufklärung zu verabschieden und dem Feldgeschrei der immer noch in den Schablonen des 19. Jahrhunderts denkenden Ideologen zu folgen, stets zunehme. »Die übliche anachronistische Geisteshaltung breiter Kreise, auch vieler Intellektueller, hat im übrigen zur Folge, daß sie nicht bemerken, was sich vor ihren Augen abspielt: Wie die Arbeiter und Angestellten und die meisten anderen Berufe durch Beseitigung des freien Arbeitsvertrages und der Freizügigkeit, durch Dienstverpflichtung und Sozialisierung und zentrale Planung in ihrer sozialen Position geschwächt werden und die Menschen in eine Apparatur und in die Hände von Funktionären geraten, die sie beherrschen. Noch ist die Illusion weit verbreitet, zentrale Lenkung sei ›sozial‹. Der Wortgebrauch ›sozial‹ verschleiert die Gefahr, die gerade in sozialer Hinsicht von der Sozialisierung droht.«[106]

Dieser verhängnisvollen Bereitschaft, für die soziale Sicherheit auf angestammte Freiheitsrechte zu verzichten, muss entgegengetreten werden. Und dies durchaus auch aus genuin ordnungspolitischen Gründen. Denn die Interdependenz der Ordnungen verlangt, die den Einzelordnungen zugrunde liegende Freiheitsmoral als letzten Maßstab staatlichen Handelns, auch sozialpolitischen Handelns zu nehmen. Anderenfalls wird das Bemühen um immer mehr soziale Sicherheit und soziale Gerechtigkeit in »Staatssklaverei« münden. Freiheit ist das Wesen des Menschen. Daher muss auch die soziale Frage in Übereinstimmung mit der

Freiheit und nicht, wie bisher, auf Kosten der Freiheit angegangen werden. »Die soziale Frage ist heute in ihrem Kern die Frage nach der Freiheit des Menschen.«[107]

Was mag das bedeuten? Da der Freiheit des Menschen am besten mit aufeinander abgestimmten Ordnungen der Gesellschaft, des Rechts und der Wirtschaft gedient ist, ist eine Antwort auf die soziale Frage und auch auf die Frage der Gerechtigkeit nur im ordnungspolitischen Rahmen zu finden. Und das heißt vor allem, dass die Grundsätze der Wirtschaftspolitik, die Grundsätze der Sicherung der Ordnung der Wettbewerbswirtschaft und der offenen Märkte auch die Grundlage der Sozial- und Gerechtigkeitspolitik bilden. Jeder Versuch, die Wettbewerbsordnung, die ihr unterliegende Eigentumsordnung und die von ihr produzierten Verteilungsmuster durch zentralwirtschaftliche Maßnahmen zu verzerren, ist strikt abzulehnen. Soziale Sicherheit und soziale Gerechtigkeit sind in einer Wettbewerbsordnung besser aufgehoben als in einer Zentralverwaltungswirtschaft. Dem Gedanken, dass das Soziale nur gegen die Wettbewerbsordnung durchzusetzen ist, darf kein Raum gegeben werden. Sorge um die Gerechtigkeit und Sorge um eine unverzerrte Wettbewerbsordnung sind letztlich identisch. »Soziale Gerechtigkeit sollte man … durch Schaffung einer funktionsfähigen Gesamtordnung und insbesondere dadurch herzustellen suchen, daß man die Einkommensbildung den strengen Regeln des Wettbewerbs, des Risikos und der Haftung unterwirft. Man sollte sie nicht in der Abschaffung des Privateigentums suchen. Festzuhalten ist: daß Privateigentum zu Mißständen führen *kann*, Kollektiveigentum führen *muß*. Alle Lösungen, die auf Verstaatlichung des Eigentums und zentrale Lenkung hinzielen, vermindern die Leistungsanreize, verschlechtern die Kostenrechnungen und machen Bürokratisierung der Wirtschaftsverwaltung unvermeidlich. Verminderung der Produktivität, Verschlechterung der Versorgung und Freiheitsbeschränkungen sind die Preise, die für jedes Entfernen von der Wettbewerbswirtschaft zu bezahlen sind, und zwar ohne daß eine gerechtere Verteilung des Sozialprodukts erwartet werden könnte.«[108]

Sozialstaatliche Verteilungsgerechtigkeit, die in den letzten drei Jahrzehnten des 20. Jahrhunderts die Selbstverständigungsarenen des entwickelten Sozialstaats beschäftigt, ist vor dem Hintergrund der Euckenschen Ökonomik nichts anderes als eine ordnungspolitische Sünde, ein unheilvolles Konzept, das der Zentralverwaltungswirtschaft unter dem Vorwand einer moralischen Verbesserung der Lebensverhältnisse Tür und Tor öffnet und nicht nur die ökonomische Leistungsfähigkeit des wirtschaftlichen Systems bedroht, sondern auch die Freiheit der Bürger, nicht zuletzt auch der Mitglieder der Sozialstaatsklientel selbst, auf die Dauer zerstört.

Dem Gedanken, dass Wettbewerbsordnung und Gerechtigkeitsordnung nicht deckungsgleich sein könnten, gibt Eucken keinen Raum. Gibt man ihm Raum, geht man nicht von der Identität von Wettbewerbsordnung und Gerechtigkeitsordnung aus, dann muss ihr Verhältnis auf eine neue Grundlage gestellt werden. Dann stellt sich die Frage, ob es möglich ist, die Wettbewerbsordnung durch eine Gerechtigkeitsordnung einzurahmen, sie durch eine Gerechtigkeitsverfassung zu überformen, die nicht der Kollaboration mit dem Kollektivismus verdächtigt werden kann. Sicherlich hat das dann wirksame Gerechtigkeitsverständnis nichts mit dem Unternehmen einer Umverteilung, einer Minderung von Einkommens- und Besitzunterschieden zu tun. Vielmehr muss es darum gehen, die Marktwirtschaft mit einem gerechtigkeitspolitischen Rahmen zu versehen, der die unter dem Stichwort der sozialen Frage versammelten Probleme mangelnder

Versorgung und sozialer Exklusion auf eine die Freiheitsgrundlage unseres institutionellen Zusammenlebens nicht gefährdende Weise anzugehen gestattet. Dabei können wir uns durchaus an der Euckenschen Formel orientieren, dass die Frage des Sozialen vordringlich eine Frage der individuellen Freiheit ist.

Es ist ein Charakteristikum des Sozialstaatsdenkens, dass diese enge Verbindung zwischen dem Sozialen und der Freiheitsförderlichkeit aufgelöst worden ist, dass die Bemühung um das Soziale, also um mehr soziale Gerechtigkeit ausschließlich durch den Gleichheitsgedanken bestimmt und damit Umverteilung als Schlüssel zur gerechtigkeitsethischen Verbesserung der Verhältnisse angesehen wurde. Wollen wir diese Verirrung korrigieren, dann benötigen wir ein Konzept der sozialen Gerechtigkeit, das in der Freiheit der Person gründet. Ich werde weiter unten unter dem Titel der Chancengleichheit ein solches freiheitsverträgliches Gerechtigkeitskonzept skizzieren.

6. Das ordnungsökonomische Credo

Dem Liberalismus fehlte »das Wissen um die Notwendigkeit, die von ihm geschaffene Wirtschaftsordnung durch klare Bestimmung ihrer nicht zu überschreitenden Grenzen in sinnvoller Funktion zu erhalten. Nur so ist es verständlich, daß er es unterließ, gleichzeitig eine politische Ordnung zu schaffen, die ihr eine Stütze bot und sie hinderte, in jenen Verzerrungsprozess hineingezogen zu werden, in dem zuletzt diese Ordnung sturmreif werde und kaum noch Verteidiger fand. Erst die neuere Forschung hat begriffen, daß die marktwirtschaftliche Organisationsform ihre Überlegenheit nur zu entfalten vermag, wenn ihr aus geistigen und politischen Kräften eine feste äußere Ordnung gegeben wird.«[109] Diese Ordnung hat Alfred Müller-Armack bekanntlich als »Soziale Marktwirtschaft« bezeichnet. Sie ist seine Version des dritten Weges, von dem schon Rüstow und Röpke gesprochen haben. Über die ökonomische Ineffizienz der Planwirtschaft und die freiheitsverachtende Zwangsdiktatur des Kollektivismus muss kein Wort verloren werden.[110] Aber eine Wiederauflage des wirtschaftsliberalen Konzepts kommt auch nicht in Frage. Wollte man die Vorzüge der Marktwirtschaft unter den gegebenen Bedingungen retten, dann war eine marktwirtschaftliche Form zu finden, die aus der Geschichte gelernt hat und die Fehler der Wirtschaftsliberalen des 19. Jahrhunderts vermeidet.

Wie bei Eucken, so geht es auch bei Müller-Armack nicht nur um wirtschaftswissenschaftliche Forschung, sondern um politisch wie existenziell ungemein Bedeutsames. Eine grundsätzliche Entscheidung steht an: Zentralverwaltungswirtschaft oder Verkehrswirtschaft; Lenkungswirtschaft oder Marktwirtschaft. Das Land liegt nach dem Krieg danieder; und es will wohl überlegt sein, welcher Form man den wirtschaftlichen Abläufen für die Zukunft geben will. Die Not der Zeit gibt den Ausführungen der beiden Ordnungsdenker die dramatische Färbung. Aber es ist natürlich in beiden Fällen auch viel Inszenierung am Werke. Nicht nur ist die Zuspitzung des Reigens wählbarer Organisationsformen auf eine Opposition einander ausschließender Modelle ein guter Weg zur begrifflichen Bewältigung eines schwer zugänglichen Terrains; auch ist die Darstellungsform einer Entweder-Oder-Entscheidung das beste Mittel, um erst gar keine Entscheidung aufkommen zu lassen. Denn angesichts der überwältigenden Gründe für die Marktwirtschaft ist jede Entscheidungsdramatik fehl am Platz. Sowohl Eucken als auch Müller-Armack setzen alles daran zu zeigen, dass es zum marktwirtschaftlichen Konzept keine Alternative gibt, nicht nur weil es ökonomisch leistungsfähiger ist, sondern auch weil es »überwirtschaftliche Werte« zur Geltung zu bringen vermag, die zu sichern das sozialistische System spektakulär versagt hat.[111] Diese Bemühungen waren notwendig, weil die Marktwirtschaft über Dekaden systematisch diskreditiert wurde und sich in den Anfängen des Wirtschaftsliberalismus durch mangelnde Einsicht in die Gestaltungserfordernisse einer marktwirtschaftlichen Ordnung auch selbst diskreditiert hat.

Im Hintergrund dieser dezisionistischen Inszenierung ist deutlich das wahrzunehmen, was ich als das ordnungsökonomische Credo bezeichnen möchte. In nur leichten Abwandlungen prägt es das Schrifttum aller hier behandelten Wirtschaftsdenker. Es besteht aus den folgenden Überzeugungsartikeln:

1. Der Wirtschaftsliberalismus hat aus Unkenntnis der Funktionsbedingungen der Marktwirtschaft einem guten Gedanken eine schlechte Gestalt gegeben. Aufgrund eines »in letztlich religiösen Bezirken verankerten Harmonieglauben erwuchs die Auffassung von der Selbstregulierung der wirtschaftlichen Dinge«.[112] Daher wurde eine Wirtschaftspolitik des Laissez-faire betrieben, statt sich um die Erhaltungsbedingungen der Marktwirtschaft zu sorgen und ihr eine Ordnung, eine »feste Form« zu geben.[113] Begleitet wurde diese Wirtschaftspolitik des Gottvertrauens durch eine krypto-religiöse Aufwertung des Wirtschaftlichen. Es entstand eine »ökonomische Weltanschauung«, ein die geistige Vielfalt des Lebens planierender Materialismus, der alle Belange der »Lebensregelung« wirtschaftlicher Rationalität unterwarf.[114] Damit setzte ein »seelischer Zufall«[115] ein, der in der geistigen Krise der Gegenwart gipfelt.

2. Aufgrund der Selbstregulierungsillusion, der Überzeugung, dass die Marktwirtschaft eine »autonome Welt«[116] sei, hat der Wirtschaftsliberalismus nicht nur die Frage der institutionellen Sicherung der marktwirtschaftsinternen Erhaltungs- und Funktionsbedingungen vernachlässigt, sondern auch gänzlich außer Acht gelassen, dass es eine Fülle marktexterner Gelingensvoraussetzungen für die wirtschaftlichen Abläufe gibt. Diese umfassen neben einer auf die internen Stabilitätserfordernisse der Wirtschaft abgestimmten Rechtsordnung und einer ordnungskompetenten Politik auch Mentalitäten, Einstellungen und Wertüberzeugungen.
3. Die ungeordnete, unordentliche Marktwirtschaft der liberalen Epoche degenerierte in ihrer weiteren Entwicklung. Die Wettbewerbsidee wurde im Wildwuchs zerstört; freiheitszerstörende Machtkonzentrationen entstanden; verstärkt wurde diese Korruption eines guten Konzepts weiterhin durch die wirtschaftsinkompetenten Eingriffe des Staates, durch Subventionismus und Protektionismus. Dadurch wurden die anfänglichen segensreichen Leistungen der Depolitisierung des Wirtschaftlichen durch das allein dem Signal der freien Preise folgende wettbewerbswirtschaftliche System zunichte gemacht. Eine Politisierung der Wirtschaft setzte ein; die starken organisierten Interessengruppen drangen immer tiefer in den Staatskörper ein und nahmen die Politik in Geiselhaft.
4. Gleichwohl ist die marktwirtschaftliche Organisationsform jeder anderen Wirtschaftsform überlegen. Vor allem ist sie der im Kielwasser der gescheiterten wirtschaftsliberalen Ideologie entstandenen sozialistischen Planwirt-

schaft überlegen. Und diese Überlegenheit hat sowohl wirtschaftliche als auch moralische Gründe. Denn nicht nur ist die marktwirtschaftliche Organisationsform von allen bekannten Wirtschaftsformen die effizienteste Organisationsform. Auch bietet die dieser Wirtschaftsform zugrunde liegende Ethik der Freiheit einerseits und Erkenntnistheorie des begrenzten Wissens andererseits eine überzeugendere geistige Grundlage als die perfektionistischer Menschheitsbeglückungsideologie entstammende Wirtschaft der zentralen Lenkung.[117]

5. Jedoch kann die Marktwirtschaft der Gegenwart nicht einfach an den Wirtschaftsliberalismus aus der Frühzeit der Industrialisierung anknüpfen. Man muss der Marktwirtschaft in der Gegenwart eine neue Form geben. Und die neue Form der Marktwirtschaft besteht erst einmal darin, dass man ihr überhaupt eine Form gibt, die Wirtschaftspolitik des Laissez-faire durch eine Wirtschaftspolitik der bewussten Ordnungsgestaltung ablöst. Diese Wirtschaftspolitik der bewussten Ordnungsgestaltung muss der Wirtschaftspolitik einen Rahmen geben, der die Erhaltung und Funktionsfähigkeit der Marktwirtschaft sichert, der den Freiheitsgewinn des Wettbewerbs schützt und die dem marktwirtschaftlichen Gedanken innewohnende Idee der Freiheitssicherung durch Gewaltenteilung pflegt. Denn Konkurrenz ist, wie insbesondere Müller-Armack deutlich macht, Gewaltenteilung, das ökonomische Äquivalent dessen, was Montesquieu für die politische Welt gefordert hat.
6. Aufgrund der Interdependenz der Ordnungen, insbesondere auch aufgrund der Abhängigkeit des Gelingens der wettbewerbswirtschaftlichen Ordnung von Mentalitäts-

strukturen und ethischen Einstellungen, bedarf es neben der engeren, unmittelbar auf den Markt konzentrierten Wirtschaftspolitik auch einer weiteren wirtschaftspolitischen Konzeption, die sich einerseits um die Integration des Wettbewerbsmarktes in das Gesamtgefüge der freiheitlichen Ordnungsformen des Rechts und der Gesellschaft kümmert, andererseits aber auch die soziokulturellen Ressourcen pflegt, aus denen sich das freiheitsorientierte und marktfreundliche Ethos speist. Das planwirtschaftliche System ist einfach, denn es rechnet – unrealistischerweise – mit vollkommenen Menschen. Es ist nichts anderes als die systemgewordene Verleugnung der menschlichen Endlichkeit. Das marktwirtschaftliche System hingegen ist ein System, für das das Bedenken der Endlichkeit des Menschen konstitutiv ist. Daher ist es fragil und ungemein anspruchsvoll. Darum ist es auch leicht verwundbar. Und überdies ist es unbewehrt, keinerlei Machtmittel stehen ihm zur Verfügung. Darum muss es immer auch auf zweifache Weise überzeugen: durch seine Leistungsfähigkeit und durch seine freiheitsmoralische Überlegenheit. Es muss zugleich Effizienzsicherung und Akzeptanzsicherung betreiben.

7. Müller-Armacks Konzept der sozialen Marktwirtschaft

»Die beiden Alternativen, zwischen denen die Wirtschaftspolitik sich bisher bewegte, die rein liberale Marktwirtschaft und die Wirtschaftslenkung sind innerlich verbraucht, und es kann sich für uns nur darum handeln, eine neue dritte Form zu entwickeln … Wir sprechen von ›Sozialer Marktwirtschaft‹, um diese dritte wirtschaftspolitische Form zu kennzeichnen. Es bedeutet dies, … daß uns die Marktwirtschaft notwendig als das tragende Gerüst der künftigen Wirtschaftsordnung erscheint, nur daß eben keine sich selbst überlassene, liberale Marktwirtschaft, sondern eine bewußt gesteuerte, und zwar sozial gesteuerte Marktwirtschaft sein soll.«[118]

Was – so ist in Fortsetzung der die bisherige Darstellung der ökonomischen Ordnungsdenker Rüstow, Röpke und Eucken leitenden Fragestellung zu fragen – ist das Soziale der Sozialen Marktwirtschaft? Welches sind die geistigen Ordnungskräfte, die zusammen mit einem kompetenten, marktwirtschaftskundigen Staat die Wirtschaftsverfassung bestimmen? Welche Begriffe leiten sie, welche normativen Vorstellungen versuchen sie zu verwirklichen? In welchen Sinn- und Zweckzusammenhang stellen sie das marktwirtschaftliche System? Es ist offenkundig, dass eine »bewußt sozial gesteuerte Wirtschaftspolitik« Elemente umfassen muss, die etwa in Euckens ausschließlich an der Funktionserhaltung des Wettbewerbs sich orientierenden Ordnungsvorstellung nicht enthalten sind. Und dass diese bewusste soziale Steuerung ein wesentlich größeres staatliches Engagement mit sich bringen muss, scheint ebenfalls klar. Auch wenn Müller-Armack den Begriff der Lenkung durch den der Steuerung ersetzt, bleibt doch eine politische Aufgabenstellung zurück, die sich nicht in der

Setzung und Pflege der Wettbewerbsordnung erschöpfen kann und auch die Wirtschaftsabläufe im Auge halten muss, die Eucken als orthodoxer Ordnungsliberaler der politischen Beaufsichtigung entziehen möchte. Die soziale Steuerung soll »als Gesamtsystem und in jeder Einzelmaßnahme auf die Erhaltung, ja Steigerung der Marktwirtschaft gerichtet sein« und sich dabei eines ganzen Kranzes »sichernder, fördernder, steuernder, antreibender und bremsender wirtschaftspolitischer Maßnahmen« bedienen.[119] Die Wirtschaftspolitik der sozialen Steuerung muss alle ordoliberale Zurückhaltung aufgeben und zu jederzeitiger Einmischung bereit sein.

Die Marktwirtschaft ist für Müller-Armack wesentlich ein Instrument. Er spricht gelegentlich sogar von einem »instrumentalen Liberalismus«.[120] Ein Instrument besitzt keinen Eigenwert, sondern gewinnt Bedeutung durch seine Verwendung. Die Verwendungsweise wird durch den Zweck bestimmt, den man mit dem Einsatz des Instruments verfolgen möchte. Allgemein besteht dieser Zweck darin, die Marktwirtschaft in die »Gesamtlebensordnung« zu integrieren, näherhin geht es darum, sie »überzuführen in eine gegen Mißbrauch und Verfälschung gesicherte und unserem Gerechtigkeitssinn und unseren kulturellen Ideen entsprechende Position«.[121] Natürlich geht es immer auch darum, »eine Form wirtschaftspolitischer Maßnahmen zu entwickeln, die in ihrer Gesamtanlage hingeordnet sind auf die Erhaltung einer funktionsfähigen Marktwirtschaft«.[122] Aber aus der Funktionsfähigkeit einer Marktwirtschaft folgt so ohne weiteres nicht auch, dass sie sozial angemessen ist, unserem »Gerechtigkeitssinn« entspricht und mit unseren »kulturellen Ideen« harmoniert. Es bedarf also zusätzlicher begrifflicher Anstrengungen, um diese Navigationspunkte der sozial gesteuerten Marktwirtschaft zu klären. Was verlangt unser Gerechtigkeitssinn? Wie in den folgenden

Kapiteln gezeigt wird, gibt es darauf keine einheitliche Antwort. Der eine hat diese, der andere hat jene Gerechtigkeitsvorstellung. Und wenn wir etwa die soziale Marktwirtschaft nach der Karte der Verteilungsgerechtigkeit steuern, nimmt sie in ihrer Entwicklung einen ganz anderen Kurs, als wenn wir sie nach der Karte der Chancengleichheit steuern. Im ersten Fall landet sie mitten in einer durchbürokratisierten Sozialstaatlichkeit, während sie im zweiten Fall noch viel ordoliberale Freiheit retten kann. Also, der Gerechtigkeitssinn ist ein moralisches Vehikel, das mit sehr unterschiedlichen Intuitionen beladen werden kann. Und auch die »kulturellen Ideen« sind ein äußerst unzuverlässiger Kompass. Auch sie gibt es in der Moderne immer nur im Plural, das heißt: im Medium konkurrierender Interpretationen. Und überdies ändern sie sich. Unser kultureller Ideenhimmel weist kaum noch die Sterne auf, die zur Zeit Müller-Armacks am Himmel über Bonn zu sehen waren.

Man könnte auf Müller-Armacks Konzept der sozialen Irenik hinweisen und meinen, dass damit doch dem Begriff der Gerechtigkeit die hier vermisste Bedeutungsklarheit gegeben werde.[123] Sicherlich ist mit dem Gesichtspunkt der sozialen Irenik den Ordnungsvorstellungen Röpkes und Euckens ein genuin sozialpolitisches Element hinzugeführt worden, das keinerlei Entsprechung in den Konzepten der frühen ordnungsökonomischen Denker hat. Aber letztlich ist diese Irenik eben die Kunst, erweiterte Wirtschaftspolitik zu betreiben und ökonomische und sozialmoralische Wertgesichtspunkte auszubalancieren. Müller-Armack redet von der »irenischen Formel, die versucht, die Ideale der Gerechtigkeit, der Freiheit und des Wachstums in ein vernünftiges Gleichgewicht zu bringen«.[124] Die Ideale der Gerechtigkeit, so scheint es, gehören zur Familie der Verteilungsgerechtigkeit. Denn »Einkommensverschiedenheiten« können ein Ausmaß erreichen, dass sie »uns unerwünscht erscheinen«. Und dann muss die soziale Marktwirtschaft durch entsprechende steuerpolitische Maßnahmen ausgleichend tätig werden, um »einen direkten Einkommensausgleich zwischen hohen und niedrigen Einkommen durch eine unmittelbare Einkommensumleitung vorzunehmen. Wenn auf dem Wege der Besteuerung die höheren Einkommen gekürzt und die einlaufenden Beträge etwa in Form von direkten Kinderbeihilfen, Mietzuschüssen, Wohnungsbauzuschüssen weitergeleitet werden, liegt geradezu der Idealfall eines marktgerechten Eingriffes vor.«[125] Aber auch die Konzeption einer solchen irenischen Umverteilung ist ohne Klarheit. Welche Gerechtigkeitsvorstellung ist hier am Werk? Geht es um individuelle Ansprüche oder um erwünschte und unerwünschte Verteilungszustände? Welches Kriterium zieht da die Grenze? Die Befürchtung vor sozialen Unruhen, vor ökonomischer und sozialer Verelendung, das Ideal eines selbstverantwortungsfähigen Wirtschaftsbürgers? Statt blankgeputzter Wörter, die sich zu klaren Definitionen verbinden, finden wir eine eigentümliche Mixtur aus moralsprachlichem Allerweltsvokabular und pragmatischem politischen Inhalt.

Vermutlich ist es so, dass die ökonomischen Ordnungsdenker hinsichtlich ihrer eher spärlichen Äußerungen über die normative Grammatik der Marktwirtschaft und die normative Orientierung einer marktwirtschaftsfreundlichen Politik gar nicht daran gedacht haben, dass man sie philosophisch beim Wort nehmen könnte. Sie waren wohl davon überzeugt, dass Derartiges im Halbdunkel des Selbstverständlichen verbleiben dürfte, dass ihre Intuitionen und die Intuitionen des moralischen Common Sense sich decken würden und daher begriffliche Klärungsarbeit nicht weiter notwendig sei. Daher die eher hingeworfene Rede von »kulturellen Ideen«, vom »Gerechtigkeitssinn«, von »menschenwürdigen Verhältnissen« etc. Daher auch meine Charakterisierung dieses unausgearbeiteten sozio-moralischen Überzeugungshintergrunds als Alltagskantianismus. Dass man sich damit aber dann nicht mehr begnügen kann, wenn eben diese moralische Orientierung als Gerechtigkeitsauftrag gedeutet wird und die gesteuerte Marktwirtschaft die Gestalt eines sich als Gerechtigkeitsverwirklichung legitimierenden Sozialstaats angenommen hat, versteht sich von selbst. Dann muss die normative Navigation aus dem Halbdunkel des Intuitiven herausgenommen und in die Helle der begrifflichen Bestimmung gestellt werden. Und genau das geschieht in den folgenden Kapiteln.

Zweiter Teil

Soziale Gerechtigkeit

V. Gerechtigkeit – einleitende Bemerkungen

Die soziale Marktwirtschaft hat aus dem Versagen des Wirtschaftsliberalismus gelernt. Sie weiß, dass die Marktwirtschaft kein autarkes, sich selbst genügendes System ist, sondern eine Wirtschaftsform darstellt, deren unbestreitbar wohlstandsfördernde Effekte nur dann dauerhaft gesichert werden können, wenn dem Marktgeschehen aus geistigen und politischen Kräften eine feste äußere Ordnung gegeben wird, wenn eine Wettbewerbsordnung für eine faire Leistungskonkurrenz sorgt und die Wirtschaft ethisch in die Gesellschaft integriert ist. Und dieses Wissen von der Ordnungsbedürftigkeit einerseits und der Abhängigkeit von freiheitsethischer Zustimmung andererseits sollte es ihr möglich machen, den von ihren Begründern ausgelegten dritten Weg zwischen Marktabsolutismus und Planwirtschaft zu finden. Aber wir wissen, dass die soziale Marktwirtschaft längst vom rechten Pfad abgekommen ist. Offenkundig liegt der zu steuernde Kurs nicht klar zutage. Denn das, was vor der Scylla des Wirtschaftsliberalismus bewahren sollte, die Einhegung durch ein festes Rahmenwerk gesellschaftlich-politisch-moralischer Art, hat das Boot der Marktwirtschaft gefährlich nah vor das grässliche Maul der Charybdis der Staatswirtschaft getrieben. Die Gerechtigkeit, in deren Dienst sich der Ausbau dieses sozialstaatlichen Rahmenwerks in den letzten Dekaden gestellt hat, scheint ein gefährlicher Kompass zu sein, der keinen sicheren Kurs durch die unsichere See zu weisen vermag. Um hier Navigationshilfe zu geben, werden in diesem Gerechtigkeitsteil des Buches die wichtigsten

Gerechtigkeitskonzepte vorgestellt und gewürdigt. Im Mittelpunkt steht die Gegenüberstellung eines Gerechtigkeitskonzepts der Gleichheitsfreunde und eines Gerechtigkeitskonzepts der Freiheitsfreunde. Ersteres will Verteilungsgerechtigkeit und dient der sozialstaatlichen Gegenwart als ideologischer Rückhalt. Letzteres will Chancengleichheit und vermag einer Rückbesinnung zur sozialen Marktwirtschaft normative Orientierung zu bieten. Zuerst ist aber zu klären, wie der vielschichtige Gerechtigkeitsdiskurs der Gesellschaft strukturiert ist.

Dass die Wirtschaft einer Ordnung bedürfe, das war die grundlegende Einsicht der ökonomischen Ordnungsdenker. Die Selbstregulationsüberzeugung des Wirtschaftsliberalismus war eine Illusion. Überlässt man den Markt sich selbst, stiftet er nur Unheil. Nicht nur wird die Marktfreiheit durch entstehende ökonomische Machkonstellationen zerstört; auch wird die gesellschaftliche Umwelt des Marktes vergiftet. Ein sich selbst überlassender Markt ist wie ein Virus, der die gesamte Gesellschaft ansteckt, das Denken und Handeln der Politik verändert und die Selbstverständigungsmuster der Kultur unterhöhlt. Er ist eine Krankheit, die den ganzen gesellschaftlich-politischen Körper so sehr schwächt, dass er den Angriffen des totalitären und kollektivistischen Gesindels, den Demagogen und Ideologen, den Sophisten der Antibürgerlichkeit und den Reißbrettutopisten der Planwirtschaft immer weniger entgegenzusetzen hat und schließlich in der Diktatur untergeht.

Dass diese Ordnung sich nicht auf eine binnenwirtschaftliche Verfassung beschränken kann, das war die zweite Überzeugung, die alle ökonomischen Ordnungsdenker verbindet. Es genügt nicht, durch geeignete Koordinationsinstrumente den Wettbewerb offenzuhalten und jede Monopolbildung zu verhindern. Es genügt auch nicht, die Wirtschaftspolitik von Subventionismus und Protektionismus freizuhalten. Eine angemessene Ordnung des Marktes muss neben einer wirtschaftspolitischen Dimension auch eine sozial- und kulturpolitische Dimension besitzen.

Der Grund für diese These, dass eine innerökonomische Ordnungspflege nicht ausreicht, der Markt in eine umfassende soziokulturelle Ordnung integriert werden muss, war die Überzeugung, dass die Wirtschaftsordnung selbst nur dann erfolgreich sein kann, wenn sie durch ein entsprechendes Ethos getragen wird, dieses aber nicht marktintern ausgebildet werden kann, sondern durch die Gesamtgesellschaft entwickelt und gepflegt werden muss. Die Ordnung des Marktes steht mit den anderen Ordnungen der Gesellschaft – mit Recht, Politik und kollektivem Moralbewusstsein – in einem engen Zusammenhang. Somit entscheidet das moralische, das sozio-kulturelle Umfeld auch über das wirtschaftliche Gelingen.

Erstaunlicherweise sind die Ordnungsvorstellungen der ökonomischen Ordnungsdenker sehr vage, wenn sie den wirtschaftlichen Bereich verlassen. Gerade das, was sie als Einsichtsgewinn gegenüber dem Wirtschaftsliberalismus verbuchen, nämlich dass sich eine Ordnung der Wirtschaft auch an außerökonomischen Gesichtspunkten orientieren muss, dass eine funktionsfähige Marktwirtschaft sich nicht nur auf streng beachtete Funktionsimperative stützt, sondern sich auch aus sozio-kulturellen Quellen speist, also geistige und moralische Voraussetzung marktjenseitiger Natur hat, gerade das artikuliert sich kaum in klaren Begriffen. Was nun die moralische Orientierung jenseits von Angebot und Nachfrage liefern soll, was die natürliche Ordnung ausmacht, in die die Wirtschaft einzupassen ist, welche überwirtschaftlichen Werte durch die Marktgesellschaft realisiert werden sollen, was eine Wirtschaftsordnung zu einer menschenwürdigen macht, was der Gerechtigkeitssinn an wirtschaftspolitischen Eingriffen verlangt – all das bleibt unklar. Es gibt nur unterschiedlichste Verweise und Assoziationen. Die einen bedienen sich im Überzeugungsfundus der naturrechtlichen Vergangenheit, beschwören das Wesen des Menschen und die Natur der Dinge und empfehlen eine konservative Sittlichkeitspolitik, die das bäuerliche und dörfliche Milieu stärkt. Die anderen stützen sich auf Alltagskantianismus und Common Sense, verwenden die großen moralischen Begriffe unserer Selbstverständigung intuitiv, ohne weitere Klarstellung. Beides führt zu paradoxen Konstellationen.

Im Falle von Rüstow und Röpke liegt eine Modernitätsparadoxie vor. Einerseits reinigen sie den Markt von allen Resten einer Schwundmetaphysik, die in der Überzeugung der Wirtschaftsliberalen von der natürlichen Ordnung des Marktgeschehens, von der prästabilierten Harmonie der vernetzten Interaktionen der Marktsubjekte überlebt hatte. Damit verschaffen sie sich einen freien, von keinerlei metaphysischer Ordnungsspekulation getrübten Blick auf die Geschehnisse der modernen Wettbewerbswirtschaft und erkennen ihre Ordnungsbedürftigkeit, ihre Abhängigkeit von marktfremden Erhaltungsleistungen. Andererseits jedoch erblicken sie in der Naturrechtsmetaphysik der christlich-mittelalterlichen Überlieferung die Vorbilder für die umfassende Ordnung, die die moderne Wirtschaft zähmen und in eine menschenfreundliche Versorgungslandschaft verwandeln soll.

Im Zentrum dieser Modernitätsparadoxie steht eine tiefe Modernitätsskepsis, ein Misstrauen gegenüber den Umwälzungskräften der Moderne, gegenüber ihrem revolutionär-emanzipatorischen Charakter. Die ökonomischen Ordnungsdenker konnten sich nicht vorstellen, dass die Moderne selbst die normativen Materialien bereitstellen könnte, aus denen eine Ordnung für das menschliche Zusammenleben, auch für die menschliche Kooperation auf dem Markt gewonnen werden könnte. Daher glaubten sie ihre Zuflucht zu der alten Sprache des Naturrechts, zu den alten Formeln vom Wesen des Menschen und der Natur der Dinge und zu den Sozialkulissen einer absterbenden Traditionswelt nehmen zu müssen. Aber nicht nur die Produktionsverhältnisse haben sich mit dem Eintritt in die Moderne geändert, auch die Rechtfertigungsbedingungen haben sich geändert. Die kulturelle Praxis der Begründung ist in der Moderne notwendig eine andere als in der Zeit des Naturrechts.

Im Falle von Eucken und Müller-Armack liegt eine Theorieparadoxie vor. Während die Darstellung der Ökonomie der Marktwirtschaft bei beiden eine wissenschaftliche Sprache findet und nach einer wissenschaftlichen Methode vorgeht, vertraut die Darstellung der außerökonomischen Gelingensvoraussetzungen, der sittlichen Dimension der marktwirtschaftlichen Gestalt, der moralischen Grammatik der sozialen Ausrichtung der marktwirtschaftlichen Lenkung dem begriffslosen Wortwissen des Common Sense. Und dabei hatte gerade die wissenschaftliche Analyse gezeigt, dass die unterschiedlichen Ordnungen zusammengehören, dass über das Schicksal des Marktes auch jenseits des Marktes entschieden wird.

Das Nachdenken über eine Ordnung der Wirtschaft, über eine ethische Integration der Wettbewerbswirtschaft, über die Anpassung der Wirtschaft an übergeordnete moralische Prinzipien beschäftigt auch die Gegenwart. Jedoch zwei maßgebliche Veränderungen haben inzwischen stattgefunden. Zum einen hat sich die soziale Marktwirtschaft in einen veritablen, mit opulenten Leistungen für sich werbenden Sozialstaat verwandelt. Und zum anderen ist die Suche nach moralischen Prinzipien der Ordnung der Wirtschaft und ihres Verhältnisses zu Politik und Gesellschaft mittlerweile von der Wirtschaft auf die Philosophie übergegangen. Während die Wirtschaftswissenschaften sich kaum noch jenseits der kleinformatigen Überlegungen zur Unternehmensethik und zur *Corporate Social Responsibility* mit den moralischen Prinzipien der Rahmenordnung des Wirtschaftens beschäftigen, ist die Philosophie seit einiger Zeit intensiv damit befasst, sich über solche allgemein zustimmungsfähigen Grundsätze menschlichen Zusammenlebens klar zu werden.

Freilich nicht in Anknüpfung an die naturrechtliche Überzeugung von der Existenz einer menschlichen Wesensnatur und einer vorgegebenen Ordnung der Dinge, sondern in Übereinstimmung mit den innovativen Begründungsformen, die von Hobbes in seiner vertragstheoretischen Staatskonstruktion und von Kant im Rahmen seines Moral- und Rechtsuniversalismus entwickelt worden sind. Mit dieser Umstellung der ordnungsethischen Sprache von einer naturrechtlichen auf eine gerechtigkeitsethische Grammatik ist freilich, so könnten Bösartige einwerfen, eines gleich geblieben: der partielle Dilettantismus des Ordnungsdenkens. Nur hat sich sein Ort geändert: Der philosophische Dilettantismus der Ökonomen ist abgelöst worden durch den ökonomischen Dilettantismus der Philosophen. Aber immerhin, so ließe sich entgegnen, ist mit der Übergabe des Staffelstabes an die Philosophen die Gewähr gegeben, dass sich der ordnungsethische Diskurs einer modernitätsangemessenen, von der Moderne selbst zum Zwecke ihrer ethischen Selbstorganisation entwickelten Sprache bedient. Und außerdem ist es nicht notwendig, ökonomisches Fachwissen zu besitzen, um die vorgeschlagenen ethischen Ordnungsentwürfe – also jetzt: die vorgeschlagenen Gerechtigkeitskonzepte – immanent zu würdigen und ihre jeweiligen Auswirkungen auf Politik, Gesellschaft und Wirtschaft zu beurteilen. – Und genau das werde ich in den folgenden Kapiteln tun.

1. Kooperationsgemeinschaft und Solidaritätsgemeinschaft

Die Geschichte der Gerechtigkeit ist so alt wie die Geschichte der Ökonomie. Beide haben dort angefangen, wo alle menschlichen Geschichten angefangen haben: mit der Vertreibung von Adam und Eva aus dem Paradies.

Seit dieser Zeit nämlich steht menschliches Leben unter einem unerbittlichen Regiment der Knappheit. Nichts ist im Überfluss vorhanden. Alles ist knapp: Nicht nur die äußeren Güter sind knapp, auch die Güter des Leibes und der Seele und die des Verstandes erst recht. Auch das Leben selbst ist knapp. Eh' man sich's versieht, ist's zu Ende. Wir haben wirklich nicht allzu viel davon und hätten schon gern mehr. Knappheit bereitet Not; und Not macht erfinderisch. Aus der Menge der Erfindungen, die die Menschen gemacht haben, um die Last der Knappheit zu mindern, ragen zwei heraus: Da ist einmal die gesellschaftliche Kooperation; und da ist zum anderen die gesellschaftliche Solidarität.

Unter einer Kooperationsgemeinschaft versteht man ein allseits nützliches System der Arbeitsteilung und gesellschaftlichen Zusammenarbeit zu wechselseitigem Vorteil, das gleichermaßen geprägt ist durch Interessenidentität und Interessenkonflikte. Durch Interessenidentität, weil alle die gesellschaftliche Zusammenarbeit wollen, denn sie ist für jedermann von Vorteil. Durch Interessenkonflikte, weil es den Menschen keinesfalls gleichgültig ist, wie die Kooperationserträge, die durch ihre Zusammenarbeit erwirtschafteten Güter verteilt werden. Zumindest möchte jeder lieber mehr als weniger haben.

Unter einer Solidaritätsgemeinschaft versteht man hingegen ein kompensatorisches System der wechselseitigen gesellschaftlichen Sorge, die insbesondere den Bedürftigen und Schwachen gilt, den

Kranken und Gescheiterten, den Pechvögeln und den Opfern. Solidaritätsgemeinschaften modernen Zuschnitts sind abstrakt; Solidaritätsgemeinschaften traditionellen Zuschnitts sind konkret. In konkreten Solidaritätsgemeinschaften helfen Menschen Menschen. In abstrakten Solidaritätsgemeinschaften verteilt eine zentrale Bürokratie immer größere Teile des gesetzlich erzwungenen Steueraufkommens an Anspruchsberechtigte. Abstrakte Solidaritätsgemeinschaften verstaatlichen die Nächstenliebe und verbeamten den Samariter. Diese Entwicklung war freilich notwendig. Im Zuge der sozio-ökonomischen Modernisierungsprozesse sind die heilsamen Wirkungen der konkreten Solidaritätsgemeinschaft der Traditionswelt immer schwächer geworden, und daher mussten modernitätsspezifische neue Solidaritätsorganisationen an deren Stelle treten. Zwischen Kooperationsgemeinschaften und – insbesondere modernen – Solidaritätsgemeinschaften besteht eine eindeutige logische und historische Beziehung: Solidaritätsgemeinschaften sind logisch und geschichtlich später als Kooperationsgemeinschaften. Denn sie therapieren die Versorgungsmängel und Ungleichheitsopfer von Kooperationsgemeinschaften. Insbesondere kompensieren sie die sozialen Defizite der effizientesten Kooperationsgemeinschaft, die Menschen bislang entwickelt haben, des kompetitiven Marktes.

Moderne Gesellschaften sind zugleich Kooperationsgemeinschaften und Solidaritätsgemeinschaften. Sie bilden daher einen spannungsvollen Verbund zweier divergierender, gleichwohl aufeinander verwiesener Verteilungssysteme. Wird einmal die Verteilung der materialen Güter den Tauschmechanismen des dezentralen Marktsystems überlassen, so wird die Verteilung im anderen Fall der marktexternen Instanz einer zentralistischen Bürokratie übertragen. Damit aber diese zweite Verteilungsquelle überhaupt sprudeln kann, müssen Umverteilungen vorgenommen werden, müssen kooperativ erwirtschaftete Ressourcen der Verteilungshoheit des Marktes entzogen werden und in die Verteilungszuständigkeit des Staates übergehen. Dem Verteilen geht das Nehmen voran. Jede Umverteilung, auch die maßvollste, bedeutet eine zwangsbewehrte Einschränkung der bürgerrechtlichen Verfügungsfreiheit über den eigenen Besitz und den Ertrag der eigenen Leistung. Der Sozialstaat ist keine moralisch neutrale Form der Zentralisierung und Koordination konkreter und spontaner Solidarität. Er ist ein Herrschaftsverband, der die Unterstützungsleistungen abgaben- und steuerpolitisch erzwingt, die löchrig gewordenen sozialen Netze der freiwilligen privaten Hilfe und lebensweltlichen Solidarität durch ein bürokratisches System umfassender Zwangsmitgliedschaft und gesetzlicher umverteilungsfinanzierter Versorgung ersetzt. Er entfaltet darum eine Wirksamkeit, die weit über die Grenzen hinausreicht, die die am Rechtsstaatsmodell orientierte Legitimationstheorie der Neuzeit dem staatlichen Handeln gezogen hat. Daher sind die Rechtfertigungsbürden für den Sozialstaat besonders drückend.

Welche Prinzipien sind den Verteilungsleistungen von Kooperationsgesellschaft und Solidaritätsgesellschaft zugrunde zu legen? Sie sind komplizierte Verteilungsapparate, die ihren Mitgliedern auf unterschiedliche Weise vielerlei Güter zuteilen: Rechte und Pflichten, Ansehen, Macht und Sicherheit, Freiheit, Bildung und Berufschancen, Einkommen, Unterstützung und Selbstachtung. Auch die Natur ist eine Verteilungsagentur, aber sie ist nicht verantwortlich und nicht belangbar. Die gesellschaftliche Verteilungsagentur hingegen ist menschlichen Ursprungs. Die Normen und Verteilungsmuster fallen nicht vom Himmel; sie sind gesellschaftliche Erfindungen, unterliegen der politischen Gestaltungsverantwortung und sind daher begründungsbedürftig. Es ist uns nicht gleichgültig, wie die Gesellschaft institutionell verfasst ist.

Gerade weil die gesellschaftlichen Institutionen, Regeln und Teilsysteme unser Leben einschneidend prägen, mit der Zuteilung von Chancen und Entwicklungsmöglichkeiten unsere Glücksaussichten mitbestimmen und unnachgiebig unsere Freiheit eingrenzen, stellen wir Legitimationsforderungen an die gesellschaftlichen Rahmenbedingungen unseres Lebens, wollen wir allgemein zustimmungsfähige, eben gerechte Institutionen und Verteilungsstrukturen.

Was gerecht ist, versteht sich jedoch nicht von selbst. Zumindest dann, wenn der rechtsstaatliche Koordinationsbereich verlassen und der sozialstaatliche Distributionsbereich betreten wird, zerbricht das Einverständnis. Die Frage gerechter Verteilungskriterien für materiale Güter gehört zu den dunkleren Zonen des moralischen Bewusstseins. Es gibt keinerlei geteilte Überzeugungen, die hier eine gesicherte Wissensgrundlage bieten. Bis heute ermangelt der Sozialstaat einer verbindlichen normativen Hintergrundtheorie. Während die neuzeitliche Rechtsstaatsphilosophie bereits die Grundzüge einer menschenrechtsbegründeten Freiheitsordnung und demokratischen Herrschaftsorganisation entwickelte, als die gesellschaftliche und politische Wirklichkeit noch durch adliges Privilegiensystem, absolutistisches Königtum und Despotismus geprägt war, kann man von einer nennenswerten Sozialstaatsphilosophie erst in der Gegenwart reden, also lange nachdem Sozialversicherungssystem, soziale Marktwirtschaft und Wohlfahrtsstaat entstanden sind und ihren unvergleichlichen Siegeszug angetreten haben. Und während die normativen Prinzipien der emanzipatorischen Freiheitsphilosophie der Moderne und die in ihr begründeten liberalen Organisationsformen des Marktes, des Rechtsstaats und der Demokratie längst den unbestrittenen Überzeugungssockel unserer politisch-kulturellen Selbstverständigungsprozesse bilden, ist die Einbettung des Sozialstaats in unser rechtlich-moralisches Wertsystem und damit die normative Bestimmung seiner Aufgabe innerhalb einer prinzipiengerechten Entwicklung des politischen Gesamtsystems umstritten. Was politische Gerechtigkeit meint, wissen wir mit Sicherheit. Was hingegen soziale Gerechtigkeit meint, wissen wir nicht mit Sicherheit. Manche sind sogar der Überzeugung, dass sich dem Begriff der sozialen Gerechtigkeit überhaupt kein vernünftiger Sinn geben lässt.

2. Die Vielschichtigkeit der Gerechtigkeitsrede im Sozialstaat

Die Theoretiker der sozialen Marktwirtschaft haben von einer Wirtschaft nach Menschenmaß, von sozialer Irenik, sozialem Ausgleich und einer natürlichen Ordnung gesprochen. Sie waren durchgehend davon überzeugt, dass die Marktwirtschaft einer ethischen Einbettung bedarf, dass sie zwar eine normativ vorzügliche Freiheitsordnung darstellt, deren wirtschaftliche und ethische Produktivität jedoch von nicht auf dem Markt zu erwirtschaftenden moralischen Ressourcen abhängig ist. Lange vor Böckenförde haben sie erkannt, dass über das Schicksal aller liberalen Ordnungsformen, insbesondere aber auch der Marktwirtschaft, jenseits von Angebot und Nachfrage entschieden wird. Gleichwohl haben die Theoretiker der sozialen Marktwirtschaft keine Gerechtigkeitskonzepte entwickelt. Das Soziale der Marktwirtschaft haben sie mit dem Alphabet der alten europäischen Tugendlehren buchstabiert. Der Gerechtigkeitsdiskurs ist nicht mit der sozialen Marktwirtschaft entstanden. Der Gerechtigkeitsdiskurs ist jünger, er ist die Begleitmusik der Transformation der sozialen Marktwirtschaft in den Sozialstaat, er ist der *cantus firmus* der immer weiter um sich greifenden Umverteilung, das Maschinengeräusch des »Pumpwerks des Wohlfahrtsstaates«.[126]

Das Reden über Gerechtigkeit im Sozialstaat ist vielschichtig. Zumindest drei Ebenen sollten innerhalb der gesellschaftlichen Gerechtigkeitsdiskurse unterschieden werden. Da sind einmal die kleinformatigen Gerechtigkeitsdiskurse, die sich mit den Gerechtigkeitsproblemen innerhalb der unterschiedlichen gesellschaftlichen Verteilungsregionen und der einzelnen sozialstaatlichen Sicherungssysteme beschäftigen; Gerechtigkeit begegnet hier als Projekt. Da sind zum anderen die allgemeineren sozialpolitischen Gerechtigkeitsvorstellungen, die auf der Grundlage der fundamentalen politisch-kulturellen Wertorientierungen eine umfassendere sozialstaatspolitische Konzeption begründen möchten; hier begegnet Gerechtigkeit als politisches Programm. Und da sind schließlich die gerechtigkeitsethischen Entwürfe der Sozialstaatsphilosophie, die die normativen Grundregeln einer idealen Gerechtigkeitsgemeinschaft entwickeln; hier begegnet Gerechtigkeit als Prinzip.

2.1 Kleinformatige Gerechtigkeitsprobleme

Der moderne Sozialstaat, insbesondere der nordeuropäische und speziell der deutsche, bildet mittlerweile eine nur noch Spezialisten zugängliche Agglomeration unterschiedlichster Versicherungs-, Versorgungs- und Fürsorgeformen einerseits und gleichheitsethischer kompensatorischer Programme andererseits mit je eigenen normativen Leitvorstellungen. Und da diese Leistungssegmente und Programmbereiche unterschiedlich ausgestaltet sind, teils dem versicherungseigentümlichen Äquivalenzprinzip, teils dem Solidaritätsprinzip, teils dem Prinzip der Gleichbelastung und Gleichstellung, teils dem der kompensatorischen Entschädigung, teils dem Prinzip der Suffizienz und der Grundsicherung folgen, sind sie auch mit verschiedenen Ungerechtigkeitsrisiken konfrontiert. Folglich entstehen hier allerorten gerechtigkeitstheoretische Sonderprobleme, die nach bereichsspezifischen Lösungen verlangen. Diese Ungerechtigkeitsrisiken sind zumeist darauf zurückzuführen, dass im Laufe der Zeit die demografischen und sozio-kulturellen Voraussetzungen der Sozialversicherungssysteme weggebrochen sind, so dass die ursprünglichen moralischen und ökonomischen Berechnungen nach und nach allesamt ungültig geworden sind.

Es gibt keine einheitliche sozialpolitische Vorstellung, die eine derartige gerechtigkeitstheoretische Allzuständigkeit besäße, dass sie dieser Vielfalt der Gerechtigkeitsprobleme in den entwickelten Sozialstaaten gerecht werden könnte. Erst recht können die zur Abstraktheit verurteilten großformatigen Legitimationsargumente der politischen Philosophie sich nicht so tief in die Problemniederungen der Realität herabbeugen. Das besagt aber nur, dass der gerechtigkeitssemantische Diskurs entwickelter Sozialstaaten auf mehreren Ebenen abläuft, die durch keine Großtheorie logisch kurzgeschlossen werden können. So unerlässlich die Begründungs- und Integrationsbeiträge der Ebenen der einheitlichen sozialpolitischen Gerechtigkeitsauffassungen und der politikphilosophischen Gerechtigkeitskonzeptionen für die Orientierung der politisch-kulturellen Selbstverständigungsdiskurse sind, so wenig entlassen sie die realitätsnahen regionalen Gerechtigkeitsdiskurse von eigenständiger Begriffsarbeit und bereichsspezifischer Problemanalyse. Daraus ist aber nun nicht zu folgern, dass keinerlei Zusammenhang zwischen diesen Ebenen bestünde. Abgesehen davon, dass bereits jedes Argument auf der untersten Ebene sich der Unterstützung übergeordneter Ebenen bedienen muss, wenn es sich zur Verteidigung seiner herangezogenen

Prinzipien veranlasst sieht, gilt auch, dass sich in den unterschiedlichen sozialstaatlichen Legitimationskonzepten immer auch unterschiedliche umrisshafte, grob orientierende Gestaltungspräferenzen verbergen. Egalitaristische, gleichheitsmehrende Gerechtigkeitskonzeptionen haben eine in jeder Hinsicht maximalistische Ausrichtung: Sie tendieren sowohl zur Vergrößerung des Umverteilungsvolumens als auch zum Ausbau der wohlfahrtsbürokratischen Strukturen und zur flächendeckenden Klientelisierung der Bevölkerung. Wohingegen liberale, aber auch dem *capability approach*[127] nahestehende Gerechtigkeitskonzeptionen für einen minimalistischen, subsidiären Wohlfahrtsstaat plädieren, der sich auf Hilfe zur Selbsthilfe beschränkt und Anreizsysteme für Selbstverantwortung entwickelt. Was das aber politisch bedeutet, lässt sich nur von Einzelfall zu Einzelfall vor dem Hintergrund der ermittelten Gestaltungsalternativen der einzelnen vorfindlichen Leistungssegmente des sozialstaatlichen Systems feststellen.

Die kleinformatigen Gerechtigkeitsdiskurse sind zahlreich und umfassen alle öffentlichen Leistungssegmente. Sie reichen von der Frage der Ausbildungsfinanzierung bis zur Rentensicherung. So wird man fragen können, ob es nicht gerechtigkeitsethisch unzulässig ist, wenn sich Akademiker den Erwerb höherer Bildung und damit die Chancen auf ein höheres Lebenseinkommen bei größerer Arbeitsplatzsicherheit durch die Steuerzahlungen auch von Nichtakademikern und ungelernten Arbeitskräften subventionieren lassen, ohne dass auch nur im Geringsten daran zu denken wäre, dass durch eine spätere höhere Steuerbelastung der Akademiker auf indirektem Wege das in ihre Bildung und Lebenskarrieren investierte Steuergeld an die Allgemeinheit zurückgezahlt würde, wie immer wieder behauptet wird. Hier gibt keine Allgemeinheit einen Kredit, der später an sie zurückgezahlt wird und der uneingeschränkt distributiv vorteilhaft ist, da alle aufgrund der allgemeinökonomischen Nützlichkeit hinreichender Humankapitalinvestitionen von ihm profitieren. Hier wird schlicht ein staatliches Bildungsfinanzierungssystem zur ungerechten Umverteilung von unten nach oben benutzt. Auf der anderen Seite verwerfen nahezu alle Studentengruppen bereits minimale Studiengebühren als ungerecht, unsozial, unfair, da die Universität dadurch Unbemittelten verschlossen bliebe und das allgemeine Ausbildungsrecht zugunsten einer Privilegierung der Begüterten ausgehöhlt würde.

Auf eine ähnliche Diskurskonstellation stößt man bei der gerechtigkeitsethischen Überprüfung des sozialstaatlichen Gesundheitswesens. Während die einen eine Stärkung der Eigenbeteiligung verlangen und durch geeignete Anreizsysteme die sozialstaatlichen Kunden zu mehr Gesundheitsverantwortung erziehen wollen, lehnen andere die Einführung ausgabendämpfender Marktinstrumente als Hinwendung zu einer Zweiklassenmedizin ab.

Noch deutlicher tritt das Gerechtigkeitsproblem in der Rentenversicherung zutage. Die Gültigkeitsvoraussetzung des rentenpolitischen Generationenvertrags ist die Identität von Beitragsgeber und Leistungsnehmer. Nur unter dieser Voraussetzung wird der gerechtigkeitsheuristische Vertrag der Rationalegoisten geschlossen. Eine Abweichung von dieser demografischen Generationenbalance, die zur Verringerung der Leistungsnehmergruppe führen würde, hätte eine Beitragssenkung zur Folge. Würde hingegen die Abweichung zu einer Verringerung der Beitragszahlergruppe führen, dann würden diese den Vertrag vernünftigerweise aufkündigen und eine Umstellung des Rentensystems auf private und kapitalgedeckte Alterssicherung verlangen. Genau dann wird die Generationenbalance beschädigt, wenn Kinderunwilligkeit sich in signifikantem Maße breitmacht. Denn im Lichte eines generationenvertraglich finanzierten kollektiven Rentensystems ist Kinderunwilligkeit einseitig verdeckte Vertragskündigung. Das kinderunwillige Ehepaar durchbricht das Prinzip der generationenverschobenen Identität von Beitragszahler und Leistungsnehmer, lässt den generationenvertraglichen Staffelstab fallen. Die Ausbeutungsmarge, die durch Kinderunwilligkeit erzielt werden kann, ist beträchtlich. Das kinderunwillige Ehepaar ist ein rentenpolitischer *free rider*: Es befreit sich nicht nur selbst von den Kosten, Beitragszahler heranzuziehen, die mit Erreichen des rentenfähigen Alters seine Beitragszahlung fortsetzen und so seine Rentenzahlung sichern. Es lässt sich zudem seine inzwischen gestiegene, da als Lohnersatz betrachtete und somit der Wachstumsdynamik angepasste Rente von fremden Beitragszahlern finanzieren, zumindest den nicht unerheblichen Teil, der über die von ihm selbst eingezahlte Beitragssumme hinausgeht. Auf der anderen Seite haben wir die schrumpfende Zahl der Beitragszahler, die für die Renten aller, einschließlich der kinderunwilligen Ehepaare, aufkommen müssen und sicher sein können, dass durch die demografischen Tendenzen ihre eigenen Renten nicht mehr gesichert sein können und alle Politiker, die Gegenteiliges behaupten, die Unwahrheit sagen. Aber nicht nur die kommenden Beitragszahler werden durch Kinderunwilligkeit geschädigt, auch die zeitgenössischen Kinderwilligen. Denn nicht nur geraten sie durch die Kosten der Aufzucht in schweren ökonomischen Nachteil, auch mag die kindererziehende Mutter sich um eine Karriere gebracht sehen, die der kinderunwilligen Freundin, Schwester oder Nachbarin ökonomischen Erfolg, ethische Befriedigung und überdies eine Rentenanwartschaft einbringt. Aber die wenigsten kleinformatigen Gerechtigkeitsdiskurse beziehen sich wie in diesen Beispielen auf eher strukturelle Problembereiche. Die meisten Gerechtigkeitsdiskussionen der unteren Ebene entstehen aufgrund befürchteter gerechtigkeitsethischer Defizite vorhandener Einzelregelungen. Ihnen geht es darum, Bestehendes zu verbessern; sie wollen weder Strukturreformen anstoßen noch Mentalitäten umkrempeln. Ein gutes Beispiel dieser Sorte kleinformatiger Gerechtigkeitsprobleme ist etwa die – kürzlich aufgeworfene – Frage, ob die Gerechtigkeit nicht verlangen würde, bei der Festlegung der Hartz-IV-Zahlungen die unterschiedliche Höhe der Lebenshaltungskosten in den diversen Städten und Regionen Deutschlands zu berücksichtigen und eine Staffelung der Transferzahlungen einzuführen. Schließlich ist das Leben in München beträchtlich teurer als in Görlitz oder in Südmecklenburg. Es ist charakteristisch, dass sich diese responsiven, auf konkrete Ungerechtigkeitsvermutungen antwortenden Gerechtigkeitsvorschläge völlig unabhängig von allgemeineren Vorstellungen sozialer Gerechtigkeit diskutieren lassen. Selbst ein Marktradikaler und Sozialstaatsfeind wird angesichts der nun einmal gegebenen Umstände der etwa hinter dem Staffelungsvorschlag stehenden Idee proportionaler Gerechtigkeit zustimmen können, auch wenn er das ganze System in Bausch und Bogen ablehnt.

2.2 Sozialpolitische Gerechtigkeitsfragen

In der Moderne gibt es von allem eine Vielzahl: Es gibt mehrere Wahrheiten und mehrere Wirklichkeiten; es gibt mehrere Götter und mehrere Vorstellungen eines guten Lebens. Und es gibt auch mehrere Vorstellungen von sozialer Gerechtigkeit. Jedoch sollte diese Tatsache der Pluralität der Gerechtigkeitskonzepte nicht dramatisiert werden. Man muss sich vor Übertreibungen hüten: Das sozialstaatliche Bewusstsein ist nicht zerrissen, in den sozialstaatlichen Gerechtigkeitsdiskursen stehen sich keine inkompatiblen Konzepte gegenüber; ein Bürgerkrieg der Begriffe findet nicht statt. Das zeigt eine vergleichende Betrachtung der Gerechtigkeitsauffassungen der sozialpolitischen Experten der Parteien und Verbände in Deutschland.[128] Die dabei kenntlich werdenden Unterschiede in den Gerechtigkeitsauffassungen liegen nicht im Grundsätzlichen, es sind nur Unterschiede der Gewichtung und Akzentuierung innerhalb der sozialstaatlichen Grundkonstellation. Die sozialstaatliche Grundkonstellation liefert eine allgemeine gerechtigkeitsethische Problembeschreibung und bestimmt mit ihren Strukturelementen die Bandbreite aller möglichen gerechtigkeitsethischen Lösungsversuche. Sie bildet darum die Syntax der sozialen Gerechtigkeit.

Was ist damit gemeint? Ich erinnere an die eingangs des Gerechtigkeitsteils gegebene Grobcharakterisierung moderner Gesellschaften als Verbund zweier divergierender, gleichwohl aufeinander verwiesener Verteilungssysteme. Diese Konstellation ist durch eine doppelte Spannung geprägt: Zum einen stehen Marktsystem und kollektives Versorgungssystem in einem Spannungsverhältnis; zum anderen stehen Individuum und solidarische Gesellschaft in einem Spannungsverhältnis. In den unterschiedlichen Gerechtigkeitskonzeptionen werden diese spannungsvollen Relationen nun unterschiedlich gewichtet. Dabei ist die Bandbreite möglicher Gewichtungen durch die Konstellation selbst vorgegeben. So kann einerseits der Markt ausschließlich als eine Ressource zur Finanzierung gerechtigkeitspolitischer Vorhaben betrachtet werden, andererseits aber auch die sozialstaatliche Gerechtigkeit selbst als sich beschäftigungspolitisch engagierende Produktivkraft angesehen werden. Gerechtigkeitskonzepte des letzten Typus stellen die sozialstaatliche Produktion von Arbeit in den Mittelpunkt ihrer Bemühungen, während Gerechtigkeitskonzepte des ersten Typus ausschließlich umverteilungsfokussiert sind und eine erstaunliche Unempfindlichkeit gegenüber den möglichen gerechtigkeitsprekären Auswirkungen von Arbeitslosigkeit und Mindestlohnprogrammen an den Tag legen. Wie sich zeigen wird, kommt diese typologische Unterscheidung insbesondere in der Sozialstaatsphilosophie aufgrund ihrer zunfteigenen Radikalität und begrifflichen Konsequenz zum Ausdruck. Sie zieht die Grenze, die verteilungsselige Egalitaristen einerseits und Liberale und Anhänger einer Beteiligungsgerechtigkeit andererseits trennt.

Der andere Differenzpunkt betrifft das Gewicht, das der ökonomischen und moralischen Selbstverantwortung der Individuen eingeräumt wird. Je stärker die ökonomische Selbstverantwortung der Individuen betont wird, desto konsequenter wird in der entsprechenden Gerechtigkeitsauffassung der kollektive Versorgungsanteil reduziert. Die staatlichen Leistungen gehen dann kaum über bedarfsdeckende Grundversorgung, Sicherstellung des Existenzminimums und eine basale Unterstützung Selbstversorgungsunfähiger hinaus. Wird hingegen die Aufgabe in einer Minderung sozio-ökonomischer Ungleichheit gesehen, dann wird das Kriterium der Selbstverantwortung aufgeweicht und von dem Kriterium einer allgemeinen Einkommensverbesserung der sozioökonomisch Schlechtergestellten überlagert. Gleichzeitig wird das Subsidiaritätsprinzip gänzlich außer Kraft gesetzt, das in den Gerechtigkeitsauffassungen, die die Selbstverantwortung der Individuen in den Mittelpunkt stellen, eine große Bedeutung besitzt. Je stärker das sozialstaatliche Versorgungssystem zum Klientelismus neigt, umso unbedeutender wird das Subsidiaritätsprinzip, das für eine Staffelung der Verantwortungs- und Zuständigkeitsebenen sorgt und nur dann den Sozialstaat auf den Plan ruft, wenn Selbstversorgungsunfähigkeit gegeben ist.

Von großer Wichtigkeit ist auch der Rang, der der moralischen Selbstverantwortung der Individuen und damit der ethischen Reziprozität von Versorgungsleistung und Gegenleistung eingeräumt wird. Die vertretenen sozialpolitischen Gerechtigkeitsauffassungen haben durchaus ein unterschiedliches Verständnis von dem Ausmaß gerechtigkeitserforderlicher Gegenseitigkeit. Während die einen Gegenleistungen der Nutznießer sozialstaatlicher Versorgung verlangen, zumindest erkennbares Bemühen, sich wieder in die Arbeitswelt zu integrieren und dabei durchaus auch verschlechterte Beschäftigungsbedingungen zu akzeptieren, legen andere – man könnte sie in Absetzung von diesen reziprozitätsethischen Gerechtigkeitskonzeptionen konsumistische Gerechtigkeitskonzeptionen nennen – auf Gegenleistungen keinen sonderlichen Wert.

Damit sind die begrifflichen Koordinaten genannt, mit denen die sozialpolitischen Gerechtigkeitsauffassungen der Partei- und Verbandspolitiker allesamt operieren. Alle zwischen den Extrempositionen des sozialstaatspolemischen Marktabsolutismus einerseits und des marktpolemischen Staatssozialismus andererseits gelegenen, die Dualität von Kooperationssystem und Solidaritätssystem voraussetzenden Gerechtigkeitsauffassungen sind ausschließlich unterschiedlich bewertete und normativ gewichtete Kombinationen dieser konzeptuellen Elemente.

2.3 Großformatige Gerechtigkeitsdiskurse

In der politischen Philosophie finden die großformatigen Gerechtigkeitsdiskurse statt. Sie bildet damit das Forum, auf dem die Fortsetzung des Ordnungsdiskurses der ökonomischen Ordnungsdenker stattfindet. Unter dem Einfluss von John Rawls' *Theorie der Gerechtigkeit* von 1971 ist in den letzten vierzig Jahren eine Gerechtigkeitsphilosophie entstanden, die sich in immer neuen Anläufen darum bemüht hat, den Zentralbegriff der sozialstaatlichen Selbstverständigung, den Begriff der sozialen Gerechtigkeit zu klären und die damit verbundenen grundrechtlichen Leistungsansprüche der Bürger und gerechtigkeitspolitischen Leistungspflichten der politischen Gemeinschaft herauszustellen. Sie bewegt sich dabei auf einer Abstraktionsebene, die weit über die begriffliche Mittellage der sozialpolitischen Gebrauchskonzepte der Gerechtigkeit hinausgeht.

Philosophische Versuche, eine Konzeption sozialer Gerechtigkeit zu entwickeln, müssen notwendig den Weg einer kohärentistischen Begründung einschlagen. Kohärentistisch ist eine Begründung, die das zu begründende Neue dadurch begründet, dass es in einen einsichtigen Zusammenhang mit allseits anerkanntem Alten gebracht und gezeigt wird, dass es mit diesem Alten verträglich ist, in den Zusammenhang unserer Überzeugungen nahtlos eingefügt werden kann. Das heißt näherhin: Ein Begriff der sozialen Gerechtigkeit kann nur aus den normativen Quellen entwickelt werden, die sich bei der Rechtfertigung von Rechtsstaat und Demokratie bereits bewährt haben. Eine Begründung des Sozialstaats als einer Gerechtigkeitsordnung gelingt nur dann, wenn sie sich auf die unbestrittenen Orientierungsprinzipien der Freiheit, Gleichheit, Selbstverwirklichung und Menschenwürde stützt, wenn sie den Grundsatz sozialer Gerechtigkeit in das Netz unserer Menschenrechts-, Rechtsstaatlichkeits- und Demokratieüberzeugungen hängen kann, ohne dass die Maschen reißen und das Sozialstaatsprinzip genauso Halt empfängt, wie es umgekehrt den Elementen des Menschenrechts, des Rechtsstaats und der Demokratie selbst auch neuen und stärkeren Halt gibt.

Da die vielfältigen moralischen Überzeugungen, vor deren Hintergrund die kohärentistische Begründung agiert, durch eine oft spannungsvolle Pluralität unterschiedlichster Wertperspektiven geprägt ist, ist das Geschäft der kohärentistischen Begründung wesentlich ein Bemühen um Wertbalance und Abwägung unterschiedlicher normativer Ansprüche. Was das bedeutet, möchte ich kurz am Beispiel des Verhältnisses von Gerechtigkeit und ökonomischer Wirksamkeit zeigen. Dass die Gesichtspunkte der Effizienz und der Gerechtigkeit einander ausschließen, ist eine vulgärmoralische Legende. Gerade weil Ökonomie und Gerechtigkeit, Kooperationsgemeinschaft und Solidaritätsgemeinschaft unter dem Regiment der Knappheit stehen, auf die Endlichkeitsbedingungen menschlichen Lebens antworten, sind sie keinen exklusiven Wertorientierungen unterworfen. Es besteht vielmehr eine vielfältige *Wechselwirtschaft der Werte.* Wenn Werte in Wechselbeziehung stehen, verbietet sich eine abstrakte Hierarchisierung, ein Absolutismus des Vorrangs. Dass Werte in Wechselbeziehung stehen, ist darin begründet, dass Wertverwirklichung nur situativ möglich ist, in Anknüpfung an vorgegebene Bedingungen, in Abhängigkeit von entgegenkommenden Verhältnissen.

Dass Werte in Wechselbeziehungen stehen, bedeutet nicht, dass ihr Verhältnis untereinander spannungsfrei ist. Es bedeutet aber, dass sie ihre Verwirklichung nicht ausschließlich kompetitiv, verdrängungspolitisch betreiben dürfen, sondern in hohem Maße kooperativ bestreiten müssen, da das Wohlergehen ihres jeweiligen Wertopponenten zu den Bedingungen ihres eigenen Fortkommens zählt. Weil Werte nicht im Zuge einer *creatio ex nihilo* verwirklicht werden können, werden sie unter ihren Verwirklichungsbedingungen immer auch die Wirklichkeit anderer Werte finden. Da sich somit der Verwirklichungsgrad des einen Wertes auf die Verwirklichungsbedingungen anderer Werte auswirken kann, kann der Wert A seine Erfolgsbedingungen nicht unabhängig von der Erfolgsbedingungen des Wertes B und umgekehrt betrachten und ansteuern, muss also geradezu aus Eigeninteresse um ein günstiges Entwicklungsklima seines Wertopponenten besorgt sein. Der Wertaltruismus erweist sich dann als Rationalitätsbedingung des Wertegoismus. Daher bricht etwa die beliebte Konfrontation von sozialdemokratischer Gerechtigkeitsorientierung und neoliberaler Effizienzverabsolutierung schon bei zweitem Hinsehen in sich zusammen. Ein angemessenerer Ausgangspunkt ist allemal die Wechselwirtschaft der Werte, die sich vor der Versuchung hüten sollte, einen Überwert zu suchen, im Vergleich zu dem alle anderen Werte dann nur noch funktional dienstbare Unterwerte wären. Mit den Werten ist es genauso wie mit Personen: Bei seiner Verwirklichung soll kein Wert den anderen nur als Mittel, sondern immer zugleich auch als Zweck betrachten. Auch die Welt der Werte wird durch die Modernisierung nicht verschont: Die einfache Klarheit der Hierarchie hat der komplexeren Situation der Gleichberechtigung und wechselseitigen Instrumentalisierung Platz zu machen.

Daher ist es gänzlich falsch, den Markt als Magd der Gerechtigkeit zu betrachten und zu behandeln. Er ist nicht nur ein Raum eigenständiger Wertverwirklichung, er hat auch sein eigenes Prinzip. Aber der Markt ist nicht alles. Daher besitzt sein Prinzip nur eine begrenzte Autonomie. Andererseits ist es aber auch nicht so, dass die Gerechtigkeit sich mit Almosen begnügen müsste, mit den Krümeln, die vom Tisch der Reichen fallen. Aber auch das Prinzip der Gerechtigkeit besitzt nur begrenzte Autonomie. Die Wertverwirklichungsbedingungen der Effizienz auf der einen und die Wertverwirklichungsbedingungen der Gerechtigkeit auf der anderen Seite sind, in der Sprache der Systemtheorie formuliert, einander Umwelt. Und es ist ein Gebot der Systemrationalität, die Selbsterhaltung und Optimierung des Systems mit der Systemumwelt abzustimmen. Materialer Kern diese Interdependenz von Effizienz und Gerechtigkeit ist die Trivialität, dass eine Wachstumswirtschaft die Voraussetzung für sozialstaatliche Umverteilungsprogramme ist, dass nur das verteilt werden kann, was erwirtschaftet worden ist – genauer: was nach Abzug der Bestandssicherungskosten vom Gewinn übrigbleibt –, zumal angesichts der betriebswirtschaftlichen Unverantwortlichkeit staatlichen Verteilungshandelns selbst diese ökonomische Binsenweisheit außer Kraft gesetzt worden ist. Wenn der Staat seine sozialstaatliche Daseinsfürsorge freilich auf Kredit betreiben kann, vermag er sich, zumindest kurzfristig, von dem Steueraufkommen und damit von der Ertragssituation der Wirtschaft unabhängig zu machen. Wenn hier ineffiziente Regelungen, ein erstickendes Regulationsdickicht, zeitaufwendige Genehmigungsverfahren, bürokratische Hindernisse sich als allseits schädigend erweisen, wird man sie nicht als gerecht ansehen können. Wenn Ineffizienz die allgemeine Produktivität vermindert, die Verteilungsverhältnisse verschlechtert und die ökonomische und politische Beweglichkeit des Gesamtsystems zerstört, dann zählt die Gerechtigkeit zu den vornehmsten Opfern. Eine effiziente Krankenhausverwaltung ist im Rahmen eines solidargemeinschaftlich finanzierten Gesundheitsversorgungssystems einer ineffizienten, zeit- und mittelverschwendenden Krankenhausverwaltung vorzuziehen. Eine bewegliche, weil regulationsminimale Volkswirtschaft ist für einen Sozialstaat förderlicher und darum der Gerechtigkeit dienlicher als eine unbewegliche, regulationsmaximale Volkswirtschaft. Wenn der Rahmen nicht das Bild hält, sondern das Bild verdeckt, selbst zum Bild wird, dann wird die Bürokratie zum gesellschaftlichen Vordergrund, der Wirtschaft wie Solidaritätsgemeinschaft gleichermaßen verdrängt. Effizienz ist angesichts des nicht abzuschüttelnden Endlichkeitsregiments menschlicher Lebensführung selbst eine fundamentale Gerechtigkeitsforderung. Genauso kann aber auch Gerechtigkeit eine Forderung der Effizienz sein. Wenn Ungerechtigkeiten die Leistungsfähigkeit und Leistungsbereitschaft der Betroffenen schmälern, wenn Ungerechtigkeit das Gesamtsystem delegitimiert und die soziale und politische Massenloyalität aufzehrt, dann erweist sich die Gerechtigkeit als ökonomische wie politische Überlebensbedingung. Ungerechtigkeit erweist sich als ökonomisch wie politisch riskant; Zukunftssicherung verlangt, in Ungerechtigkeitsprophylaxe zu investieren; Gerechtigkeitssicherung rückt damit ins Zentrum einer Politik der Bestandssicherung.

Es ist wichtig, die Bestimmungsreichweite der großformatigen gerechtigkeitsethischen Konzeptionen nicht zu überschätzen. Aus den philosophischen Gerechtigkeitstheorien lässt sich kein Distributionsalgorithmus ableiten; sie enthalten keine Blaupause für sozialstaatliche Reformen. Aber das war ja bei den Ordnungsvorstellungen der ökonomischen Ordnungsdenker auch nicht anders. Auch deren normative Leitlinien der natürlichen Ordnung, der Menschendienlichkeit und Wesensnatur taugen wenig als sozialpolitische Handreichungen. Die Aufgabe derartiger Großtheorien ist eine andere: Sie leuchten den allgemeinen normativen Hintergrund aus. Indem sie den Teilnehmern der zahllosen kleinformatigen Gerechtigkeitsdiskurse begriffliche Klärungsangebote für ihre Intuitionen unterbreiten, entwerfen sie Hintergrundtheorien, die die Rede von der sozialen Gerechtigkeit in unseren menschenrechtlichen Überzeugungshintergrund zu integrieren versuchen.

Da das System der Menschenrechte und der in ihnen begründeten gesellschaftlichen, politischen und wirtschaftlichen Organisationsformen verschiedene Grundprinzipien miteinander verbindet, haben die einzelnen philosophischen Gerechtigkeitstheorien auch unterschiedliche normative Gravitationszentren. Je nachdem, ob sie den Gleichheitsbegriff, den Freiheitsbegriff, die demokratische Partizipationskompetenz oder die allgemeine Befähigung zur gesellschaftlichen Teilnahme, zum aktiven Mitdasein in den Mittelpunkt stellen, lassen sich typologisch gleichheitsorientierte, freiheitsorientierte und partizipationsorientierte Gerechtigkeitskonzeptionen unterscheiden. Gleichheitsorientierte Sozialstaatsphilosophien vertreten einen egalitären, einen gleichheitsfunktionalen Gerechtigkeitsbegriff, verstehen Sozialstaatspolitik als Gleichheitsförderung. Freiheitsorientierte Sozialstaatsphilosophien vertreten einen liberalen, einen freiheitsfunktionalen Gerechtigkeitsbegriff, verstehen Sozialstaatspolitik als Freiheitsförderung. Die partizipationsorientierte Sozialstaatsphilosophie hingegen betrachtet den Sozialstaat unter dem Gesichtspunkt der Befähigung zu gesellschaftlicher Teilnahme.

VI. Soziale Gerechtigkeit als Verteilungsgerechtigkeit

Leistungsgerechtigkeit, so meinen die Freunde der Gleichheit, sei eigentlich ein Unding. Denn die Leistung der Individuen sei abhängig von ihrer natürlichen Begabungsausstattung. Diese aber sei unterschiedlich und nie verdient: Weder verdienen die Bevorzugten ihre natürliche Bevorzugung, noch verdienen die Benachteiligten ihre Benachteiligung. Daher verdiene auch niemand das Wenige oder Viele, das ihm der Einsatz seiner Talente und Fähigkeiten auf dem Markt einbringt. Die Gerechtigkeit verlange vielmehr eine Verteilung, die sich von der natürlichen Begabungslotterie unabhängig macht, den Bevorzugten nimmt und den Benachteiligten gibt. Das läuft auf eine ausgleichende Begabungsbewirtschaftung hinaus. Die Symbolfigur dieses Gerechtigkeitsbegriffs ist offensichtlich jener ebenso riesenhafte wie unfreundliche Kerl aus Corydallus in Attica, der vorüberkommende Reisende auf ein Bett zwang und ihnen Beine und Arme abschnitt, wenn sie zu lang waren, sie jedoch dehnte und streckte, wenn sie zu kurz waren. Darum wurde er Procrustes, der Folterer und Gliederdehner genannt. Theseus, offenkundig der erste Liberale, hat ihn erschlagen. Die egalitaristische Gerechtigkeitskonzeption ist eine Konzeption, die auf den ersten Blick einleuchtet. Viele unserer Intuitionen scheinen von dieser Gerechtigkeitskonzeption aufgegriffen und bestätigt zu werden. Jedoch der zweite Blick enthüllt, dass diese Konzeption in hohem Maße kritikwürdig ist und moralisch fragwürdige Voraussetzungen und Konsequenzen hat. Hauptkritikpunkt ist das von dieser Theorie zugrunde gelegte

Menschenbild. Es passt nicht zu der Art und Weise, wie wir uns selbst verstehen. Und wenn eine moralische Konzeption uns all die Eigenschaften abspricht, die unserem Selbstverständnis nach uns ausmachen, dann muss sie zurückgewiesen werden.

Die Ausgangsthese der Gleichheitsfreunde ist sicherlich richtig. Menschen sind endlich, und das heißt: Das Gelingen menschlichen Lebens ist abhängig von Voraussetzungen. Zu diesen Voraussetzungen zählen nicht nur die strukturellen Gegebenheiten unseres kulturellen und politischen Lebenszusammenhangs, zu ihnen zählen auch die Eigenschaften, die die Menschen an sich und in sich vorfinden; diese sind teils genetisch formiert, teils Auswirkungen von sozialer Herkunft und Erziehung. Ersichtlich wird der Markt-, Sozial- und Lebenserfolg der Individuen wesentlich durch die Qualität ihrer Ressourcenausstattung bestimmt. Diese aber ist höchst unterschiedlich. Der eine hat bei der Lotterie der Natur das große Los gezogen und ist bei der Verteilung der natürlichen Fähigkeiten mit Talent, Begabung und Durchsetzungskraft überreich ausgestattet worden, der andere hat hingegen eine Niete erwischt und muss sich sein ganzes Leben lang mit einer überaus ärmlichen Fähigkeitenausstattung abmühen. Und nicht nur das natürliche Schicksal verteilt die Startbedingungen ungleich, auch das Sozialschicksal ist zu den Menschen nicht fair. Der eine findet in seiner Familie die beste Ausgangssituation vor, einer behüteten Kindheit folgt eine erfolgreiche Karriere. Der andere ist zeitlebens von den Narben der sozialen Verwahrlosung gezeichnet und kommt keinen Schritt voran. Man wird aber nun nicht sagen können, dass der genetisch oder sozial Benachteiligte seine Benachteiligung verdient hätte; ebenso wenig, dass der genetisch oder sozial Bevorzugte seine Bevorzugung verdient hätte. Man wird vielmehr sagen müssen, dass das eine so unverdient ist wie das andere. Man wird sagen müssen, dass bei den Verteilungsentscheidungen des Natur- und Sozialschicksals blinder Zufall und moralische Willkür gewaltet haben.

Wenn aber die Voraussetzungen der Arbeits- und Lebenskarriere unverdient sind, so argumentieren die Egalitaristen weiter, dann sind auch die Erträge, die auf dem Markt durch Einsatz dieser genetisch-sozialen Basisressourcen erwirtschaftet werden, unverdient. Und daraus ziehen sie nun den folgenden Schluss: Eine durch solche unverdienten Ausgangsbenachteiligungen und Ausgangsbevorzugungen verursachte Ungleichheit ist moralisch unzulässig, sie ist ungerecht. Gerecht ist es vielmehr, durch entsprechende Ausgleichshandlungen diese Ungleichheit zu korrigieren. Eine um eine gerechte Verteilung der auf dem Markt kooperativ erarbeiteten Erträge bemühte Gesellschaft darf sich nicht dem Diktat der Natur unterwerfen. Sie darf diese Verteilung nicht einer naturwüchsigen Entwicklung überlassen, die die Willkür der natürlichen Begabungsausstattungen und die Zufälligkeit der Herkunft in den gesellschaftlichen Bereich hinein verlängert und sozio-ökonomisch potenziert. Natur und Familie sind für den Egalitaristen ein Gerechtigkeitsrisiko, das durch geeignete Kompensationsregeln entschärft werden muss.

Der Schluss, den die Gleichheitsfreunde aus der Tatsache der unverdienten Benachteiligung der Benachteiligten und der unverdienten Bevorzugung der Bevorzugten ziehen, ist falsch. Aus der Unterschiedlichkeit unserer genetischen Ausstattung und unseres Sozialisationsschicksals folgt keinesfalls die moralische Aufgabe, durch Umverteilung die Ungleichheitsschere zu schließen und den Bevorzugten zu nehmen und den Benachteiligten zu geben. Das wird deutlich werden, wenn wir uns das egalitaristische Lieblingsargument von der moralischen Willkür der natürlichen Begabungsverteilung und der sozialen Herkunftssituation näher anschauen.

1. Genetische Lotterie, Herkunftsunterschiede

Um die Bedeutung dieses Arguments von der moralischen Willkür der Begabungsverteilung richtig zu erfassen, sollte zuerst ein Blick auf den Willkürbegriff geworfen werden. Ich unterscheide moralisch auffällige Willkür von moralisch unauffälliger Willkür. Moralisch auffällig wird Willkür, wenn sie gegen die Prinzipien moralischer Rationalität verstößt. Ein Beispiel moralisch auffälliger Willkür ist der Willkürherrscher der autokratischen Tradition, der Tyrann oder der absolute Fürst der frühen Neuzeit, beide durch keine Regeln der Gerechtigkeit und des Naturrechts eingeschränkt, ja selbst durch das eigene gesetzesstiftende Wort nicht gebunden. Ein anderes Beispiel sind die willkürlichen Entscheidungen, die darum mit einem deutlich kritischen Unterton als willkürliche gebrandmarkt werden, weil sie sich nicht durch allgemein anerkennungsfähige Gründe rechtfertigen lassen, wohingegen die von ihnen verdrängten alternativen Entscheidungen durchaus intersubjektiv begründbar gewesen wären. Moralisch unauffällig wird die Willkür hingegen in Kontexten tätig, in denen eine Entscheidung getroffen werden muss, aber keine auszeichnenden Gründe zur Verfügung stehen. In solchen Situationen wird gewürfelt, ein Los aus dem Hut gezogen oder an den Knöpfen abgezählt; moralisch unauffällige Willkür artikuliert sich in den einschlägigen Verwillkürlichungsprozeduren.

Der Unterschied zwischen diesen beiden Willkürsorten ist deutlich. Die moralisch auffällige Willkür ist die Ursache einer moralisch verwerflichen Entscheidung. Sie hat durchaus Gründe auf ihrer Seite, nur sind dies nicht Gründe, die durch allgemein anerkennungsfähige Prinzipien gestützt sind. Der Tyrann würfelt nicht, sondern befriedigt seine Interessen auf Kosten des Allgemeinwohls. Moralisch auffällige Willkür ist also moralisch zu kritisierende Willkür. Wo sie tätig wird, gibt es immer eine moralisch vorzugswürdige Alternative. Die moralisch unauffällige Willkür hingegen ermöglicht Entscheidungen in Abwesenheit auszeichnender Gründe. Daher gibt es zu ihren Entscheidungen auch keine vorzugswürdige Alternative. Hätte ein anderer gewürfelt, hätte man beim Knöpfeabzählen mit einem anderen Knopf begonnen, wäre ein anderes Ergebnis erzielt worden. Aber welches Ergebnis auch erzielt worden wäre, eines wäre so gut wie ein anderes gewesen. Denn die moralisch unauffällige Willkür wird eben dann tätig, wenn entschieden werden muss, aber keine entscheidenden Gründe vorliegen. Und da in bestimmten Situationen selbst einem Willkürherrscher die Gründe ausgehen können, kann auch er auf die Entscheidungsverfahren der moralisch unauffälligen Willkür zurückgreifen.

Man könnte meinen, dass genetische Eigenschaften und soziale Herkunftsumstände Tatsachen sind, die wie das Wetter und die Gesteinsschichten im Berg schlicht hinzunehmen sind und keinerlei moralische Bedeutung haben. Man sollte meinen, dass die Zuständigkeit der Moral erst mit unseren Handlungen beginnt, dass unser Sein, unsere Identität jedoch nicht der moralischen Beaufsichtigung unterworfen ist und keinerlei gerechtigkeitsethischen Vermessung ausgesetzt werden kann. Die Anhänger der Gleichheit jedoch tun genau dies: Sie betrachten die zufälligen genetischen Ausstattungen der Individuen von einem moralischen Standpunkt aus. Die Zufallsergebnisse der Natur sind für sie moralisch auffällige Willkürentscheidungen, die wie moralisch auffällige Willkürhandlungen von Despoten und Tyrannen moralischer Kritik ausgesetzt sind. Freilich kann man nur dann ein Verteilungsmuster als moralisch willkürlich bezeichnen, wenn man über rationale Verteilungskriterien verfügt, wenn man sagen kann, wie die Verteilungsentscheidungen einer moralisch korrekten Natur hätten aussehen müssen. Wie also sieht eine moralisch nicht willkürliche natürliche Begabungsausstattung aus? Die einzig mögliche Antwort lautet: egalitär. Eine moralisch nicht willkürliche natürliche Begabungsausstattung würde jedermann mit Talenten und Fähigkeiten solchen Ausmaßes und solcher Qualität versehen, dass niemand in seiner Lebensplanung und Lebensführung gegenüber anderen benachteiligt oder bevorzugt wird, niemand Veranlassung hätte, einen anderen wegen seiner natürlichen Ausstattung zu beneiden. Daher verlangt die Gerechtigkeit nach Regeln, die die vorhandenen Verteilungsergebnisse so korrigieren, dass ein Zustand erreicht wird, der dem möglichst nahekommt, der sich im Fall einer kontrafaktischen Begabungsgleichheit einstellen würde. Für den Fall der unterschiedlichen Sozialisationsschicksale gilt dasselbe Argument. Auch die Geschichte ist ein Ort moralisch willkürlicher Verteilungen von Ausgangschancen. Auch hier müsste eine den Makel der moralischen Willkürlichkeit wettmachende, nicht moralisch willkürliche Verteilung zu einer egalitären, weder benachteiligenden noch begünstigenden Verteilung kommen.

Dies Argument von der moralischen Willkür ist grotesk unvernünftig. Es ist unvernünftig, die natürlichen Eigenschaften der Menschen aus der Perspektive einer distributiven Gerechtigkeit zu gewichten. Diese Form von moralischer Naturkritik ist absurd, ist Ausdruck einer grammatischen Verfehlung, einer Verletzung der Grenzen des Handlungssprachspiels im Allgemeinen und des moralischen Sprachspiels im Besonderen. Die Natur hätte nicht anders handeln können. Mehr noch: Sie handelt nicht und trifft auch keine Verteilungsentscheidungen. Die Natur liegt jenseits der Anwendungsgrenzen des Willkürbegriffs. Unsere Naturausstattung ist schiere Faktizität. Man kann sich über sie grämen, man kann sie aber nicht zum Gegenstand moralischer Kritik machen. Sollte unser Haar schütter werden, dann können wir sagen, dass uns die Natur vergleichsweise übel mitgespielt hat, denn wir können uns vorstellen, dass wir uns mit samsondichtem Haupthaar weitaus wohler fühlen würden. Aber das ist nur eine Redeweise, ein Sprachspiel. Seitdem wir die Natur durch die Augen der Mathematiker und Physiker zu betrachten gelernt haben, wissen wir, dass unser Vokabular, mit dem wir uns als Handelnde beschreiben, nicht auf Naturvorgänge anwendbar ist. Wir tadeln nicht die Wolken, weil sie Regen gebracht haben, und zürnen auch nicht dem Berg, wenn eine Geröllawine seinen Abhang herunterrast und unseren Tannenwald unter sich begräbt. Daher ist es auch hochgradig unsinnig, im Fall eines Mangels wichtiger lebenserfolgsbedeutsamer Eigenschaften der Natur zellbiologisches Versagen vorzuwerfen oder gar Benachteiligungsabsichten zu unterstellen. Folglich ist es auch unsinnig, die unverdienten Ergebnisse unverdienter Begabungen und Fähigkeiten einer nachträglichen Umverteilungskorrektur auszusetzen.

Die Gleichheitsanhänger überstrapazieren das Gerechtigkeitsparadigma. Sie dehnen und strecken es und wenden es gewaltsam auf Bereiche an, die sich ihm entziehen. Es ist schlicht semantischer Unfug, von einer moralisch willkürlichen Begabungsverteilung zu reden. Es ist semantischer Unfug, die Grammatik der moralischen Willkür vom Innenraum gesellschaftlich-politischen Handelns auf den Vorhof der genetisch bedingten Naturausstattung auszudehnen. Und was ist davon zu halten, wenn die Sprache der Benachteiligung und Bevorzugung nicht mehr nur dort Anwendung finden soll, wo Menschen einander ins Gehege kommen und die Bedingungen des Handlungs-, Lern- und Lebenserfolgs anderer beeinflussen, sondern auch dort, wo die natürlichen Vorgaben sich aller menschlichen Kontrolle entziehen?

Wenn die Gerechtigkeitstheorie diese natürlichen Verteilungsmuster ihrer moralischen Korrektur unterwirft, dann überdehnt sie menschliche Verantwortlichkeit in hybrider Anmaßung. Der Sozialstaat wird mit der Mission der moralischen Naturkritik, der Schöpfungskorrektur betraut. So vorteilhaft die natürliche Begabungsausstattung des einen auch immer für seinen Lebensplananspruch, seinen Lebensplanentwurf und die Durchsetzung seines Lebensplans sein mag, und so dürftig die natürliche Begabungsausstattung des anderen sich im Vergleich dazu ausnehmen mag, hier ist nichts Ungerechtes vorgefallen, hier sind keine unverdienten Auszahlungen vorgenommen worden, hier ist nichts moralisch Ungerechtfertigtes, moralisch Willkürliches geschehen. Und zwar darum nicht, es kann nicht oft genug betont werden, weil die genetische Ausstattung der Menschen außerhalb des Bereiches moralischer Beurteilung liegt und ebenso wie sein Geburtsschicksal moralisch völlig neutral ist. Daraus folgt nicht, dass es keine Umverteilungen von den Erfolgreichen zu den Erfolglosen geben darf, daraus folgt auch nicht, dass es nie eine Forderung der Gerechtigkeit sein kann, dass Einkommensstarke mit Einkommensschwachen und Einkommenslosen teilen sollen. Aber es folgt daraus, dass eine solche Gerechtigkeit ihre Umverteilungsaktionen nie damit begründen kann, dass es ihre Aufgabe wäre, unverdiente und moralisch zufällige lebenserfolgsrelevante Begabungs- und Herkunftsungleichheiten auszugleichen.

2. Umstände und Eigenleistung

Die Konzeption des Egalitarismus beruht auf einer übertriebenen Interpretation der vertrauten moralischen Intuition, dass Gerechtigkeit etwas mit Verdienst zu tun haben muss. Eine gerechte Verteilung ist eine Verteilung nach Verdienst. Das Verdienstlichkeitskriterium des Egalitaristen, da ist er mit dem Liberalen einer Meinung, ist die eigene Leistung. Das, was man sich durch eigene Leistung erarbeitet hat, gehört einem, und niemand darf es einem nehmen, auch der Sozialstaat nicht. Das jedoch, was einem zufällt, muss nach Maßgabe allgemeiner Gerechtigkeitsregeln ausgeglichen werden. Und zu dem, was einem zufällt und nicht selbst erarbeitet worden ist, gehören alle natürlichen und herkunftsbedingten Eigenschaften und Fähigkeiten, Dispositionen und Einstellungen, die wesentlich für Erfolg und Misslingen der Lebenskarriere verantwortlich sind. Der Egalitarismus der Verteilungsgerechtigkeit duldet keinen genetischen und sozialen *windfall profit*. Er verlangt daher gerechtigkeitsstaatliches Einschreiten, eine kompensatorische Umverteilungspolitik, die die nicht vorhandene natürliche und soziale Ausgangsgleichheit der individuellen Lebensprojekte nachträglich fingiert und die moralische Verteilungswillkür von Natur und Geschichte bricht.

Was hingegen sich wirklich der eigenen Leistung, dem Einsatz der eigenen Kräfte verdankt, das darf man als Eigenes beanspruchen. Der Egalitarist unterscheidet also scharf zwischen dem, was auf die genetischen und sozialen Umstände, auf das, was man in sich, an sich und um sich vorfindet, zurückzuführen ist, und dem, was sich eigener Anstrengung verdankt. Ein gerechtes Verteilungsmuster muss diesem Unterschied gerecht werden, muss die Leistung sich ungehindert entfalten lassen und alle damit verbundenen Ungleichheitsfolgen tolerieren, jedoch die Begabungsunterschiede durch geeignete Kompensationen und Handicaps neutralisieren.

Diese Doppelforderung nach einem Verteilungsmuster, das auf diesen Unterschied zwischen Natur und Freiheit, Gegebenheiten und Eigenleistung reagiert, ist offenkundig der gerechtigkeitstheoretische Ausdruck des menschlichen Schicksals, selbstbestimmt handeln zu können, aber dabei immer unter vorgegebenen Bedingungen handeln zu müssen. Ihr nachzukommen setzt eine diffizile Scheidekunst voraus, mit der wir das komplexe Kausalitätsgeflecht unseres Lebens entwirren und die einzelnen Ursachenstränge identifizieren können, um zuverlässig herauszufinden, »welche Aspekte der ökonomischen Position einer Person von ihren Entscheidungen herrühren und welche in den natürlichen Vorzügen und Nachteilen begründet sind, die Angelegenheit der Entscheidung waren«.[129] Allerdings verfügen wir nicht über eine solche kausalanalytische Mikrologie. In der Theorie lässt sich der energetisch-produktive Kern der Subjektivität mühelos von den Einflüssen der natürlichen Umstände trennen, in der Wirklichkeit jedoch kommt man mit diesem simplen subjektivitätsmetaphysischen Dualismus nicht weit. Bei der Ermittlung der für den individuellen Lebensverlauf verantwortlichen Faktoren stoßen wir auf eine zwar typologisch zu ordnende, empirisch aber unentwirrbare Gemengelage von Ursachen. Die Trennbarkeit von reiner Leistungssubjektivität und vorfindlichen genetischen und sozialen Umständen ist illusionär. Kein individuelles Entscheidungsprogramm, keine subjektive Präferenzordnung, keine persönliche Ethik des guten Lebens, die nicht auch in den vorgegebenen Mustern der natürlichen Umstände wurzeln, die jeder Mensch in Gestalt seiner genetischen und körperlichen Verfassung an und in sich selbst vorfindet. Selbst Stimmungsprofile, optimistische Einstellungen, Durchsetzungsvermögen und das Ausmaß an Risikobereitschaft – alles Leistungsfermente – sind auf natürliche Verteilungen zurückzuführen: Die Auswirkungen der Lotterie der Natur bestimmen das gesamte Entscheidungsarsenal und Verhaltensrepertoire der Individuen. Eine trennscharfe Sortierung der illegitimen und legitimen Ungleichheitsursachen ist damit ebenso unmöglich wie eine genaue Bestimmung des Kompensations- und Umverteilungsausmaßes.

Der folgende Einwand wiegt aber noch viel schwerer. Die Egalitaristen wollen, dass die Leistung ihren Lohn empfängt – darin zeigt sich ihr liberales Erbe. Sie wollen aber auch die gerechtigkeitstheoretische Neutralisierung aller vorgegebenen Ungleichheiten, die die Subjekte in ihrer unterschiedlichen Natur, in ihren unterschiedlichen sozialen Startpositionen und auch noch während des Verlaufs der Lebenskarrieren vorfinden. Daher müssen sie auf die illusionäre Idee verfallen, einen selbstverantwortlichen abstrakten Persönlichkeitskern aus der Hülle seiner natürlichen und sozialen Vorgegebenheiten herauszuschälen. Alles das, was in dem starken Sinne kontingent ist, dass es auch in anderer Form um uns und in uns vorgefunden werden könnte, wird damit der politisch-egalitären Bewirtschaftung unterstellt, wird zum Gegenstand steuerpolitischer Abschöpfung oder kompensatorischer Zuwendung. Aber wir sperren uns dagegen, dass unsere Begabungen und Fertigkeiten uns abgesprochen, aus unserer Persönlichkeit herausgerechnet werden. Wir betrachten es als eine Form von Enteignung, wenn sie lediglich als von uns nur treuhänderisch verwaltete Gemeinschaftsressourcen angesehen werden, deren Ertrag gänzlich zur gerechtigkeitsstaatlichen Verteilungsdisposition steht. All das, was die Theorie der Verteilungsgerechtigkeit als natürlich und sozial Zufälliges, Willkürliches und Kontingentes der gerechtigkeitspolitischen Egalisierung überantwortet, das macht uns aus, das prägt unseren Charakter, unsere

Persönlichkeit, unsere Identität, all das sind wir. Ich kann doch nicht darum einen Anspruch auf staatliche Transferleistungen erheben, weil ich ich bin und kein anderer, Erfolgreicherer, mit besseren natürlichen und sozialen Startvoraussetzungen Ausgestatteter.

Aber genau das meinen die Egalitaristen, genau darin sehen sie die Aufgabe der Gerechtigkeit: Die Verteilungsentscheidungen des Zufalls, des Glücks zu korrigieren, die Verteilungsergebnisse der genetischen Lotterie zu korrigieren, die Natur zu berichtigen: »Die Aufgabe der Verteilungsgerechtigkeit ist es, die Individuen für ein ungünstiges Schicksal zu entschädigen. Einige Leute sind mit Glück gesegnet; andere werden vom Unglück verfolgt. Es gehört zur Verantwortung der Gesellschaft, das heißt von uns allen gemeinsam, die Verteilung der Güter und Übel, die den unübersichtlichen Lotterien unseres Lebens entstammen, zu ändern. Die Verteilungsgerechtigkeit verlangt, dass der Glückliche einiges oder alles von dem, was er seinem Glück verdankt, dem Unglücklichen gibt.«[130] Diese Aufgabenbeschreibung hat keine Berührung mehr mit dem Selbstverständnis einer sozialen Marktwirtschaft. Der zur Gleichmachung verpflichtete Staat verlangt offenkundig nichts weniger als die individuenadressierte Kompensation eines missgünstigen Natur- und Sozialschicksals. Jeder Unglücksfall, jede Benachteiligung, jedes Pech ruft nach staatlichem Ausgleich, für die die Schicksalsbegünstigten und Glückspilze haftbar gemacht werden.

Welch merkwürdige Blüten der Versuch treiben kann, den kompensationspflichtigen Anteil günstiger Umstände von den kompensationsfreien Auswirkungen der eigenen Leistung zu unterscheiden, zeigt die von John E. Roemer mitgeteilte Diskussion zwischen ihm und Brian Barry über die Frage, ob bei asiatischen Kindern, die infolge der autoritätsfixierten asiatischen Lebensweise sich die ihnen von ihren ehrgeizigen Eltern auferlegten Leistungspflichten ohne jeden Widerstand zu eigen machen und ihre Ausbildungs- und Berufskarrieren daher mit großem Erfolg vorantreiben, das »Asiatisch-Sein« zu den umverteilungspolitisch zu bewirtschaftenden Umständen gehört oder nicht.[131] Während Barry den asiatischen Kindern den Lohn für ihre Mühe belassen möchte, unterwirft sie sein radikal egalitaristischer Diskussionspartner einer entsprechenden Besteuerung, da die nichtasiatischen Kinder nicht die Chance hatten, in einem derart leistungsfreundlichen und karrierepolitisch ertragreichen Milieu aufzuwachsen und arbeiten zu lernen, und dafür zu entschädigen sind. Denn es geht darum, »to level the playing field among individuals who compete for positions«, um die Ungleichheitsfolgen auf zurechenbare Ursachen zu reduzieren und die Ungleichheitsauswirkungen der Umstände auszugleichen. Die Implikation ist entlarvend: Eine Theorie, die zu dem Ergebnis kommen kann, dass das Asiatisch-Sein aus gerechtigkeitsethischen Gründen steuerpflichtig ist, kann wohl nicht richtig sein.

3. Zerstörung der Person

Der Kampf der Egalitaristen gegen das Unverdiente, gegen die durch Naturzufälle verursachte Unterschiedlichkeit der Lebenserfolgsressource, die wir selbst sind, fordert einen hohen Preis: die Zerstörung der Person. In der Theorie der Verteilungsgerechtigkeit begegnet uns ein Menschenbild, das mit unserem Selbstverständnis wenig gemein hat. Die im Menschen den Naturteil und das Eigengeistige trennenden Gleichheitsfreunde wiederholen einen Fehler, für den Descartes berühmt geworden ist. Descartes meinte, der Mensch sei ein Geist in der Maschine, das den Menschen ausmachende Geistige, Willentliche sei von seiner körperlichen Natur strikt zu unterscheiden. Diese sei ihm gegeben, von vornherein genetisch festgelegt, von ihm nicht erarbeitet und damit eigentlich nicht zu ihm gehörend. Folglich wird sie von den cartesianischen Gleichheitsfreunden einem ausgleichenden Gerechtigkeitsregiment unterstellt, in einem Zustandsvergleich auf ihr Zuviel und Zuwenig hin vermessen und im Spiel des Gebens und Nehmens auf Gleichheitsniveau gebracht. Aber wir wehren uns dagegen, auf diese cartesianische Art gespalten, in einen Willens-, Geist- und Leistungsteil und einen Natur- und Körperteil auseinandergelegt zu werden. Wir wissen, dass es zum einen dieses reine, in seinen Leistungsausprägungen von allen körperlichen Gegebenheiten unabhängige Geistige und Willentliche nicht gibt und dass zum anderen unser Körper zu uns gehört, Bestandteil unserer Identität ist und gerade als unser Körper mehr und anderes als ein beliebiges Naturding ist.

Man könnte einwenden, dass Fragen des Menschenbildes nichts mit der Gerechtigkeit zu tun haben, dass sie ein Spezialproblem der Philosophie darstellen und keinerlei gerechtigkeitstheoretische Bedeutung besitzen. Doch das ist ein Irrtum. Politische Philosophie – und die Theorie der Gerechtigkeit gehört zur politischen Philosophie – ist im Kern Anthropologie, stützt sich explizit oder implizit auf eine bestimmte Auffassung vom Menschen und entwickelt auf der Grundlage dieser Menschenauffassung ihre Vorstellungen einer angemessenen Ordnung des Zusammenlebens. Diese Auffassung vom Menschen kann aber nun angemessen oder unangemessen sein; sie kann – wie bei utopischen Entwürfen häufig festzustellen – unrealistisch sein und den Menschen, wie er wirklich ist, durch Wunschbilder ersetzen; sie kann aber auch einem Pessimismus zuneigen und ihn für immer in einem Gefängnis der Hörigkeit einsperren. Und wenn wir davon überzeugt sind, dass das in der politischen Philosophie wirksame Menschenbild eine Überzeichnung und Verfälschung darstellt, dann haben wir einen guten Grund, die philosophische Gesamtkonzeption abzulehnen. Was ist aber ein angemessenes Menschenbild, eine zufriedenstellende Personenkonzeption? Die Antwort darauf fällt nicht schwer: Es ist unser Selbstverständnis. Wir haben jedes Recht, die Übereinstimmung mit unserem Selbstverständnis als Prüfstein bei unserer Würdigung von Gerechtigkeitstheorien zu verwenden. Gerechtigkeitstheorien stellen einen praktischen Anspruch. Sie wollen unsere Intuitionen in die Helle des Begriffs heben; sie wollen Wege zu einer besseren Gesellschaft weisen. Das Mindeste, was wir von solchen sich in unser Leben drängenden Konzeptionen erwarten dürfen, ist, dass wir uns in ihnen wiedererkennen, dass sie uns nicht verzeichnen und mit unserem Selbstverständnis in Übereinstimmung stehen. Daher ist eine Herausarbeitung und Würdigung der in Gerechtigkeitstheorien wirksamen Menschenauffassung und Personenkonzeption ein wichtiger Bestandteil ihrer kritischen Würdigung.

Diese These erfährt eine umwegige Bekräftigung, wenn wir daran denken, welche große Rolle das Menschenbild auch in der parteipolitischen Programmatik steht. Wenn es um wirklich Wichtiges geht, wenn Grundsatzfragen den tagespolitischen Pragmatismus zurücktreten lassen, dann entdeckt sich auch hier die Anthropologie als letztes Fundament, das Menschenbild als entscheidendes Kriterium, um das Unabdingbare von dem Unzulässigen zu trennen und diejenigen zu identifizieren, die sich vom Boden der gemeinsamen Grundüberzeugungen zu entfernen drohen.

4. Auswirkungen des Egalitarismus

Menschen gehen liberale Ordnungen nur insoweit an, wie sie durch Handlungen, also durch Wahrnehmung ihrer Handlungsmächtigkeit, den Freiheitsraum anderer auf eine nicht allgemein rechtfertigbare Weise beeinträchtigen. Daher haben Recht und Staat den Menschen in seinem Sosein und seiner privaten Verschlossenheit hinzunehmen und bei ihren Normierungs-, Regulierungs- und Implementierungsanstrengungen die Grenze der Haut zu respektieren. Alles Innere, die natürliche Beschaffenheit, die Welt der Gedanken und Gefühle, die gesellschaftsentzogene Privatheit und die häuslich-familiäre Sphäre, sind dem ordnenden Zugriff entzogen. Denn Freiheit und Selbstbestimmung können sich nur in einem Regime vielfältiger Grenzziehung entfalten. Dieser liberale Grundgedanke der staatlich-rechtlichen Unverfügbarkeit des Inneren wird durch die egalitäre Politik der materialen und starken Gleichheit missachtet. Orthodoxe liberale Gleichheitspolitik orientiert sich an der Vorstellung der Bewegungsfreiheit im äußeren gesellschaftlichen Raum, will durch angemessene Hindernisbeseitigung und Zugangssicherung gleiche Bewegungschancen für alle schaffen. Die Gleichheitspolitik der Verteilungsgerechtigkeit hingegen beruht auf einer systematischen Verletzung der dem Liberalismus heiligen Grenze zwischen dem Inneren und dem Äußeren, dem Privaten und dem Gesellschaftlichen. Sie sprengt die personale Einheit auf, beraubt den Menschen seiner Individualität und reduziert ihn auf eine Maschinerie lebenskarriererelevanter Eigenschaften, deren komparative Erfolgsproduktivität zuerst einer ökonomischen Evaluation und dann einer kompensatorischen Egalisierung unterzogen wird.

Diese Aufgabenbeschreibung hat wenig mit der zivilisatorischen Errungenschaft der sozialen Marktwirtschaft zu tun. Der

Egalisierungsetatismus hat sich einer moralischen Ideologie verschrieben, die Politik und Recht verwüstet. Aufgabe staatlichen Handelns ist die Verwirklichung des Rechts und die Bereitstellung von entgegenkommenden, jeden in gleicher Weise berücksichtigenden Rahmenbedingungen für eine selbstbestimmte Lebensführung. Es ist das verbindliche Ziel aller Politik, Menschenrechte zu institutionalisieren, Rechtsstaatlichkeit zu gewährleisten, alle Formen der Unterdrückung und Diskriminierung zu beseitigen und Bildungs- und Ausbildungsstätten zu schaffen, die allen den Erwerb der grundlegenden zivilisatorischen Techniken und einer soliden Allgemeinbildung und eine Entwicklung ihrer Talente und Begabungen gestatten. In genau diesem Sinne ist der Staat gleichheitsverpflichtet: Er hat Rechtsgleichheit durchzusetzen, er hat institutionelle Lebenschancengleichheit zu garantieren und darum Diskriminierung, Unterdrückung und Ausbeutung zu bekämpfen, er hat durch ein öffentliches Schulwesen Ausbildungschancengleichheit zu ermöglichen. Der Egalisierungsetatismus hingegen verlangt nichts weniger als eine individuenadressierte Kompensation eines missgünstigen Natur- und Sozialschicksals. Diese so vage wie hypertrophe Zielbestimmung ist mit Rechtsstaatlichkeit und Rechtssicherheit nicht mehr vereinbar. Sie muss notwendigerweise die individuellen Rechtsansprüche relativieren, deren Gültigkeit von dem Verwirklichungsgrad der alle normativen Betrachtungsdimensionen kategorial dominierenden Verteilungsgerechtigkeit abhängig machen. Jeder Unglücksfall, jede Benachteiligung, jedes Pech ruft nach staatlichem Ausgleich, der ohne Eingriff in die Besitzstände der Schicksalsbegünstigten nicht durchführbar ist.

Wenn sich staatliches Handelns als individuensensibler Schicksalsausgleich versteht, wird die Dimension des Politischen zerstört. Politik ist nicht mehr Sorge um den Bürger, nicht mehr

Diskriminierungsbekämpfung und Sorge um Bürgerlichkeit ermöglichende Umstände. Der Bürger ist in diesem egalitären Gerechtigkeitsstaat längst ausgestorben. Die traditionelle politische Anthropologie erfährt im Egalitarismus eine deprimierende Neufassung. Der Egalitarismus ist die politische Theologie der Benachteiligung. In seiner Welt gibt es nur Bevorzugte und Benachteiligte, Schicksalsbegünstigte und Schicksalsbeladene, sozial Privilegierte und sozial Deprivilegierte. Und jeder Benachteiligte hat die Definitionshoheit über seine Benachteiligung und das kompensationspflichtige Ausgleichsausmaß, ist zur eigenständigen Handhabung des Lebenskarriereabstandsmessers, des Neidmeters befugt. Damit ruft diese egalisierungsverpflichtete Gesellschaft zur Selbstorganisation des Neides auf. Alle schauen nur scheeläugig zur Seite; keiner schaut mit geradem Blick nach vorn.

In der Bevorzugungs- und Benachteiligungsrhetorik des Egalitarismus drückt sich überdies eine eigentümliche Herablassung aus. Nehmen wir den Fall eines von Geburt aus geistig oder körperlich Behinderten. Dieser wird in einem der Chancengleichheit verpflichteten sozialstaatlichen Gemeinwesen sicherlich nicht weniger Förderung erhalten als in einem egalitaristischen System. Aber ist es nicht ein grundlegender personenethischer Unterschied, ob wir ihn als schlechter ausgestattete Lebensressource begreifen, deren Qualitätsabstand zu besser ausgestatteten Lebenserfolgsressourcen ausgeglichen werden muss, oder ob wir ihn als Person betrachten, die wie jede andere auch einen Anspruch auf Entwicklung ihrer gegebenen Talente, Begabungen und Fähigkeiten hat? Dass diese Entwicklungsförderung von den Standards der normalen Entwicklungsförderung abweicht, spezielle Maßnahmen, besonders qualifizierte Helfer und dauerhaftere Unterstützung verlangt, versteht sich und ist für den Anhänger der Chancengleichheit ohne jeden Belang.

Ich halte den Egalitarismus für eine philosophisch wie politisch unheilvolle Konzeption. Seine Gerechtigkeits- und Sozialstaatsbegründung ist kohärenztheoretisch haltlos und widerspricht wichtigen moralischen und personentheoretischen Überzeugungen unseres Selbstverständnisses. Die politische Realisierung seiner Gerechtigkeitsvorstellungen führt zu einem expansiven Etatismus leviathanischen Ausmaßes, zu einer Alptraumbürokratie, die den Bürger administrativ enteignet. Die Organisationsform, die ihn politisch wirklich werden ließe, müsste dem totalitären Sozialismus aufs Verwechseln gleichen. Betrachtet man Menschenbild und Gesellschaftsvorstellung, die dem Egalitarismus unterliegen, genauer, dann wähnt man sich in den Hobbesschen Naturzustand versetzt, nur dass jetzt die Machtkomparatistik einer Benachteiligungskomparatistik gewichen ist. In beiden Fällen ist es aber eine Welt des immerwährenden Sich-Vergleichens, des immerwährenden Sich-Taxierens, damit eine Welt der Fremdbestimmung, die den Wert der Einzelnen extern durch die Bilanz allseitiger Positionsvergleiche festlegt. Soziale Beziehungen und Lebenskarrieren werden von dem Egalitaristen ausschließlich kompetitiv verstanden. Alles ist ein Wettrennen egozentrischer Individuen. Und der Gerechtigkeitspolitiker ist der Handicapper, der durch komplementäre Erschwerungs- und Erleichterungsaktionen die unterschiedlichen Startbedingungen nachträglich, während des Rennens, auszugleichen versucht. So setzt sich der kompetitive Kapitalismus, dessen Signatur der Hobbessche Naturzustand trägt, im Egalitarismus als strukturbildendes Prinzip fort. Genauso wie der Machtvorsprung dem Hobbesschen Menschen handfeste Wettbewerbsvorteile verschafft, bringt der Benachteiligungsvorsprung der Klientel des egalitaristischen Sozialstaats Vorteile im Kampf um die höchsten Ausgleichsquoten. Die Autoviktimisierung – die Selbstdarstellung als Benachteiligungsopfer – wird damit zur egalitaristischen Erfolgsstrategie schlechthin. Und noch in anderer Hinsicht erweist sich der Egalitarismus als Zwillingsbruder des von ihm bekämpften Kapitalismus: Beide teilen den ökonomistischen Glauben. So wie für den Kapitalisten alles käuflich ist, sich die ganze komplexe Wirklichkeit auf ökonomische Kategorialität reduzieren lässt, so ist für den Egalitaristen alles ökonomisch kompensierbar, so komplex auch immer die unterschiedlichen lebensethischen Ausgangslagen der Individuen und die unterschiedlichen Verlaufsgeschichten ihrer Lebenskarrieren sein mögen. Alles ist vergleichbar, alle Differenzen sind nach dem Benachteiligungs-/Bevorzugungsalphabet buchstabierbar und daher finanziell ausgleichbar.

Das hat politisch und moralisch verhängnisvolle Konsequenzen. Die Autoviktimisierung verlangt nach einer Dramatisierung der Ungleichheit. Ungleichheitsdramatisierung verträgt sich aber nicht mit einer differenzierten Ungleichheitswahrnehmung. Die Ungleichheit der Ungleichheiten gerät aus dem Blick, differenzierungsunfähig ebnet der Egalitarist alle Ungleichheitsunterschiede ein. Daher ist der Dramatisierung von Ungleichheit immer die Gefahr der Verharmlosung von Armut, Not und Elend, von Unterdrückung, Ausbeutung und Erniedrigung eingeschrieben. Denn entweder wird der Egalitarist den moralpolitischen Gewinn realisieren wollen, der mit der Verschleifung der internen Ungleichheitsstufen verbunden ist und jede Gleichheitsabweichung, jede vergleichsweise geringere Ressourcenausstattung, jede Benachteiligung mit den moralischen Schreckensfarben der Not und des Elends anmalen, oder er wird Armut, Not und Elend, Unterdrückung, Ausbeutung und Erniedrigung als Fall von Gleichheitsabweichung und als Folge geringerer Ressourcenausstattung verharmlosen und damit politische Ursächlichkeit und Verantwortlichkeit verwischen. In beiden Fällen riskiert das egalitaristische Programm moralische Glaubwürdigkeit und politische Ernsthaftigkeit.

Im Zentrum des egalitaristischen Kompensationismus steht immer ein Zustandsvergleich: Aus den normativen Voraussetzungen der Theorie wird ein egalitärer Ausgangszustand konstruiert. Dann wird diese imaginierte, authentisch gerechte Ausgangssituation mit der Wirklichkeit verglichen. Und schließlich wird ein Redistributionsarrangement vorgeschlagen, das durch geeignete kompensatorische Ausgleichszahlungen eine gerechte Endsituation in approximativer Annäherung verwirklichen soll. Das Grundproblem ist dabei, dass Gleichheitsorientierung und normativer Individualismus zum einen, die materiale Ungleichheit der von der Theorie je für verteilungsgerechtigkeitsrelevant erklärten Güter – sei es Land, Talent, Charakter, Herkunftsschicksal, körperliche, geistige und psychische Funktionsfähigkeit – zum anderen nach einem verteilungsbeweglichen, kompensatorisch handhabbaren Metagut, nach einem universalen Äquivalent verlangen, das sich über alle Unterschiede der miteinander zu verrechnenden Güter hinwegsetzt. Damit münden alle diese Theorien in einen kruden Monetarismus, denn nur so lässt sich die auf dem Wege des nachträglichen Ausgleichs zustande kommende Ressourcengleichheit verwirklichen. Beredt werden in der Ungerechtigkeitsdiagnose die illegitimen Benachteiligungswirkungen interner wie externer Gegebenheiten und Schicksalsumstände aufgelistet, wird eine Ätiologie der lebenskarrierepolitischen Erfolgs- und Misserfolgsursachen und eine Metrik ihres Deprivilegierungsausschlags entwickelt, um dann doch nur in eine fantasielose monetaristische Ungerechtigkeitstherapie einzumünden, die sich in der Regel erschöpft in der Forderung, die Rotationsgeschwindigkeit und das Redistributionsvolumen der Umverteilungsmaschinerie zu erhöhen. Der Egalitarismus verfügt über keinen politischen Blick. Seine Fixierung auf das Geldwerte lässt die politische Domäne, den Bereich, wo Strukturen implementiert, allgemeine institutionelle Ermöglichungsbedingungen verwirklicht werden, außer Betracht. Das erklärt die bei allen Egalitaristen anzutreffende strukturpolitische Fantasielosigkeit. Sie ist die Kehrseite der Distributionsobsession. Wenn sich die Gerechtigkeit um die Besonderheit der Individuen kümmern und den ihnen zustehenden Anteil im allseitig interindividuellen Positionsvergleich ermitteln soll, ist der Horizont ihres politischen Handelns durch die Festlegung der Höhe individueller Auszahlungen bestimmt. Umverteilung ist die einzige politische Operation, die dieser Gerechtigkeitskonzeption in den Sinn kommt.

Durch die egalitaristische Konzeption der Verteilungsgerechtigkeit wird der Sozialstaat aus dem gewohnten Koordinatensystem gerückt. Die gleichheitsorientierte Verteilungsgerechtigkeit ist nicht subsidiär, sondern ein ewiges Unternehmen. Die Wirtschaft mag blühen, es mag Vollbeschäftigung mit hohem Lohnniveau herrschen – natürliche Ungleichheit wird es immer geben. Auch wird die Familie weiterhin unterschiedliche Sozialisations- und Förderungserfolge aufweisen. Daher darf der egalitaristische Sozialstaat nicht nachlassen in seinem Bemühen, die bevorzugungs- und benachteiligungsrelevanten Verteilungsentscheidungen der Natur zu neutralisieren. Das egalitaristische Umverteilungsarrangement ist ein ewiges Werk.[132] Auch wird in dieser Gerechtigkeitskonzeption die Marktorientierung vollständig aufgegeben. Der Sozialstaat der Transferzahlungen, der Sozialstaat als Versorgungsunternehmen für diejenigen, die sich auf dem Markt nicht selbst mit einem Einkommen versehen können, ist in dieser Theorie nicht unterzubringen. Denn dieses Sozialstaatsverständnis geht grundsätzlich von der Sekundarität des Sozialstaats aus. Den Sozialstaat gibt es, weil nicht alle an der Marktwirtschaft teilnehmen können und daher auf Transferzahlungen angewiesen sind. Die Adressaten sozialstaatlicher Versorgung sind Arbeitslose, Arbeitsunfähige, Alleinerziehende, Rentner, Kranke und geistig, psychisch und körperlich Behinderte, all die also, die sich in einer Gesellschaft der Gegenseitigkeit, des wechselseitigen Vorteils nicht behaupten können, da sie nichts anzubieten haben, das zu erwerben andere interessiert sein könnten. Die Adressaten der sozialstaatlichen Versorgung sind allesamt selbstversorgungsunfähig. Wird soziale Gerechtigkeit jedoch als Ressourcengleichheit verstanden, also als Ausgleich naturbedingter Ausgangsunterschiede, dann wird soziale Gerechtigkeit zu einer genuinen politischen Aufgabe, die mit dem Zustand der Marktwirtschaft ebenso wenig etwas zu tun hat wie mit der Frage der Selbstversorgungsfähigkeit. Jedermann ist zu jeder Zeit Objekt der sozialen Gerechtigkeit, entweder als Begünstigter oder als Benachteiligter.

Der Egalitarismus ist sich nicht klar darüber, welche Geister mit seinem Programm auf den Plan gerufen werden. Die Rede von der moralischen Willkür natürlicher und sozialer Ausgangsverteilungen, von der Ausgleichsbedürftigkeit ungleicher Begabungsausstattungen, von der Neutralisierung unverdienter Benachteiligungen und Bevorzugungen ist alles andere als harmlos. In unmäßigem Moralismus verlässt sie den Binnenraum individuellen und gesellschaftlichen Handelns und dehnt moralische Beurteilungs- und Behandlungsweisen auf die Natur aus. Letztlich rückt der Egalitarismus damit den Sozialstaat in religiöse Dimensionen. Der Sozialstaat wird mit einem Defatalisierungsauftrag versehen. Er stellt sich gegen den Zufall, lehnt sich gegen die Herrschaft von Glück und Pech auf, bringt dem im Schicksal sich zeigenden »secret working of God« (Hobbes) auf kompensatorischen Umwegen Moral bei. Damit wird der egalitaristische Sozialstaat zur Schöpfungskorrektur, zu einer Art Zweitschöpfung, in der die moralischen Versäumnisse der Begabungsverteilung der Erstschöpfung dadurch korrigiert werden, dass die Begünstigten von den Benachteiligten in Kompensationshaft genommen werden.

Wie weit mag wohl diese metaphysisch-hybride Mission der Entmachtung des Schicksals reichen? Zuständig für Defatalisierung ist die Technik. Technik ist autonomiekompetent, erhöht die Spielräume der Freiheit und der Selbstbestimmung. Wo gestern noch das Fatum herrschte, haben wir heute bereits Optionen. Wenn der Freund der Gleichheit ein hinreichend tiefes Verständnis seiner eigenen Überzeugungen besitzt, dann muss er zu einem leidenschaftlicher Befürworter der Technik werden. Denn erst die Technik eröffnet wirkliche Egalisierungschancen, ersetzt die Ungleichheitskosmetik der Transferzahlungen durch eine Behandlung der Ungleichheitswurzeln selbst. In dem Maße, in dem die Kapazitätslandkarte unserer Gene unter die Kontrolle einer manipulativen Technik gerät, in dem Maße mindert sich die Herrschaft des genetischen Zufalls. Dem Egalitaristen muss jedes technische Mittel recht sein, um die Zivilisation der Gleichheit voranzutreiben. Überdies ist es ein weitaus verlässlicheres Mittel als die Kompensationsmaschinerie des Systems der progressiven Einkommenssteuer, kommt zudem nicht zu spät, sondern verrichtet ihr Distributionswerk gleichsam im biologischen Urzustand eines jeden. Es ist also nicht verwunderlich, dass im Kielwasser des *Human Genome Project* zunehmend mehr gerechtigkeitsethische Untersuchungen sich mit dem Verhältnis von Genetik und Gerechtigkeit beschäftigen und nach Ausgleichsprogrammen fragen, um den Unterschied zwischen den genetischen Habenichtsen und den genetischen Vermögenden auszugleichen. Die genwissenschaftliche und gentechnologische Entwicklung arbeitet offenkundig der egalitaristischen Sozialstaatsphilosophie in die Hände. Wenn man ein solch ausschweifendes Verständnis von Benachteiligung hat, dass jede Differenz in der natürlichen Ausstattung mit erfolgspragmatischen Fähigkeiten und Eigenschaften einen kompensationswürdigen Benachteiligungsfall darstellt, dann sind egalisierungstechnologische Initiativen unausweichlich und fester Bestandteil des politischen Programms des Egalitarismus.

VII. Soziale Gerechtigkeit als Chancengleichheit

Sozialstaatliche Gerechtigkeit verlangt mehr als Daseinsfürsorge für die Bedürftigen. Sie verlangt Freiheitsfürsorge. Der Sozialstaat ist keine Umverteilungsmaschinerie im Dienste einer egalitären Verteilungsgerechtigkeit. Er muss von dem Verteilungsparadigma Abstand nehmen und die damit verbundene Konsumorientierung aufgeben. Er muss sich auf ein Programm der formalen Chancengleichheit konzentrieren und die dafür erforderlichen Investitionen vor allem im Erziehungs- und Ausbildungsbereich tätigen. Er teilt mit Rechtsstaat und Demokratie den freiheitsrechtlichen Legitimationsgrund. Und als freiheitsrechtlicher Sozialstaat ist er um die Ermöglichung der Wahrnehmung des Freiheitsrechts, um die Ermöglichung selbstbestimmter Lebensführung bemüht. Und das heißt: Der Sozialstaat hat sich in den Dienst von Markt und Wettbewerb zu stellen und die Bürger schnellstens wieder in die Marktprozesse zu integrieren und ihnen bei der Wiedergewinnung von Selbständigkeit und Selbstverantwortlichkeit Hilfestellung zu geben. Dass die Anhebung des Beschäftigungsniveaus die vornehmste Pflicht eines derart sozialinvestiven, aktivierenden, ermöglichenden Sozialstaats ist und er zur Verwirklichung dieser Aufgabe alle Anregungen der ökonomischen Klugheit aufzugreifen hat und insbesondere auf alle beschäftigungshinderlichen Arrangements seines alten Umverteilungsprogramms verzichten muss, versteht sich von selbst. Um dieser Konzeption einer freiheitsdienlichen sozialen Gerechtigkeit zusätzliches Profil zu verleihen, wird in diesem Kapitel der Begriff der Chancengleich-

heit von der marktradikalen Position des »libertarianism« abgesetzt, der jede Form von Sozialstaat ablehnt.

1. Daseinsfürsorge und Freiheitsfürsorge

»Der Staat enthalte sich aller Sorgfalt für den positiven Wohlstand der Bürger, und gehe keinen Schritt weiter, als zu ihrer Sicherstellung gegen sich selbst, und gegen auswärtige Feinde nothwendig ist«[133], so schreibt Wilhelm von Humboldt 1792 in seinen *Ideen zu einem Versuch, die Grenzen der Wirksamkeit des Staats zu bestimmen*. Dem Staat obliegt einzig die Aufgabe der Rechtssicherung; das »Princip, daß die Regierung für das Glück und Wohl, das physische und das moralische der Nation sorgen müsse«, ist »ärgster und drükkenster Despotismus«.[134] Die Freiheit der Individuen ist die Grenze legitimen staatlichen Handelns. Wohlstandsmehrungsprogramme, gleichgültig, ob es sich dabei um das materielle oder um das moralisch-sittliche Wohl handelt, sind immer freiheitsfeindlich, drängen das Individuum durch Umverteilungspolitik oder durch sittliche Beaufsichtigung aus seiner Selbstverantwortung. Freiheit heißt in dieser Zeit des bürgerlichen Aufbruchs Selbstbestimmung, Selbstbeanspruchung, Selbsttätigkeit. Freiheit ist ethische Autarkie, Herausbildung eigenverantwortlicher Lebensführungskompetenz.

Diese Freiheit bedarf auch, wie Humboldt sagt, einer »Mannigfaltigkeit der Situationen«. Das heißt, sie benötigt offenen gesellschaftlichen Handlungsraum, der ausschließlich durch formale Koordinationsregeln strukturiert ist, den jeder nach eigenem Belieben durchqueren kann, solange er nur die Regeln respektiert. Situationsmannigfaltigkeit besteht, wenn keinerlei Zwang alle individuellen Handlungen auf einen Zweck ausrichtet, wenn jeder seinen eigenen Vorstellungen vom Guten folgen kann und nur auf die äußere Verträglichkeit seiner Handlungen mit anderen achten muss. Der Mensch bedarf keiner Leitung, und er benötigt keine Entlastung. Er benötigt Schutz vor Gewalt, und er benötigt allgemeine Koordinationsregeln, die die individuellen Selbstentfaltungsräume begrenzen. Dies ist das negative Wohl der Menschen, das zu besorgen der Staat da ist. Denn das negative Wohl umfasst all die institutionellen Bedingungen, die von allen selbsttätigen Vernunftwesen um des Schutzes ihrer Selbsttätigkeit willen gewollt werden müssen. Das positive Wohl hingegen muss der autonomen Bestimmung jedes Einzelnen überlassen bleiben. Denn die Menschen sind verschieden, haben unterschiedliche Talente und Begabungen, Fähigkeiten und Fertigkeiten, die sich in ihrer Unterschiedlichkeit nur dann zur Entfaltung bringen lassen, wenn die gesellschaftlichen Handlungsräume eine möglichst geringe Regulationsdichte aufweisen und daher die Entstehung einer Mannigfaltigkeit von Situationen gestatten.

Und auch die Härten des Daseins darf man nicht durch die kollektive Bereitstellung von Bequemlichkeiten mildern, ist doch die Strenge der Not ein wunderbarer ethischer Lehrmeister, der das Beste in den Menschen freizusetzen weiß und ihnen zeigt, wie leicht die wahren Bedürfnisse von den Begehrlichkeiten, die die Mode diktiert, zu trennen sind. Die entwicklungsfreundliche Mannigfaltigkeit gesellschaftlicher Lebenssituationen umfasst auch eine Zone der Not, die als moralische Herausforderung von dem Humboldtschen Programm persönlicher Selbstentfaltung und humanistischer Optimierung durchaus begrüßt wird. Denn Not ist eben auch ein Geburtshelfer der Solidarität und Hilfsbereitschaft, der sowohl den altruistischen Einstellungen Gelegenheit gibt, sich zu bewähren, und eine Kultur privater Fürsorge hervorbringt, als auch die Bürger zu kluger freiwilliger

Kooperation veranlasst, um kollektiv die notwendigen Grundgüter zu produzieren, die die Einzelnen sich in solchen Situationen gerade nicht in normaler Eigentätigkeit verschaffen können.

Kant geht in der Frage der öffentlichen Versorgung der Bedürftigen weiter als Humboldt. Er macht die Not zu einer Angelegenheit des Staates, der zur Finanzierung einschlägiger Versorgungseinrichtungen eine, wie Kant sagt, »Contribution« in Form »laufender Beiträge« verlangen darf. Die Existenzsicherung der Unvermögenden wird im Staat nicht mehr der Unzuverlässigkeit privater Mildtätigkeit überlassen, sondern dem Gemeinwesen zur indirekten Pflicht gemacht. Es ist für eine »zu ihrem Dasein nötige Vorsorge« verantwortlich.[135] Der Grund dieser Verantwortlichkeit ist aber ausschließlich die Selbsterhaltung des Gemeinwesens, die Integrität der staatlichen Ordnung. Die Selbsterhaltungsbelange des Einzelnen sind für die Politik nur darum von Wichtigkeit, weil ihre Vernachlässigung die öffentliche Ordnung gefährden kann und das Gemeinwesen zu destabilisieren droht. Armenfürsorge nicht um der Armen willen, sondern um der Ordnung willen. Caritas als Ordnungspflege. Die indirekte Pflicht des Staates zur Existenzerhaltung unvermögender Bürger ist der Preis, den das Recht selbst zahlen muss, wenn es sich in Raum und Zeit verwirklichen will, wenn es Organisationsmacht gewinnen und unter unterschiedlichen empirischen Rahmenbedingungen Bestand haben will. Das aber heißt, dass der Sozialstaat kein Rechtsbegriff ist, sondern lediglich ein politisches Instrument der Ordnungssicherung. Nicht die Gerechtigkeit fordert ihn, sondern ausschließlich die um politische Stabilität besorgte Klugheit.

Genau diese stabilitätspolitische Klugheit war es, die Solon im siebten vorchristlichen Jahrhundert zum Erfinder der Sozialpolitik machte und die auch bei libertären Sozialstaatsskeptikern der Gegenwart zu finden ist. Auch von Hayek etwa meint, dass staatliche Nothilfeeinrichtungen in einer Industriegesellschaft notwendig sind – und »sei es auch nur im Interesse jener, die Schutz gegen Verzweiflungsakte der Bedürftigen verlangen«.[136] Mit dem politischen Argument von der Notwendigkeit der Versorgung der Unvermögenden aus Gründen staatlicher Selbstsorge ist heute kein Sozialstaat zu machen. Die normativen Standards gegenwärtiger philosophischer Rechtfertigungspraxis verbieten es, den unselbständig gewordenen, selbstversorgungsunfähigen Mitbürger auf ein Stabilitätsrisiko zu reduzieren, das durch geeignete Versorgungsleistungen zu entschärfen ist, zumal nach der inneren Logik dieses Arguments der unterversorgte Bürger erst dann sozialstaatlicher Aufmerksamkeit für wert erachtet wird, wenn er in hinreichend bedrohlichen Massen auftritt. Eine philosophische Sozialstaatsbegründung wird sich mit diesem politischen Opportunismus nicht abfinden können. Sie wird nach Rechtsprinzipien suchen wollen, die eine sozialstaatliche Ergänzung der Rechtsstaatlichkeit aus Gründen normativer – und das heißt: freiheitsrechtlicher – Konsistenz erforderlich machen.

Genau dieser Gedanke liegt dem Freiheitsrechtsverständnis zugrunde, von dem die berühmte Numerus-clausus-Entscheidung des Bundesverfassungsgerichts von 1972 Gebrauch macht. Hier ist nicht mehr von einer Daseinsfürsorge im Sinne biologischer Kontinuitäts- und Existenzsicherung die Rede; hier geht es um die Voraussetzungen, die gegeben sein müssen, damit das Freiheitsrecht verwirklicht werden kann, denn, so heißt es im Urteil, »das Freiheitsrecht wäre ohne die tatsächliche Voraussetzung, es in Anspruch nehmen zu können, wertlos«.[137] Der Freiheitsrechtsanspruch muss also um der Konsistenz willen nicht nur Abwehransprüche umfassen, sondern auf die Gewährleistung der »notwendigen Voraussetzungen für die Verwirklichung des Freiheitsrechts« selbst ausgedehnt werden.[138] Das Bundesverfassungsgericht variiert damit ein Argument, das zuerst in der Sozialstaatskonzeption von Lorenz von Stein vorgetragen worden ist. »Die Freiheit ist eine wirkliche erst in dem, der die Bedingungen derselben, den Besitz der materiellen und geistigen Güter, als die Voraussetzungen der Selbstbestimmung, besitzt.«[139] Da zu den notwendigen Voraussetzungen für die Verwirklichung des Freiheitsrechts auch eine hinreichend Güterausstattung gehört, weist diese Argumentation auch einen direkten Weg zu einer freiheitsgravitierten Sozialstaatsbegründung.

Menschen sind Hypleptiker, das heißt, sie sind zur Abhängigkeit von Voraussetzungen, zum Anknüpfen an Vorfindliches verurteilt. Das genau ist unser Endlichkeitsschicksal. Wir haben uns selbst nicht gewollt, sondern müssen uns hinnehmen; wir haben auch die Welt, in die wir hineingeraten, nicht gemacht, sondern müssen sie so nehmen, wie sie ist. Was immer wir tun, wir müssen uns auf Umstände einlassen, die nicht wir gestaltet haben, sondern die eher uns gestalten. Diese Voraussetzungen sind einerseits handlungsermöglichend, andererseits handlungsbestimmend. Sie zerfallen in zwei Klassen: in individuelle Ressourcen und strukturelle Gegebenheiten. Individuelle Ressourcen umfassen alle Eigenschaften, die der Mensch an sich und in sich vorfindet. Sie sind teils genetisch formiert, teils Auswirkungen von sozialer Herkunft und Erziehung. Der Ort der strukturellen Voraussetzungen ist hingegen die individuellem Handeln vorgängige gesellschaftliche Verfassung mit ihren ökonomischen, rechtlichen und politischen Systembereichen. Ersichtlich besteht zwischen beiden Gruppen von Handlungsvoraussetzungen eine Korrelation: Gesellschaftliche Verfassungen können die Entwicklung der individuellen Anlagen und Fähigkeiten begünstigen oder hemmen. Erst dann kann das selbsttätige Leben den aus Selbstbeanspruchung und Könnenserfahrung entspringenden Selbstgenuss bereitstellen, wenn sich das Ensemble der individuellen Anlagen und Talente, Fertigkeiten und Begabungen entfaltet und entwickelt hat. Und dazu bedarf es eines entwicklungsgünstigen Milieus, das diese Entwicklungschancen jedermann in hinreichendem quantitativen und qualitativen Maße zur Verfügung stellt. Der Staat sollte – da ist Humboldt zuzustimmen – sich in der Tat nicht um das positive Wohl seiner Bürger kümmern. Aber er darf auch nicht sich mit der Absicherung des negativen Wohls begnügen. *Tertium datur*: Es gibt ein Drittes, und das führt genau in das Zentrum liberaler Sozialstaatlichkeit, in das Zentrum eines freiheitsbegründeten Gerechtigkeitsverständnisses. Es ist Aufgabe des Staates, für eine möglichst gleiche, Entwicklungsgleichheit ermöglichende Bereitstellung der institutionellen Voraussetzung privater, selbsttätiger Lebensführung zu sorgen.

Die Geschichte des politischen Bewusstseins in der Moderne ist charakterisiert durch ein wachsendes Bewusstsein von der Wichtigkeit dieser institutionellen Lebensvoraussetzungen. Der Anspruch an die konstitutionellen Rahmenbedingungen individueller Lebensplanungen ist dabei stetig gestiegen: vom Sicherheitsstaat über den Rechts- und Verfassungsstaat zum Sozialstaat. Hinter dieser Ausweitung steht die Einsicht, dass selbstbestimmte und eigenverantwortliche Lebensgestaltung, dass der Genuss von Freiheit und Freizügigkeit an materielle Voraussetzungen gebunden ist. Wenn die Menschen über keine materiellen Ressourcen verfügen können, dann rückt hinreichender Ressourcenbesitz in den Rang einer freiheitsermöglichenden Bedingung, dann wird hinreichender materieller Ressourcenbesitz zur Voraussetzung von Recht, personaler Würde und bürgerlicher Existenz, dann erweist er sich wie das Recht selbst als Grundgut, dann muss bürgerliche Solidarität für eine hinreichende materielle Versorgung einstehen. Zumindest dann gilt dieser Ermöglichungszusammenhang zwischen dem immateriellen Zentralgut des Rechts und einem materiellen Zentralgut hinreichenden Ressourcenbesitzes, wenn wir das Recht nicht nur im Lichte des *status negativus*, als Abwehrrecht betrachten, sondern uns auf die in den normativindividualistischen Begriff der Rechtsordnung eingelassene normative Leitvorstellung einer eigenverantwortlichen, zur selbstbestimmten Lebensführung berechtigten Person beziehen.

Wenn wir die sozialen und ökonomischen Bedingungen des Rechts auf ein selbstbestimmtes Leben mit in den begrifflichen Kranz des Freiheitsrechts hineinnehmen, dann kann die sowohl rechtlich als auch rational gebotene Institutionalisierung nicht bei der Etablierung rechtsstaatlicher Verhältnisse haltmachen, da Markt und Eigentumsordnung immer nur eine selektive Garantie für eine Wahrnehmung dieses Selbstbestimmungsrechts und Selbsttätigkeitszwecks bieten. Wenn der Wert der rechtlichen und ethischen Freiheit im Zustand der Mittellosigkeit verschwindet, wird aus der Grammatik unserer ethisch-politischen Selbstverständigung das menschenrechtliche Herzstück herausgebrochen. Angesichts dieser operationalen Abhängigkeit des Freiheitsrechts von hinreichendem materiellen Güterbesitz muss eine freiheitsverpflichtete Gesellschaft ihre Bürger im Falle einer wie auch immer verursachten Erwerbsunfähigkeit mit einem entsprechenden Ersatzeinkommen ausstatten. Die menschenrechtliche Verpflichtung zur Rechtsstaatlichkeit treibt aus sich selbst die Verpflichtung zur Sozialstaatlichkeit hervor. Diese Sozialstaatlichkeit, das ist hervorzuheben, hat nichts mit der Umverteilungsmaschinerie des Egalitarismus zu tun. Es ist eine Sozialstaatlichkeit, die im Zeichen der Freiheit steht. Es geht hier um einen Sozialstaat, der freiheitsdienlich ist. Entsprechend stützt sich auch der ihm zugrunde liegende Begriff der sozialen Gerechtigkeit nicht auf das Gleichheitskonzept, sondern auf das Freiheitskonzept.

2. Freiheit und absolutes Eigentum

Freilich würde das oben skizzierte Argument von der freiheitsrechtlichen Notwendigkeit des Sozialstaats in sich zusammenfallen, wenn die *Self-ownership*-These der *libertarians* richtig wäre. Was besagt diese These, und wer sind die *libertarians*? Beginnen wir mit der letzteren Frage. Wir haben in der deutschen Sprache – bezeichnenderweise – keine eigenständige Bezeichnung für die *libertarians*. Wir können sie als Marktabsolutisten, als Marktradikale umschreiben, denn es ist ihre Überzeugung, dass die Verteilungsergebnisse des Marktes nur insofern durch Steuern und Abgaben korrigiert werden dürfen, wie es notwendig ist, die Rechtsordnung im Allgemeinen und die Privatrechtsordnung im Besonderen, also die rechtliche Verfassung der Marktwirtschaft aufrechtzuerhalten. *Libertarians* sind Anhänger des Nachwächterstaatskonzepts: In der Hochzeit sozialstaatlich aufgeblähter Staatlichkeit plädieren sie für ein Staatskonzept, das aus der Zeit stammt, als es noch keinerlei Vorstellung vom Sozialstaat gab. Sie knüpfen also an das Konzept des Wirtschaftsliberalismus an, dem, wie wir oben gesehen haben, die deutschen Neoliberalen und Ordoliberalen entschieden abgeschworen haben. Die Pointe dieses erneuerten Wirtschaftsliberalismus der *libertarians* ist, dass sie jede Form von sozialstaatlichem Engagement, jede Form eines sozialen Ausgleichs markterzeugter Einkommens- und Vermögensunterschiede, jede Form von Umverteilung für in höchstem Maße illegitim, weil mit dem Freiheits- und Selbstverfügungsrecht der Individuen unvereinbar ablehnen. Zu den *libertarians* gehören etwa die Ökonomen der österreichischen Schule von Ludwig von Mises und Friedrich August von Hayek, Philosophen wie Robert Nozick und Murray N. Rothbard, auch der Begründer der Institutionenökonomie James M. Buchanan. Am äußersten Rand verwandelt sich dieser *libertarianism* in einen religionsartige Züge annehmenden kapitalistischen Freiheitskult, dessen hohe Priesterin Ayan Rand ist. In der deutschen Sprache fehlt darum eine Bezeichnung für diese Absolutisten der Selbstverfügung und des Privateigentums, weil in unserer politischen Kultur diese liberal-kapitalistische Extremform nie eine Rolle gespielt hat. Übrigens sind es eigentlich diese *libertarians*, die die Neoliberalismuskritik so blindwütig bekämpft, und nicht etwa die in der deutschen Tradition tief verwurzelten Neoliberalen, die sich, wie sich im ersten Teil dieses Buches gezeigt hat, mit ihren Bemühungen, zwischen Kapitalismus und Kollektivismus einen dritten Weg zu finden, in vielem vom *libertarianism* deutlich unterscheiden.

Was besagt die *Self-ownerhip*-These? Sie geht auf John Locke zurück und behauptet, dass Personen ein unveräußerliches Eigentum an sich selbst haben. Abgekürzt lautet das dieser These unterliegende Argument folgendermaßen: Personen haben ein absolutes Freiheitsrecht, das Selbstzweckhaftigkeit impliziert, das heißt, jede Person ist absoluter Selbstzweck und darf von anderen nicht gegen ihren Willen als Mittel verwendet werden; Selbstzweckhaftigkeit impliziert Selbstbesitz; das Selbstbesitzprinzip impliziert das absolute Verfügungsrecht der Individuen über sich, über ihren Köper, die Ergebnisse ihrer rechtmäßigen Erwerbungen und die Früchte ihrer Arbeit.

Uns mag der Begriff der *Self-ownership* merkwürdig erscheinen. In der rechtsphilosophischen Literatur des 17. und 18. Jahrhunderts jedoch hatte der Begriff des Selbstbesitzes einen durchaus vernünftigen Sinn. Sie war gegen das überkommene Rechtsinstitut der Sklaverei gerichtet, das ja sowohl eigentumsrechtlich als auch herrschaftsrechtlich ausgelegt wurde. *Self-ownership* war gleichbedeutend mit »Rechtlich-sein-eigener-Herr-Sein«. In der

Rede vom Selbstbesitz spiegelt sich negativ der Fremdbesitz, die Fremdherrschaft des Sklavereiinstituts. Selbstbesitz heißt also vor allen Dingen: Nichtfremdbesitz, nicht einem anderen Willen rechtlich unterworfen sein, nicht rechtlich einem fremden Willen zur Verfügung stehen. Selbstbesitz ist also ein logisch sekundärer, ein *sklavereipolemischer* Ausdruck. Keinesfalls wird mit ihm ein genuines besitzrechtliches Verhältnis zum Ausdruck gebracht. Wenn man diesen sklavereikritischen Kontext wegnimmt, verwandelt sich der Begriff sofort in eine freiheitsrechtliche Metapher ohne jede eigene eigentumsrechtliche Bedeutung. Aus meinem natürlichen Freiheitsrecht folgt, dass ich rechtmäßig nicht irgendjemandes Sklave sein kann. Aus meinem natürlichen Freiheitsrecht folgt jedoch nicht, dass ich mich selbst besitze, dass ich mein Eigentum bin. Ich gehöre niemandem, noch nicht einmal mir selbst.

Die *libertarians* stellen dies freiheitsrechtliche Konzept der *Self-ownership* in einen völlig neuen Kontext. Jetzt dient *Self-ownership* nicht mehr der Abwehr der Sklaverei, sondern der Abwehr des Steuern eintreibenden und Abgaben sammelnden Sozialstaats. Jede Minderung des Eigentums durch eine die Selbsterhaltungskosten des Rechtsstaats übersteigende Besteuerung ist aufgrund dieser radikal-freiheitsrechtlichen Voraussetzung als Angriff auf die persönliche Integrität zu werten: als Diebstahl, Raub, Zwangsarbeit oder Teilzeitversklavung. »Die Besteuerung von Arbeitsverdiensten ist mit Zwangsarbeit gleichzusetzen.«[140] Im Einzelnen legt sich Robert Nozick diese merkwürdige These so zurecht: Wenn mein Einkommen besteuert wird, dann teilenteignet der Staat die Früchte meiner Arbeit und leugnet somit meinen moralisch-rechtlichen Anspruch auf das, was ich mir erarbeitet habe. Wenn er sich über meinen moralisch-rechtlichen Anspruch auf die Früchte meiner Arbeit hinwegsetzt, dann setzt er sich auch über meinen Anspruch auf meine Talente, Fähigkeiten und körperlichen Kräfte hinweg, dann teilenteignet er meine Begabungen. Wenn er aber mein Eigentum an meinen Begabungen verletzt, dann verletzt er auch mein Eigentum an mir selbst, dann verletzt er meine *Self-ownership*, mein Recht, mein eigener Herr zu sein und über mich selbst verfügen zu können, dann behandelt er mich als Sklaven, als eine Sache, mit anderen Worten: Der umverteilende Wohlfahrtsstaat verwandelt seine Bürger in Teilzeitsklaven mit schwindendem Eigenzeitanteil: »Nimmt man jemandem die Früchte seiner Arbeit weg, so ist das gleichbedeutend damit, dass man ihm Stunden wegnimmt und von ihm bestimmte Tätigkeiten verlangt. Wenn jemand gezwungen wird, eine Zeitlang eine bestimmte Arbeit oder unentgeltliche Arbeit zu leisten, so wird unabhängig von seinem Willen darüber entschieden, was er tun muß und für welche Zwecke er arbeiten muß. Dadurch werden die anderen zu *Teileigentümern* des Betroffenen; sie erlangen ein Eigentumsrecht über ihn.«[141]

Ging es beim Selbstbesitzgedanken ursprünglich ausschließlich um Selbstverfügung, darum, nicht zum Gegenstand eines fremden Willens zu werden, so geht es jetzt darum, absolute Verfügungsrechte an Dingen zu begründen, das Eigentum zu verabsolutieren, es der eigenen Personsphäre zuzuordnen und so fremder Verfügung grundsätzlich zu entziehen. Bei Licht betrachtet hat also eine genaue Umkehrung stattgefunden: Sollte der proklamierte Selbstbesitz ursprünglich verhindern, dass das Selbst zum Ding wird, so dient es jetzt dazu, die Dinge zum Selbst werden zu lassen. Die Grundoperation dieser Konzeption ist die Konstitution von absoluten Verfügungsrechten durch Subjektivierung der Dinge. Das Sacheigentum wird unter den Schutz des natürlichen und unveräußerlichen Freiheitsrechts gestellt, so dass eine Verletzung des Eigentums einer Verletzung des Freiheitsrechts des Eigentümers gleichkommt. Diese libertäre Gleichsetzung von

Eigentum und Freiheit enthält den Eigentumslosen alle materialen Voraussetzungen eines selbstbestimmten Lebens vor und legt das Leben der vom Markt Ausgestoßenen in die Hände der privaten Mildtätigkeit. Sie verhöhnt überdies auch alle, die an Unfreiheit, Unterdrückung und Despotie leiden, und verspottet den Kampf um eine weltweite Geltung der Menschenrechte. Wenn der Steuerstaat, wenn das System der sozialstaatlichen Umverteilung als System der Fremdbestimmung, Freiheitsberaubung und Zwangsarbeit denunziert wird, stellt sich der libertäre Steuerbürger mit den Opfern totalitärer Fremdbestimmung, politischer Verfolgung und sozialdiktatorischer Ausbeutung auf eine Stufe. Das ist eine Verharmlosung der Politik menschenrechtsverletzender Regime. Aber sie folgt mit Notwendigkeit aus der von der *Self-ownership*-These getragenen Gleichsetzung von Mensch und Sache. In einem System des absoluten Eigentums, der absoluten kapitalistischen Verfügungsrechte ist das Eigentum dem Eigentümer nicht mehr äußerlich; der Eigentümer hat es sich einverleibt, es ist sein Körper, es ist er selbst. Kehrseite dieser Vermenschlichung des Eigentums ist die Verdinglichung der Eigentumslosen. Das absolute Eigentum teilt die Menschen und legt sie teleologisch auseinander: Die einen sind absolute Zwecke, die anderen sind ausschließlich Mittel.

Wenn wir das Freiheitsrecht aus dieser eigentumstheoretischen Engführung durch die *libertarians* befreien und die sozialen Bedingungen der Wahrnehmung des Rechts auf selbstbestimmte Lebensführung als unerlässlichen Bedeutungsbestandteil des menschenrechtlichen Freiheitsanspruchs betrachten, dann muss die sozialstaatskritische Position aufgegeben werden. Dann müssen wir im Gegenteil für einen Sozialstaat und eine von ihm verwirklichte Gerechtigkeitsordnung des unverkürzten Freiheitsrechts plädieren. Allein der Verbund von Rechtsstaatlichkeit und Sozialstaatlichkeit bietet eine effektive institutionelle Grundlage für die gesellschaftliche Verwirklichung gleicher individueller Autonomie. Dabei muss die Sozialstaatlichkeitsdimension genau zwei Komponente umfassen: zum einen die Einrichtung eines Ausbildungssystems, das es jedem gestattet, unabhängig von seinem sozialen Hintergrund seine Anlagen zu entfalten, seine Fähigkeiten zu entwickeln und sich mit Qualifikationen zu versehen, die seinen Talenten entsprechen; zum anderen eine einkommensneutrale Grundversorgung, also ein System von Wohlfahrtsrechten, die den Bedürftigen einen Anspruch auf ein hinreichend bemessenes, zur Befriedigung der basalen Bedürfnisse ausreichendes Ersatzeinkommen einräumen.

Bevor ich aber diese Gerechtigkeitsordnung des unverkürzten Freiheitsrechts ausführlicher darstelle, muss ich vorher noch einen Blick auf von Hayeks bekannte Kritik an dem »Trugbild sozialer Gerechtigkeit«[142] werfen. Denn obwohl sich meine freiheitsdienliche Vorstellung sozialer Gerechtigkeit beträchtlich von den egalitaristischen Konzepten der Verteilungsgerechtigkeit unterscheidet, teilt sie mit den Egalitaristen und auch mit den Anhängern der Befähigungs- und Teilhabegerechtigkeit die Voraussetzung, dass es einen sinnvollen Begriff der sozialen Gerechtigkeit gibt. Daher muss ich natürlich von Hayeks Argumente ernst nehmen und zurückzuweisen versuchen. Denn hat von Hayek recht, dann ist der gesamte gerechtigkeitsethische Diskurs nichts anderes als ein wortreicher Tanz um eine leere Mitte, dann sind alle miteinander konkurrierenden Interpretationen der sozialen Gerechtigkeit nur unterschiedliche Ausprägungen ein und derselben Wahnvorstellung, die ein Problem dort sieht, wo in Wirklichkeit keins existiert.

3. Der Begriff der sozialen Gerechtigkeit ist kein Trugschluss

»Mehr als zehn Jahre lang habe ich mich intensiv damit befaßt, den Sinn des Begriffs ›soziale Gerechtigkeit‹ herauszufinden. Der Versuch ist gescheitert; oder besser gesagt, ich bin zu dem Schluß gelangt, daß für eine Gesellschaft freier Menschen dieses Wort überhaupt keinen Sinn hat … Der Begriff ›soziale Gerechtigkeit‹ wird heute allgemein als Synonym für das benutzt, was bislang mit ›austeilender Gerechtigkeit‹ bezeichnet worden ist. Dieser Begriff vermittelt vielleicht eine etwas bessere Vorstellung davon, was er bedeuten kann. Und er zeigt zugleich, warum er nicht auf die Ergebnisse einer Marktwirtschaft angewendet werden kann: Es kann keine austeilende Gerechtigkeit geben, wo niemand etwas austeilt. Gerechtigkeit hat einen Sinn nur als eine Regel für menschliches Verhalten. Keine denkbaren Regeln für das Verhalten der einzelnen, die sich in einer Marktwirtschaft gegenseitig mit Gütern und Dienstleistungen versorgen, könnten eine Verteilung herstellen, von der es sinnvoll wäre zu sagen, sie sei gerecht oder ungerecht. Die Einzelnen könnten sich so gerecht wie möglich verhalten; da aber das Ergebnis, das für jeden Einzelnen dabei herauskommt, von anderen weder beabsichtigt noch vorauszusehen wäre, kann das Gesamtergebnis weder als gerecht noch als ungerecht bezeichnet werden.«[143]

Der Begriff der sozialen oder distributiven Gerechtigkeit ist für Friedrich August von Hayek nur eine semantische Luftspiegelung, eine begriffliche Illusion. Der Begriff der Gerechtigkeit, das ist der Kern seines Arguments, sei allein auf individuelles menschliches Handeln anwendbar. Damit scheiden gesellschaftliche Gesamtzustände, Verteilungsprofile als Anwendungsgebiete des Gerechtigkeitsbegriffs aus. Denn Gesamtzustände und Verteilungszustände sind nicht planbar. Sie sind das unbeabsichtigte, unvorhersehbare, zufällige Resultat unzähliger sich vernetzender Tauschhandlungen und gesellschaftlicher Interaktionen, hinsichtlich derer nur gefragt werden kann, ob sie regelgerecht, in Übereinstimmung mit den geltenden Rechtsregeln zustande gekommen sind. Sie haben kein identifizierbares, für ihre Hervorbringung verantwortlich zu machendes Subjekt. Man darf nicht den Staat mit einer Familie verwechseln und das Allokationsverhalten, das in diesem Bereich dichter sozialer Intimität am Platz ist, auf die Marktwirtschaft übertragen. Das Insgesamt der Markterträge ist eben kein Familieneinkommen, das der Haushaltsvorstand auf die Familienmitglieder gerecht verteilt. Daher ist es unsinnig, Marktergebnisse nach moralischen Gesichtspunkten zu bewerten. Die Verteilungsresultate einer spontanen Ordnung unterscheiden sich diesbezüglich nicht von den Folgen eines Unwetters oder eines Meteoriteneinschlags. Der Markt ist unverantwortlich und daher in seinen Distributionsleistungen weder gerecht noch ungerecht; es bedarf daher auch nicht einer sozialstaatlichen Korrektur markterzeugter Ungerechtigkeit, denn es gibt keine markterzeugte Ungerechtigkeit. Würden wir gleichwohl eine derartige Politik der moralischen Korrektur der Marktergebnisse verfolgen, dann würden wir uns nicht anders verhalten als der erzürnte Perserkönig Xerxes, der nach dem Verlust eines Großteils seiner Flotte den Befehl gab, das Meer auszupeitschen.

»Natürlich muß zugegeben werden, daß die Art und Weise, in der die Wohltaten und Lasten durch den Marktmechanismus verteilt werden, in vielen Fällen als sehr ungerecht angesehen werden müßte, *wenn* sie das Resultat einer absichtlichen Zuteilung an bestimmte Leute wäre. Aber dies ist nicht der Fall. Diese Anteile sind das Ergebnis eines Prozesses, dessen Auswirkung auf bestimmte Leute weder beabsichtigt noch von irgendjemandem vorgesehen war, als diese Institutionen entstanden – Institutionen, die man beibehielt, weil man fand, daß sie für alle oder die meisten die Aussichten auf Bedürfnisbefriedigung verbessern. Gerechtigkeit von einem derartigen Prozeß zu verlangen, ist offensichtlich absurd, und in einer solchen Gesellschaft bestimmte Leute dadurch auszusondern, daß man ihnen einen Rechtsanspruch auf bestimmte Anteile zubilligt, augenscheinlich ungerecht.«[144]

Dieses Argument erinnert nicht von ungefähr an Adam Smith. Es ist ein Argument von der Art der *invisible-hand*-Argumente, die den Hiatus zwischen den vielen absichtsvollen Handlungen der Individuen und dem sich durch ihre vielfältige Verflechtung ergebenden, unintendierten Gesamtzustand herausstellen. Bei Adam Smith bezeichnet die unsichtbare Hand einen anonymen, hinter dem Rücken der Bürger wirksamen Mechanismus der gesellschaftlichen Integration, Interessenharmonisierung und Gemeinwohlsicherung. Wo dieser Mechanismus tätig wird, ist das Selbstinteresse von allen moralischen Anstrengungen entlastet. Man kann sich aus der moralischen Verantwortung für das eigene Handeln stehlen, wenn die unsichtbare Hand die egoistischen Handlungen der Wirtschaftssubjekte hinter deren Rücken in die Herstellung eines Zustands wachsenden Wohlstands und gerechter Güterverteilung umlenkt.

Hayeks Argument ist gerechtigkeitssemantischen Zuschnitts und bietet eine weit weniger optimistische Variante des *invisible-hand*-Arguments. Während bei Smith die Allgemeinheit darum vernünftigerweise kein Gegenstand moralischer Sorge ist, weil diese am besten dann für sich sorgt, wenn sie von aller politischen Gesellschaftsgestaltung verschont bleibt, ist die gesamtgesellschaftliche Ordnung bei von Hayek jeder normativen Beurteilung und politischen Formierung entzogen, weil sie sich aller rationalen Herstellung widersetzt und die Grenzen menschlicher Verantwortlichkeit überschreitet. Bei Adam Smith ist die unsichtbare Hand durchaus moralisch produktiv und für die allgemein nützliche Wohlstandsmehrung verantwortlich. Bei von Hayek hingegen ist sie gerechtigkeitsethisch unbelangbar und kann für ihre Verteilungsergebnisse nicht haftbar gemacht werden. Sie bezeichnet nicht den Ort einer transindividuellen Wertschöpfung, sondern die Grenze individueller Verantwortlichkeit und moralischer Zurechenbarkeit. Lässt sich bei Adam Smith der Geltungsbereich der Moralsprache durchaus auf den Wirkungsbereich der unsichtbaren Hand ausdehnen, so bilden bei von Hayek die Verteilungsergebnisse der unsichtbaren Hand die Grenze einer sinnvollen Anwendung moralischer Begriffe. Wo sich die Spur der individuellen Handlung im strukturellen Zustand der Gesamtgesellschaft verliert, erlischt auch die Sprache von Verantwortung und Gerechtigkeit; kommt die Rede auf die Verteilungszustände der Marktgesellschaft, dann wird die Gerechtigkeit bei Hayek sprachlos.

Hayek hat aber mehr im Sinn als semantische Klarstellung. Die Sprachkritik bereitet der Ideologiekritik den Boden. Der Begriff der sozialen Gerechtigkeit besitzt in den wohlfahrtsstaatlichen Gesellschaften der Gegenwart einen großen moralpropagandistischen Wert. Er versammelt nicht nur die moralisch Feinfühligen und zuverlässig Betroffenen hinter seiner Fahne, sondern ist auch interessenpolitisch gut verwendbar und darum in den Verteilungskämpfen unseres Gruppen- und Verbändestaats von erheblichem strategischen Nutzen. Gerade darum muss er entlarvt werden; gerade darum muss gezeigt werden, dass er eine sozialistische Rattenfängerparole ist, die in Wirklichkeit das Moralempfinden zerstört, die Politik vernebelt und die Rationalität der gesellschaftlichen Diskurse zersetzt. Wenn man den Bann nicht bricht, der sich mit der allgemeinen Besorgtheit um das Schicksal der sozialen Gerechtigkeit über das ganze gesellschaftliche Leben legt, wird den Bürgern die freie Ordnung unmerklich aus den Händen gleiten.

In der sozialstaatlichen Gegenwart wird es sicherlich viele empören, das vertraute alltägliche Werk der Umverteilungsgerechtigkeit in die Nähe der sozialistischen Diktatur gerückt zu sehen. Aber die von von Hayek herausgestellten Gemeinsamkeiten zwischen Planwirtschaft und totalitärer Ideologie einerseits und dem Programm sozialstaatlicher Verteilungsgerechtigkeit andererseits sind nicht von der Hand zu weisen. In beiden Fällen haben wir es mit Gestalten einer gesellschaftlichen Globalsteuerung zu tun; in beiden Fällen wird ein Wissen beansprucht, die Entwicklung der Gesellschaft und das Zusammenspiel ihrer Segmente nach Maßgabe der vorausgesetzten moralischen und politischen Kriterien planen und kontrollieren zu können. Die Entwicklung und Gestaltung komplexer Systeme ist jedoch grundsätzlich nicht steuerbar; erst recht nicht, wenn es sich um einen Systemkomplex kooperierender liberaler Ordnungen handelt. Komplexe freiheitliche Ordnungen – wie Markt und Demokratie es sind – müssen sich selbst überlassen bleiben und entwicklungsoffen gehalten werden. Das verlangt nicht nur die politische und wirtschaftliche Klugheit, das verlangt auch das Menschenrecht. Denn menschenrechtliche Freiheit und politische und wirtschaftliche Globalsteuerung sind nicht miteinander verträglich. Die misslungenen Menschheitsbeglückungsexperimente des letzten Jahrhunderts haben das deutlich gezeigt. Die politische Steuerung muss sich mit der Etablierung einer Verfassung begnügen, die durch geeignete Koordinationsregeln und Prozessnormen für öffentliche Entscheidungen die inneren Reibungsverluste dieser Systeme möglichst gering zu halten versucht. Die selbstgesetzliche Entwicklungsdynamik dieser freiheitlichen Systeme in eine Richtung zu zwingen, ihre Evolution ethisch zu kontrollieren, ihr inhaltliche Gerechtigkeitsziele zu verordnen, führt notwendigerweise zu einem Kollaps des Gesamtsystems. Wenn interdependente, in freien Interaktionen sich horizontal vernetzende Handlungszusammenhänge von außen einem politischen oder moralischen Zwangsregime unterworfen werden, wird die systemeigene Leistungsfähigkeit zerstört, werden auch die normativen freiheitsrechtlichen Grundlagen von Markt und Demokratie unterhöhlt.

Dieser Analyse und Bewertung kann ich mich nur anschließen. Jedoch ist gegen Hayek einzuwenden, dass er aus einem richtigen Befund einen falschen Schluss gezogen hat. Aus der Unmöglichkeit einer gerechtigkeitsethischen Globalsteuerung der Wirtschaft und Gesellschaft folgt nicht die Unzulässigkeit jeder Gerechtigkeitspolitik. Denn es gibt eine Alternative zur endzustandsorientierten Gerechtigkeitspolitik, zur Gerechtigkeit als Verteilungsgerechtigkeit. Man muss nur die Blickrichtung ändern, die Aufmerksamkeit nicht auf das Ende, sondern auf den Anfang richten, nicht Ergebnis und Resultat kontrollieren, sondern die Voraussetzungen aller individuellen Berufs- und Lebenskarrieren ins Auge fassen und die anfängliche Chancenverteilung betrachten. Wenn wir staatliche Interventionen zur Korrektur der Verteilungsergebnisse ablehnen, so müssen wir nicht zugleich auch staatliche Interventionen zum Zwecke der Gestaltung der Marktzugangsbedingungen ablehnen. Der Ort der sozialen Gerechtigkeit liegt nicht in politisch erzwungenen Verteilungsresultaten, sondern in der institutionellen Rahmenordnung von Markt und Gesellschaft. Und wenn es in der Tat unsinnig ist, einen sozialgerechten Zustand dadurch zu definieren, dass er zu jedem Zeitpunkt eine gerechte Verteilung hervorbringt, so ist es doch keineswegs unsinnig, eine staatliche Ordnung dann als sozialgerecht zu bezeichnen, wenn sie durch die Bereitstellung von geeigneten Einrichtungen und Maßnahmen dafür sorgt, dass die Unterschiedlichkeit der Marktzugangsvoraussetzungen der einzelnen Individuen nach Maßgabe ihrer verschiedenen Begabungen und Talente ausgeglichen, zumindest signifikant minimiert wird. Nicht also um Verteilungsresultate geht es der freiheitsrechtlich interpretierten sozialen Gerechtigkeit, sondern um Marktzugangsbedingungen und um grundlegende Daseinsfürsorge im Fall bestehender oder eintretender Selbstversorgungsunfähigkeit. Wenn wir staatliche Interventionen zur Korrektur der Verteilungsergebnisse ablehnen, so müssen wir nicht zugleich auch staatliche Interventionen zum Zwecke der Gestaltung der Marktzugangsbedingungen einerseits und der Sicherung einer basalen Grundversorgung andererseits ablehnen.

4. Soziale Gerechtigkeit und unverkürztes Freiheitsrecht

Negative Freiheit genießen wir dann, wenn wir frei von Zwang, Gewalt und Drohung handeln und entscheiden können. Positive Freiheit hingegen zeigt sich in unserer Fähigkeit, selbstbestimmt zu handeln. Positive Freiheit genießen wir, wenn wir unser eigener Herr sind. Und dann sind wir unser eigener Herr, wenn wir unser Leben selbst bestimmen, Entscheidungen treffen. Wir wollen nicht herumgestoßen werden, nicht ins Kraftfeld äußerer Zwänge geraten, zum Spielball fremder Kräfte werden. Negative Freiheit bedeutet Herrenlosigkeit, positive Freiheit bedeutet, sein eigener Herr zu sein. Negative Freiheit bedeutet Freiheit von Fremdbestimmung, positive Freiheit bedeutet Selbstbestimmung. Dass diese beiden Bedeutungsfacetten der Freiheit auseinanderzuhalten sind, zeigt folgende Überlegung: Nicht mehr gezwungen zu werden, das zu tun, was andere wollen, impliziert mitnichten, nun das tun zu können, was man selbst will. Die Abwesenheit von Fremdbestimmung ist nicht hinreichend für Selbstbestimmung. Es gibt Selbstbestimmungshindernisse, die auch dann bestehen bleiben, wenn alle darauf verzichten, sich einander durch Gewalt, Drohung und Erpressung gefügig zu machen. Finanzielle Mittellosigkeit ist etwa so ein Selbstbestimmungshindernis; oder kognitiv-emotionale Unterentwickeltheit; oder Suchtverfallenheit; oder unzureichendes Wissen; oder Unselbständigkeit im Urteilen; oder Entscheidungsunfähigkeit; oder Analphabetismus. Diese Selbstbestimmungshindernisse sind sicherlich sehr heterogen; sie haben aber eins gemeinsam: Sie sind allesamt Ausdruck eines Mangels, eines Mangels grundlegender Selbstbestimmungsressourcen.

Der Unterschied zwischen negativer Freiheit und positiver Freiheit lässt sich auch noch anders fassen. Negative Freiheit zeigt sich vor allem als Raumbeherrschung, positive Freiheit hingegen zeigt sich vor allem als Zeitbeherrschung. Das wird deutlich, wenn wir uns die jeweiligen Unfreiheitsbilder vor Augen führen. Der sinnfälligste Ausdruck der Einschränkung der Handlungsfreiheit ist der geschlossene Raum, die Fessel, die Mündung einer Waffe, die erstarren lässt. Fessel, Zelle und Pistolenmündung lassen, auf je unterschiedliche Weise, den Bewegungsraum, den wir bei unserem Handeln in diese oder jene Richtung durchqueren, um dieses oder jenes zu tun, um diesen oder jenen Gegenstand zu verwenden, um mit diesem oder jenem Menschen zu sprechen, auf einen Punkt zuammenschrumpfen. Zwangsverursachte Unfreiheit schränkt den Bewegungsraum ein und gipfelt in völliger Bewegungslosigkeit. Mängelverursachte Unfreiheit hingegen bewirkt Zukunftsschwund. Notsituationen sind präsentistisch. Dem Notleidenden kommt die Zukunft abhanden, er ist an den Augenblick genagelt. Nur der über Autonomieressourcen Verfügende kann einen Lebensplan entwerfen, kann die Gegenwart transzendieren und sich Zukunft eröffnen.

Freiheit steht also sowohl unter der Bedingung der Abwesenheit von Zwängen als auch unter der Bedingung der Abwesenheit von Mängeln. Die erste Bedingung ist notwendig, die zweite ist hinreichend. Es ist evident, dass Zwangsabwesenheit den Charakter einer notwendigen Freiheitsbedingung hat, denn gleichgültig, ob jemand bemittelt oder mittellos, krank oder gesund, ein Urteilssouverän oder fremden Meinungen untertan ist, angesichts von Gewalt, Erpressung und Drohung schwindet alle Handlungsfreiheit. Wenn jedoch Zwangsabwesenheit die Chance zu selbstbestimmter Lebensführung eröffnet, gewinnen diese Unterschiede entscheidende Bedeutung. Dann ist es von eminenter Wichtigkeit, ob jemand bemittelt oder mittellos, gesund oder krank, zu selbständigem Urteil fähig oder ein dem Man und den Moden verfallener Mitläufer ist, über Wissen und Ausbildung verfügt oder unwissend und ungelernt und in den kognitiven zivilisatorischen Grundfertigkeiten des Lesens, Schreibens und Rechnens nicht eingeübt ist.

Nicht nur die Diktatur kann das Freiheitsrecht zur Makulatur machen. Auch im Zustand der ökonomischen Mittellosigkeit verliert das Freiheitsrecht seinen Wert. Der von mir vertretene Liberalismus geht von einem ungeteilten Freiheitsbegriff aus. Nicht nur gehören für ihn freiheitsrechtlich begründete Rechtsstaatlichkeit und eine freiheitliche Wirtschaftsordnung zusammen; auch weigert er sich, negative und positive Freiheit auseinanderzureißen. Daher ist der Liberalismus sowohl ein Befürworter des Rechtsstaats als auch ein Befürworter des Sozialstaats. Nicht die Existenz eines Sozialstaats ist für den Liberalismus ein Problem, sondern nur seine Gestaltung. Meine These lautet also: Eine konsistente Politik der Freiheit hat nicht nur für die Sicherung der negativen Freiheit im Rahmen einer rechtsstaatlichen Gesetzesherrschaft zu sorgen, ihr obliegt auch die Aufgabe, die Bürger nötigenfalls mit den erforderlichen Selbstbestimmungsressourcen zu versehen; das heißt diejenigen Bürger, die von sich aus nicht über die Ermöglichungsbedingungen von Selbstbestimmung verfügen, mit eben solchen auszustatten.

Jeder Mensch hat das Recht, über seine Kräfte und Fähigkeiten selbstbestimmt zu verfügen, ein Leben nach seinen Vorstellungen zu führen und von der Gesellschaft und seinen Mitmenschen als selbstverantwortliches Wesen respektiert zu werden. Diese autonomieethische Fassung des Freiheitsrechts verwandelt das fundamentale Menschenrecht der Freiheit in ein unverkürztes Selbstverfügungsrecht, das eine bürgerrechtliche Anspruchsgrundlage begründet, die ihrerseits zur Bereitstellung von Sozialleistungen, zur Bereitstellung eines interimistischen Ersatzeinkommens bei Erwerbslosigkeit verpflichtet. Hier handelt es sich nicht nur um schiere Existenzsicherung, hier ist ein anspruchsvolleres sozialstaatliches Leistungsniveau verlangt, geht es doch um eine Versorgung, die die Aufrechterhaltung der bürgerlichen Lebensform gestattet.

Selbstverfügung, Selbstbestimmung, ein Leben nach eigenen Vorstellungen zu führen verlangt mehr als Existenzgarantie, als die Sicherung der Möglichkeit, am Leben zu bleiben. Selbstbestimmung verlangt den Besitz materieller Ressourcen, verlangt Optionen und Alternativen. Es ist evident, dass der Umfang dieses hinreichenden materiellen Güterbesitzes, die Höhe des Ersatzeinkommens für Selbstversorgungsunfähige inhaltlich nicht absolut und ein für alle Mal festgestellt werden kann. Es lässt sich nur eine formale Bestimmung angeben: Es muss ausreichend sein, um am gesellschaftlichen Leben teilzunehmen und ausgrenzende Armut zu verhindern. Daher wird unterschiedlicher gesellschaftlicher Wohlstand zu unterschiedlichen Transferzahlungen führen müssen. Näherhin muss seine inhaltliche Ausgestaltung der politischen Entscheidung und ihrer Überwachung und Kontrolle durch die Sozialgerichte überlassen bleiben. Dabei werden abermals Gerechtigkeitsgrundsätze in Anwendung kommen müssen, vornehmlich Gerechtigkeitsgrundsätze der proportionalen Gleichheit, die auf eine Ausdifferenzierung von Pauschalzahlungen drängen, etwa Ungleichbehandlung für ungleiche Lebensverhältnisse verlangen und darum die Unterschiedlichkeit von Lebenshaltungskosten in verschiedenen Städten und Regionen berücksichtigt wissen wollen oder auf die unterschiedlichen Kosten reagieren, die Kinder in ihren verschiedenen Entwicklungsetappen verursachen.

Ist es eine legitimationsentscheidende Aufgabe des Staates, für die Voraussetzungen einer selbstbestimmten Lebensführung seiner Bürger zu sorgen, dann darf er sich nicht mit Umverteilung begnügen. Aus freiheitsrechtlicher Perspektive darf sozialstaatliches Engagement nicht monetaristisch verkürzt werden, Gerechtigkeit nicht von den Ergebnissen der Umverteilungsmaschine abhängig gemacht werden. Sozialstaatliche Gerechtigkeit muss zumindest auf zwei Feldern politische Initiative und institutionelle Fantasie entwickeln: auf dem Gebiet der Beschäftigungspolitik und auf dem Gebiet der Ausbildung. Denn zum einen ist der Selbsterhaltung ermöglichende Arbeitsplatz autonomieethisch dem Bezug von sozialstaatlichen Transfereinkommen grundsätzlich vorzuziehen. Zum anderen ist die Entwicklung der Fähigkeiten und Fertigkeiten die Voraussetzung für selbstbestimmte Lebensführung. Nur aus der Anspannung der eigenen Kräfte, aus der selbstbeanspruchenden Leistung lässt sich Selbstgenuss und Selbstwert gewinnen. Daher verlangt ein freiheitsrechtlicher

Sozialstaat sowohl offensive Arbeitsmarktpolitik als auch die Etablierung und Pflege eines horizontal wie vertikal hinreichend ausdifferenzierten Ausbildungssystems.

Dieses Plädoyer für sozialstaatlich garantierte grundlegende Versorgungsleistungen lässt sich noch durch den Nachweis bekräftigen, dass nicht nur normativ-freiheitsrechtliche Argumente für die Etablierung einer sozialstaatlichen Grundversorgung sprechen, sondern auch das rationale Eigeninteresse der Bürger diesen Schritt über den Rechtsstaat hinaus verlangt. Man darf davon ausgehen, dass Regeln dann als gerecht gelten können, wenn sie im wohlverstandenen Selbstinteresse aller Betroffenen liegen. Das ist die Grundidee der neuzeitlichen Vertragstheorie. Und ist es nicht vernünftig anzunehmen, dass sich alle Bürger auf die Etablierung sozialstaatlicher Versorgungs- und Versicherungssysteme einigen würden? Alle Menschen müssen damit rechnen, in Not geraten und nicht mehr für sich selbst sorgen zu können; sie können krank werden oder arbeitslos; es kann sie das Schicksal der Invalidität ereilen, sie werden älter.

5. Progressive Einkommensteuer, gesellschaftliche Kooperation und Benutzungsgebühr

Friedrich August von Hayek hat die These vertreten, dass die progressive Einkommensteuer eine moralisch verwerfliche Erfindung des Neides sei: Als Instrument der Schlechterstellung Mehrhabender befriedige sie ausschließlich die niedrigen Instinkte aller Wenigerhabenden. Denn weder ökonomische noch gerechtigkeitsethische Argumente ließen sich für ihre Sache vorbringen. Ökonomisch sei sie zuhöchst unvernünftig, weil sie das für die

Finanzierung des Fortschritts notwendige Kapital dem Markt entziehe, die Risikobereitschaft einschläfere und den sozialen Aufstieg durch Reichtumsbildung verhindere. Und moralisch sei sie zutiefst bedenklich, da sie gleiche Leistungen unterschiedlich belaste, weil sich ja die Besteuerung auf Gesamtjahreseinkommen und nicht auf einzelne Leistungen beziehe und die Höhe des Gesamtjahreseinkommens beträchtlich differieren könne, obwohl die Teilleistungen gleich seien. Mit einem Wort: Die progressive Einkommensteuer verletze den Gleichheitsgrundsatz, da sie dafür sorge, dass die Nettoentlohnungen gleicher Leistungen ungleich werden. Würde man zudem die steuerlichen Belastungen gleicher Einkommen in unterschiedlichen Gesellschaften vergleichen, würde man auf eine weitere Ungleichheitssünde der progressiven Einkommensteuer stoßen, die ebenfalls mit gravierenden ökonomischen Nebenwirkungen versehen sei. Denn da sich in der Ausgestaltung des Progressionssystems nach von Hayek die Vorstellung von einem gebührenden Einkommen spiegelt, diese Vorstellung des Gebührenden aber vom ökonomischen und kulturellen Lebenskontext abhängig ist, würden arme Gesellschaften den Einkommensstarken weitaus weniger zugestehen als reiche Gesellschaften und damit die, die sie am dringendsten für ihre Entwicklung brauchten, die Fähigen und Erfolgreichen, aus dem Lande treiben. Da dieser Aderlass irgendwann einmal nicht mehr hinzunehmen sein wird, wird die Politik ihre Zwangsmittel einsetzen, um ihn zu verhindern. So sorgt dann die progressive Einkommensteuer dafür, dass der willkürlichen Herrschaft über das Einkommen der *beati possidentes* die willkürliche Herrschaft über Leib und Leben der Person folgen wird. Das Gegenmittel von Hayeks lautet »Demokratie«: Das System der progressiven Einkommensteuer sollte durch ein System des Höchststeuersatzes abgelöst werden, dessen Höhe durch die Majorität der Steuerzahler festgelegt werden sollte.[145] Wie alle *libertarians* ist auch von Hayek ein Anhänger der Radikaldemokratie, der möglichst viele, zumindest alle ausgabenträchtigen, die Einkommen der Bürger betreffenden Entscheidungen unmittelbar in die Hände der Betroffenen legen möchte.

Ich möchte im Folgenden eine gerechtigkeitsethische Verteidigung einer progressiven Einkommensteuer für einen freiheitsdienlichen Sozialstaat skizzieren. Dabei mache ich von einer Sichtweise Gebrauch, die alles andere als extravagant ist und zum Wissensfundus des gesunden Menschenverstandes gehört. In ihrem Mittelpunkt steht die These von der dialektischen Abhängigkeit von Individuation und Sozialisation. Anders ausgedrückt: Der Mensch wird nicht aus eigenen Kräften zu dem, was er sein kann. Er ist von Natur aus auf Sozialität angelegt und in seiner Entwicklung von stabilen, gedeihlichen Sozialbeziehungen abhängig. Diese These erinnert an die Trivialität, dass sich Menschen erst in der Gemeinschaft vervollständigen, dass die Selbstverwirklichung der Individuen nur im Gleisnetz der selbstbestimmten Handlungen anderer möglich ist.

Gesellschaftliche Kooperation hat viele Facetten; neben der gütermehrenden ökonomischen Kooperation gibt es auch die identitätsbildende, perfektionistische, das heißt uns voranbringende ethische Kooperation. Durch die eine gelangen wir zu dem, was wir haben; durch die anderen werden wir das, was wir sein können. Wir alle sind Nutznießer der gesellschaftlichen Kooperation auf mehreren Ebenen. Ohne das gedeihliche Klima einer entwicklungsfreundlichen Kooperation könnten wir grundsätzlich nicht die Anlagen, Fähigkeiten und Talente zur Entfaltung bringen, die in uns schlummern. Es bietet sich darum an, den egalitaristisch-kollektivistischen Gedanken vom Gemeinschaftsbesitz der Begabungen und Talente umzukehren, gegen den

Strich zu lesen. Die Gesellschaft ist nicht die ideelle Gesamtbesitzerin aller Talente, Fähigkeiten und Fertigkeiten ihrer Mitglieder, sondern die Mitglieder benutzen die Gesellschaft für ihre privaten Zwecke. Und auch hier ist es so, dass gerade die Hochtalentierten von der Gesellschaft profitieren, denn nur eine komplexe, ausdifferenzierte Gesellschaft mit hochentwickelten wissenschaftlichen, künstlerischen und technisch-wirtschaftlichen Sektoren enthält die erforderlichen perfektionistischen Anreize und Herausforderungen, kann der außergewöhnlichen Begabung ein geeignetes Entwicklungsmilieu bieten. Insofern korrespondiert der Besserstellungsabgabe der wirtschaftlich Erfolgreichen im Rahmen des Gemeinbesitzgedankens eine Benutzungsabgabe für gesellschaftliche Talententwicklung und Begabungstraining im Rahmen des Gedankens gesellschaftlicher Entwicklungshilfe. Hier existiert ein stabiles Verhältnis der Wechselseitigkeit: Nicht nur verwendet die Gesellschaft die wirtschaftliche Leistungsfähigkeit der natürlich Bevorzugten in gerechtigkeitspolitischer Absicht; ebenso verwenden insbesondere die natürlich Bevorzugten das gesellschaftliche Anreiz-, Entwicklungs- und Bildungssystem zur Vervollkommnung ihrer natürlichen Anlagen. Daher kann man anstatt von einer kollektiven Bewirtschaftung der individuellen Talente auch von einer individuellen Benutzung sozialer Vervollkommnungsagenturen sprechen.

Diese Umkehrung des Gemeinbesitzgedankens, dieser Wechsel von der Talentpoolbewirtschaftung der Verteilungsgerechtigkeit zur perfektionistischen Ausnutzung des Kooperationssystems, liefert auch eine Rechtfertigung einer progressiv gestaffelten Einkommensbesteuerung, mit der sich die Polemik der *libertarians* gegen die Steuerprogression zurückweisen lässt. Diese Begründung stützt sich auf die Vorstellung einer Benutzungsgebühr, die im Rahmen einer progressiven Einkommensteuer entrichtet und für die Finanzierung der freiheitsrechtlichen Ausfallbürgschaft verwendet wird, die der liberale Sozialstaat in bürgerlicher Solidarität übernimmt. In dem Gedanken der Benutzungsgebühr ist die Überlegung enthalten, dass der karrierepolitisch erfolgreiche Einsatz der natürlichen Fähigkeiten, Talente und Begabungen ebenso wie die positive Verzinsung günstiger sozialer Startbedingungen abhängig von einem gut funktionierenden, hinreichend ausdifferenzierten und politisch stabilen, durch allgemeine Anerkennung getragenen sozio-ökonomischen Kooperationssystem ist. Ebenso wie eine Wachstumsökonomie dem Kapital gute Verwertungsmöglichkeiten bietet, eröffnet ein entwickeltes gesellschaftliches Kooperationssystem den individuellen Anlagen, Talenten und Begabungen gute Entfaltungsbedingungen, für die eine Benutzungsgebühr zu entrichten ist. Und dass dabei die Einkommensstärkeren größere Benutzungsabgaben zu entrichten haben als die Einkommensschwächeren, versteht sich von selbst. Denn der, der am meisten von den günstigen Entfaltungschancen eines kooperativen Systems profitiert, muss auch, das ist das Grundgebot proportionaler Gerechtigkeit, die höchsten Benutzungsgebühren entrichten. Natürlich ist das Ausmaß des systemabhängigen Lebenserfolgs nicht objektiv festzustellen, ist ein Vergleich karrierepolitischer Bilanzen mit denselben Schwierigkeiten behaftet wie der notorische interpersonelle Nutzenvergleich. Aber wir benötigen eine operationelle Größe. Daher müssen wir auf das Einkommen zurückgreifen und seine Höhe zum Erfolgsmaß der individuellen Lebenskarriere erklären.

Natürlich ist mit diesem Argument nicht jedes System der progressiven Einkommensteuer legitimiert. Mir ging es nur darum, den grundsätzlichen Gedanken der Proportionalität von Einkommenshöhe und Steuerbelastung gerechtigkeitsethisch plausibel zu machen. Damit will ich keinesfalls leugnen, dass viele Steuersysteme in hohem Maße ungerecht sind, obwohl sie grundsätzlich am Progressionsprinzip festhalten. Aber das besagt dann eben wenig, wenn das Progressionsprinzip durch ein Dickicht von Ausnahmebestimmungen in seinen Auswirkungen abgeschwächt oder gar pervertiert wird. Wenn es möglich ist, wie etwa ein milliardenschwerer amerikanischer Großinvestor kürzlich mitteilte, dass er mit Hilfe seiner Steueranwälte seine steuerliche Belastung auf einen Bruchteil des gesetzlichen Höchststeuersatzes herunterrechnen könne, so dass er sich – auf den prozentualen Steuersatz bezogen – besser stehe als jeder seiner Direktoren, Abteilungsleiter und Angestellten bis hinunter zu seinem Hausmeister, dann ist das Steuersystem gerechtigkeitsethisch völlig aus dem Lot. Und dann ist es auch verständlich, dass viele für die Idee der steuerlichen Flatrate empfänglich werden, denn ein – durchaus auch gerechtigkeitsethisch – großer Vorzug dieses Konzepts liegt natürlich darin, dass aufgrund der radikalen Vereinfachung alle Möglichkeiten des Steuerabzugs, die die Begüterten mittels ihrer Steuersenkungsspezialisten wahrnehmen können, wegfallen. Es gibt dann nur noch zwei Bezugsgrößen: die Höhe der individuellen Einnahmen einerseits und der für alle gleiche Steuersatz andererseits.

6. Chancengleichheit

Die Vorstellung, dass jeder seines Glückes Schmied ist, kann als mutverstärkende Parole in Phasen persönlicher Niedergeschlagenheit durchaus sinnvolle Verwendung finden. Aber jenseits solcher Situationen psychologischer Rückenstärkung, als allgemeine Aussage genommen, ist sie anthropologisch absurd. Die Wahrheit über den Menschen ist vielmehr, dass er keinesfalls seines Glückes Schmied ist. Sein Lebenserfolg hängt von der Gunst vielfältiger Faktoren ab, von der Qualität der Lebenserfolgsressource, die er selbst ist, aber auch und vor allem von entgegenkommenden Umständen, die die Entwicklung seiner Anlagen, Begabungen und Talente, die Entdeckung dauerhaft befriedigender Interessen befördern, die also die Entwicklungschancen, den Freiheitsraum und den kompetitiven Erfolg seiner Lebensentwurfsrealisierung dadurch bestimmen, dass sie ihm gestatten, durch die Ermöglichung des Erwerbs von Wissen und Fertigkeiten, von sozialer Kompetenz und Selbstbehauptungsfähigkeit einen Vorrat an Autonomieressourcen anzulegen.

Der Grundsatz der freiheitsrechtlich begründeten sozialen Gerechtigkeit lautet daher: Die institutionellen Rahmenbedingungen individuellen Lebens sind so zu gestalten, dass alle Bürger nicht nur vor dem Gesetz gleich sind, sondern auch annähernd gleiche Lebenschancen vorfinden, das heißt, die annähernd gleiche Chance haben, sich in entsprechenden Ausbildungseinrichtungen in eine ihren Talenten, Fähigkeiten und Begabungen angemessene lebenskarrierepolitische Startposition zu bringen. Während die Verteilungsgerechtigkeit eine endzustandsgerichtete Gerechtigkeitsform ist, ist Chancengleichheit eine voraussetzungsorientierte Gerechtigkeitsform. Während die Verteilungsgerechtigkeit ihrer Utopie materialer Gleichheit folgt und den Ertrag korrigiert, den wir durch Einsatz unserer Ressourcen erwirtschaftet haben, den Bessergestellten nimmt und den Schlechtergestellten gibt, schaut die Chancengleichheit auf die Startbedingungen der Lebens- und Berufskarrieren und bemüht sich, hier für annähernde Gleichheit zu sorgen. Chancengleichheit ist die Gerechtigkeit einer freiheitlichen Lebensordnung.

Die Grundlage einer Politik der Chancengleichheit ist ein Regelsystem, das die Verteilung gesellschaftlicher Positionen, verbandspolitischer Funktionsmacht, politischer Ämter, berufshinführender Ausbildungs- und beruflicher Arbeitsplätze so organisiert, dass gleich begabte und gleichermaßen leistungswillige Kandidaten annähernd gleiche Chancen haben, die entsprechenden Positionen und Ämter zu erlangen, unabhängig von ihrer sozialen Herkunft, ihrer ökonomischen Mitgift, ihrem Geschlecht, ihrer sexuellen Orientierung, ihrer religiösen und kulturellen Prägung. Chancengleichheit erklärt jede den Zugang zu Ämtern, Posten und Beschäftigungsstellen reglementierende Diskriminierung für gerechtigkeitsethisch unzulässig. Chancengleichheit schließt jede Form von intentionaler, also willentlich betriebener wie auch struktureller, also anonym wirksamer Bevorzugung und Benachteiligung aufgrund von gerechtigkeitsethisch bedeutungslosen Eigenschaften wie Geschlechts-, Religionszugehörigkeit und ethnische Herkunft aus. Chancengleichheit existiert dann, wenn der Wettbewerb offen ist und ausschließlich das sachliche Anforderungsprofil der Ämter und sozialen und ökonomischen Positionen den Auswahlprozess dirigiert.

Übrigens: Wie brauchbar der Begriff der Chancengerechtigkeit für die normative Orientierung der Politik ist, zeigt sich auch daran, dass Chancengerechtigkeit nicht nur sozialpolitische Konsequenzen, sondern auch wirtschaftspolitische Implikationen hat. Denn die von den Theoretikern der sozialen Marktwirtschaft geforderte Wettbewerbsordnung ist wesentlich eine, die auf dem Markt durch Unterbindung von Monopolismus und Subventionismus für Chancengleichheit sorgt. Nur in einem durch faire Wettbewerbsregeln geordneten Marktgeschehen kann sich ein wohlstandsmehrender Leistungswettbewerb entfalten. Monopolismus und Subventionismus behindern den Wettbewerb und zerstören damit die in antagonistischer Kooperation und kompetitiver Produktivität enthaltenen wirtschaftlichen und gesellschaftlichen Wachstums- und Fortschrittspotenziale. Es ist evident, dass Subventionismus und Verteilungsgerechtigkeit Versuchungen darstellen, derer sich die Parteipolitik kaum erwehren kann: Beide sind überaus effektive Instrumente einer Benevolenzpolitik, deren Einsatz seine Wirkung auf das Wahlvolk sicherlich nicht verfehlen wird. Beide verdanken sich auch derselben gerechtigkeitsethischen Fehleinschätzung, die Gerechtigkeit vor allem als staatliches Reagieren auf wirtschaftliches Ungemach versteht, die Gerechtigkeit also nicht als moralische Qualität von institutionellen Gefügen und Rahmenordnungen erblickt, sondern als Aufforderung zu Handlungsprogrammen der Hilfe. Dabei ist der Subventionismus nicht nur gerechtigkeitsethisch fragwürdig, sondern auch ökonomisch. Wie häufig zeigt sich auch hier, dass das Gerechtigkeitsdienliche und wirtschaftlich Vernünftige an einem Strang ziehen. Subventionen sollen Marktentscheidungen aufhalten, sollen nicht mehr wettbewerbsfähigen Strukturen ein Überleben am Markt ermöglichen, das aus eigener wirtschaftlicher Kraft nicht mehr gesichert werden kann. Aber die Erfahrung zeigt immer wieder, dass die subventionsfinanzierte Erhaltung von Marktverlierern die Wirtschaft eines Landes nicht voranbringt, sondern zurückwirft.

Weiterhin verlangt die Chancengleichheit ein allgemein zugängliches und hinreichend ausdifferenziertes, für unterschiedliche Begabungslagen und Talentausstattungen offenes Erziehungs- und Ausbildungssystem. Freilich muss das staatliche Engagement hier unter der Voraussetzung stehen, dass weder konkurrierende Angebote des Marktes unterdrückt noch der optimierende Einsatz ökonomischer Instrumente bei der Bestandspflege des Schul- und Universitätssystems aus Gründen einer imaginären sozialen Gerechtigkeit verboten werden dürfen. Dieser allgemeine Zugang zu schulischer, beruflicher und universitärer Erziehung und Ausbildung impliziert jedoch keinesfalls den Verzicht auf Studiengebühren für den Besuch staatlicher Universitäten. Im Gegenteil: Chancengleichheit verlangt aus Gerechtigkeitsgründen Studiengebühren.

Anhängern der Chancengleichheit wird immer wieder vorgehalten, dass sich aufgrund der Verschiedenheiten der natürlichen Begabungsausstattung der Heranwachsenden, der ökonomischen Situation und des Ausbildungsengagements ihrer Eltern und des allgemeinen kulturellen Milieus, in dem sie ihr Leben zu leben lernen, Chancengleichheit nicht herstellen lasse. Chancengleichheit, so meinen die Kritiker dieses Begriffs, sei letztlich eine Utopie, die darüber hinwegsähe, dass all diese Faktoren, die die Berufs- und Lebenserfolgaussichten der Individuen nachhaltig prägen würden, nicht nivelliert, in ihren Auswirkungen nicht neutralisiert werden könnten. Die einen seien von der Natur reich beschenkt worden und wachsen womöglich noch in einer begüterten Familie auf, die anderen sind von der Natur hingegen eher stiefmütterlich behandelt worden und dazu verurteilt, in einer Unterschichtfamilie ihr Leben zu beginnen. Und diese im einen Fall begünstigenden, im anderen Fall benachteiligenden Bedingungen ließen sich nicht ausgleichen, also könne es keine Chancengleichheit geben.

Dieser Einwand ist fraglos richtig. Eine Chancengleichheitspolitik, die all die hier genannten natürlichen, sozialen und kulturellen Unterschiede einebnen könnte, gibt es nicht. Wie wir gesehen haben, hat der Egalitarismus Derartiges versuchen wollen und kompensatorische Arrangements entwickelt, um die Benachteiligungs- und Bevorzugungseffekte der natürlichen, sozialen und kulturellen Unterschiede auszugleichen. Aber natürlich konnte auch der Egalitarismus nur die Umverteilungsmaschinerie anwerfen und nachträgliche Ausgleichszahlungen anbieten. Diese nachträglichen Ausgleichszahlungen lassen aber die reale Benachteiligung und die reale Bevorzugung gänzlich unberührt. Chancengleichheit im Sinne einer radikalen Startgleichheit kann es nicht geben. Und das ist nur zu begrüßen. Denn nur am genetischen Fließband produzierte und in riesigen staatlichen Erziehungsbaracken herangezogene Kinder würden diese Startgleichheit besitzen. Wenn aber die Realisierung der in dem Einwand in Anspruch genommenen Position nur in einer schauerlichen Uniformitätsutopie denkbar ist, fällt der Einwand in sich zusammen. Man muss ihn nicht erst nehmen. Dies übrigens umso weniger, als der Einwand mit den oben behandelten egalitaristischen Positionen die Überzeugung teilt, dass Gerechtigkeit etwas mit Kompensation zu tun hat, mit der Entschädigung der Benachteiligten durch die steuerpolitisch realisierte Schlechterstellung der Bevorzugten. Dieser Gedanke aber muss aufgeben werden. Soziale Gerechtigkeit muss sich vom Verteilungsmodell verabschieden.

Wenn wir den Begriff der Chancengleichheit von dieser Kompensationspflicht befreien, dann gelangen wir zu einem Chancengleichheitskonzept, das die unterschiedlichen natürlichen, sozialökonomischen und kulturellen Gegebenheiten der kindlichen Existenz hinnimmt und mit ihnen rechnet. Es geht nicht darum, diese Unterschiede auszugleichen, sondern ein hinreichend ausdifferenziertes Erziehungssystem mit hinreichend adressatenaufmerksamen Ausbildungs- und Förderprogrammen zu entwickeln, um jedem Kind die seiner Begabungssituation entsprechende Ausbildung zu gewährleisten. Dabei wäre auch daran zu denken, die Dimension der beruflichen Bildung zu stärken. Chancengleichheit heißt nicht Startgleichheit, sondern gleiche Chance auf eine qualifizierte, die individuelle Begabungssituation berücksichtigende und entwickelnde Ausbildung. Die Gefahr der Chancenungleichheit rührt nicht von unterschiedlichen natürlichen und sozio-kulturellen Gegebenheiten her. Sie erwächst aus einem Ausbildungssystem, das nicht gepflegt, sondern heruntergewirtschaftet, durch eine verfehlte Sparpolitik verwüstet wird. Dann erst entsteht eine gerechtigkeitsethisch bedenkliche Kluft zwischen zwei Bildungsklassen, zwischen einer Bildungsoberschicht und einer Bildungsunterschicht, wenn die öffentlichen Schulen und Universitäten so sehr herunterkommen, das sie ihrem Erziehungs- und Ausbildungsauftrag nicht mehr gerecht werden können und ihren Schülern die Chance auf Berufskarriere und selbstbestimmte Lebensführung vorenthalten.

Ein wichtiges Element dieses hier umrissenen gerechtigkeitsethischen Bildungskonzepts ist auch die Abwehr jeder ideologischen Beeinflussung der Bildungspolitik. Erziehung und Ausbildung haben sich ausschließlich auf die Entwicklung der intellektuellen, emotionalen und sozialen Kapazitäten zu beziehen und jeden Schüler so zu nehmen, wie er ist. Die Schule ist kein Experimentierfeld für gesellschaftliche Reformvorstellungen und Egalisierungsprogramme. Das heißt nicht, dass es keine Revision der Lern- und Lehrinhalte geben darf. Im Gegenteil: Eine Anpassung der Curricula an die sich verändernde gesellschaftliche Realität, eine Verstärkung der Bemühung, die Heranwachsenden mit den Entscheidungsbereichen, Machtfeldern und Wirklichkeitsregionen vertraut zu machen, die das Leben aller bestimmen, ist wünschenswert. Schulen sollten daher etwa vermehrt ökonomisches und finanzwirtschaftliches Grundwissen vermitteln und einer internetgerechten Medienpädagogik genügend Raum geben. Sie sollten aber nicht missbraucht werden für gesellschaftspolitische Zwecke, etwa die Fortsetzung der Politik der Verteilungsgerechtigkeit mit anderen Mitteln. Jede Form einer kompensatorischen Erziehung ist menschenrechtswidrig, degradiert den Schüler zu einem Objekt staatlicher Egalisierungsprojekte. Der Lehrer ist kein Handicapper, der durch gezielte Benachteiligung der Begünstigten und durch positive Diskriminierung der Zukurzgekommenen einen imaginären Ausgleich herzustellen hat. Auch sollte die Schule nicht durch eine angeblich wissenschaftliche Didaktik in Geiselhaft genommen werden, die den ratlosen, aber unendlich reformbereiten Politikern im schnellen Wechsel immer neue Wege zu einer vorgeblich immer gerechteren Erziehungssituation weist und mit Ganzheitsmethode, Rechtschreibreform, phonetischer Schreibweise und Schreibschriftabschaffung mittlerweile eine Ausbildungssteppe geschaffen hat, in der die Kinder orientierungslos umherirren.

Man wirft Anhängern der Chancengleichheit oft vor, dass sie mit ihrem Bemühen um lebenskarrierepolitische Chancengleichheit und einen fairen Wettbewerb vor der kapitalistischen Wirklichkeit kapitulierten und die Berufskarriere in der kompetitiven Markgesellschaft zur Selbstverwirklichungsnorm erheben und all die anderen Weisen, ein gelingendes Lebens zu führen, missachten würden. Es ist jedoch zu bedenken, dass die Wirklichkeit, in der wir leben, in der Tat die einer kapitalistischen Gesellschaft ist, und für all die vielen, die weder über besondere künstlerische Fähigkeiten des Selbst- und Weltausdrucks verfügen oder sich als Erbe eines hinreichend großen Vermögens um ihr Auskommen keine Sorgen machen müssen, bleibt keine andere Möglichkeit, als sich den gegebenen Bedingungen zu fügen und sich in den Wettbewerb um Posten, Ämter und Arbeitsstellen zu stürzen und auf diese Weise mit einem Einkommen, aber auch mit gesellschaftlicher Anerkennung und Selbstachtung zu versehen. Die Erwerbsgesellschaft bildet unter den gegebenen Bedingungen den nicht transzendierbaren Horizont normaler lebensethischer Erfüllung. Gerade darum muss eine Politik der Chancengleichheit für einen fairen Wettbewerb sorgen und beispielsweise durch eine Ausweitung der Kinderbetreuungsmöglichkeiten die Berufstätigkeitschancen von verheirateten und alleinerziehenden Müttern und Vätern zu verbessern versuchen.

7. Befähigung und Teilhabe

Der liberale Anhänger einer freiheitsrechtlichen Chancengleichheit ist nicht der einzige Kritiker der sozialstaatlichen Wirklichkeit und des sie beherrschenden Bewusstseins. Die Überzeugung, dass die sozialstaatliche Gemeinschaft ein neues gerechtigkeitsethisches Denken verlangt, breitet sich immer weiter in der Gesellschaft aus. Immer mehr halten das überkommene monetaristische, sich allein an der Höhe der unterschiedlichen Transferzahlungen orientierende Distributionsparadigma für überlebt. Angesichts der Finanzierungsschwierigkeiten, die eine Fortsetzung der Umverteilungspolitik aus dem völlig überschuldeten Füllhorn der Sozialpolitik bereitet, bietet es nicht länger eine wirtschaftlich und politisch akzeptable Orientierung. Zudem ist das Distributionsparadigma auch moralisch unbefriedigend. Das belegt einerseits die seit einiger Zeit selbst aus den Reihen der Politik zu hörende Rede vom aktivierenden Sozialstaat, der das alte Programm der finanziellen Abfederung der Marktrisiken durch ein neues Programm des Forderns und Förderns ersetzen möchte. Der aus der Beschäftigung Gefallene soll nicht nur einfach versorgt werden, er soll durch entsprechende Angebote zur Selbstaktivierung, zur Aufrechterhaltung seiner Markttauglichkeit bewegt werden. Darin drückt sich eine gänzlich neue moralische Erwartungshaltung der Gesellschaft aus: Der Nutznießer des aktivierenden Sozialstaats soll Selbstverantwortung übernehmen und sich zugleich als ein der Gesellschaft gegenüber Verpflichteter begreifen.

Die Rolle des gegenleistungsfrei konsumierenden Klienten ist aufzugeben zugunsten eines neuen Verständnisses vom Aktivbürger, der an seiner Optimierung mitzuarbeiten hat. Dieser Adressat des neuen aktivierenden Sozialstaats gleicht dem nicht zum Einsatz kommenden oder gar ohne Vertrag bleibenden Profifußballer, der sich bereithalten will und daher während seiner beschäftigungslosen Zeit die gleichen Trainingsleistungen erbringen muss wie sein auflaufender Kollege.

Das belegt andererseits auch das Auftauchen neuer Gerechtigkeitskonzepte, die wie das Programm der Chancengerechtigkeit das Distributionsparadigma ablehnen und die Aufgabe der sozialen Gerechtigkeit vor allem in der Sicherung der Möglichkeiten erblicken, die Fähigkeiten des Einzelnen zu entwickeln und am bürgerlichen Leben teilzunehmen.[146] Diese Konzepte stützen sich auf zwei anthropologische Thesen: Erstens gehen sie davon aus, dass Menschen Wesen sind, die sich entwickeln und reifen können, die Fähigkeiten und Talente haben, die durch geeignete Ausbildung, durch geeignete soziale Umstände verbessert werden können. Menschen sind da nicht anders als Blumen: Wenn die richtigen Nährstoffe zur Verfügung stehen, genügend Sonnenlicht einfällt und die Temperatur und die Feuchtigkeit der Umgebung stimmen, dann blühen sie; wenn diese zuarbeitenden Bedingungen fehlen, verkümmern sie. Aber anders als die Blumen leiden Menschen daran, wenn sie ein Leben in der Verkümmerung verbringen, und haben Freude an sich und ihrem Leben, wenn sie ihre Fähigkeiten entwickeln und zeigen können. Jedermann, das ist die zweite These, erscheint ein Leben sinnvoller und wertvoller, das ihm gestattet, seine Fähigkeiten und Talente zu entwickeln, sich zu vervollkommnen, zu verbessern. Sinnvoller und wertvoller erscheint es uns, weil unsere Fähigkeiten und Fertigkeiten ja keine identitätsexterne Kontingenzen sind, sondern uns wesentlich ausmachen und wir uns daher in ihrer Ausübung und Anwendung, in der Anspannung unserer Kräfte erweitern und uns in dieser Selbsterweiterung genießen. Aus diesen zwei Thesen wird dann die folgende moralische Konsequenz gezogen: Ein menschenwürdiges Leben ist ein solches Leben, das den Menschen die Möglichkeit einräumt, ihre Fähigkeiten, Begabungen und Talente zu entwickeln. Entsprechend ist eine politische Ordnung dann einer anderen vorzuziehen, wenn sie durch geeignete Programme des Förderns und Forderns auch den Bürgern die Möglichkeit zur Entwicklung ihrer Fähigkeiten einräumt, die von Hause aus zu dieser Entwicklung nicht in der Lage sind.

Daher muss eine gerechte Ordnung des Zusammenlebens über rechtsstaatliche Freiheitssicherung und sozialstaatliche Daseinsvorsorge hinausgehen. Die muss sich um die grundlegenden Interessen des ganzen Menschen kümmern. Und zu diesen gehört eben nicht nur das Interesse an Freiheit, körperlicher Unversehrtheit und basaler Versorgung, sondern auch ein Interesse an Entwicklung, an Beförderung der Fähigkeiten und Fertigkeiten. Die Konzepte der Beteiligungsgerechtigkeit und der Befähigungsgerechtigkeit unterscheiden sich von der hier dargelegten Theorie der Chancengleichheit nicht sonderlich; sie verlagern nur die Akzente und entwickeln andere, teils christlich-personalistische, teils aristotelische Begründungen. Während die liberal-freiheitsrechtliche Perspektive das Augenmerk auf das souveräne Individuum richtet, das sich in allgemein zugänglichen Bildungs- und Ausbildungsinstitutionen mit den notwendigen Autonomieressourcen für eine selbstbestimmte, selbstverantwortliche Lebensführung versehen soll, erblicken die Anhänger der Beteiligungsgerechtigkeit in dem Individuum vor allem das gesellschaftliche Wesen, das durch Beteiligung am gesellschaftlichen Leben ein reicheres, erfüllteres Leben führen wird, das dazugehören möchte und sich durch die gelebte Zugehörigkeit und erfahrene Anerkennung bestätigt findet. So hieß es im Beschluss der Vollversammlung des Zentralkomitees der Deutschen Katholiken vom 23. Mai 2006, durchaus in Übereinstimmung mit dem Text »Das Soziale neu denken« der deutschen Bischöfe vom Dezember 2003: »Mehr Beteiligungsgerechtigkeit – das heißt: Die Jugendlichen haben die Pflicht, sich um die Kenntnisse und Fähigkeiten zu bemühen, die sie zur Teilnahme am gesellschaftlichen Leben befähigen. Sie haben aber auch ein Recht auf diese Teilnahme. Daraus erwächst für die Gesellschaft die Verpflichtung zur Befähigung, das heißt die Voraussetzungen zu schaffen, die es jungen Menschen ermöglichen, ihre Fähigkeiten zu entwickeln und einen Beitrag zur Gesellschaft zu leisten.«

Bemerkenswert ist, dass in der Konzeption der Beteiligungsgerechtigkeit auch eine individuenadressierte Pflichtkomponente zu finden ist, die es den Individuen zur Aufgabe macht, sich durch Wahrnehmung der Ausbildungs- und Beteiligungschancen als anerkennungswürdiges Mitglied zu erweisen. Für den Unterstützer der Chancengleichheit betont diese Pflichtkomponente vor allem die Unerlässlichkeit, sich für sein Leben verantwortlich zu fühlen und die Konsequenzen seiner Entscheidungen zu akzeptieren. Was für die soziale Marktwirtschaft im Großen gilt, gilt auch für jedes Individuum im Kleinen: Freiheit impliziert Haftungsverantwortlichkeit. In dem Maße, in dem sich Individuen, aber auch Wirtschaftssubjekte an systemisch wichtigen Knotenpunkten über dieses Gebot verantwortlichen Freiheitsgebrauchs hinwegsetzen, die Gewinne ihres Freiheitsgebrauchs einstreichen, die Kosten ihres Freiheitsgebrauchs jedoch auf andere abwälzen, in dem Maße erweisen sie sich als dem anspruchsvollen moralischen Programm der sozialen Marktwirtschaft nicht gewachsen. Aber diese hier kurz berührten Unterschiede fallen nicht ins

Gewicht. Bemerkenswerter ist die sehr tiefgehende Gemeinsamkeit: die Abkehr von Distributionsparadigma, die Überzeugung, dass der Sozialstaat neu definiert werden muss, nicht als Verteilungs- und Versorgungsunternehmen verstanden werden darf, sondern als Befähigungsveranstaltung, die die Individuen durch geeignete institutionelle Regelungen und Förderungseinrichtungen instand setzt, ein eigenverantwortliches und zufriedenstellendes, weil auf dem Genuss eigener Fähigkeiten und der Anspannung eigener Kräfte gründendes Leben zu führen, an der Gesellschaft teilzuhaben und sich durch soziale Anerkennung tragen zu lassen.

Ich fasse zusammen: Die Verwirklichung eines gerechten, weil freiheitsdienlichen, aktivierenden und befähigenden Sozialstaats stützt sich auf drei Säulen:

1. Eine in ihrem Ausmaß nicht ein für alle Mal festzulegende, sondern von kulturellen und ökonomischen Voraussetzungen abhängige Grundversorgung, die die – aus welchen Gründen auch immer – Selbstversorgungsunfähigen mit einem Ersatzeinkommen ausstattet, das zur Befriedigung der grundlegenden Bedürfnisse ausreicht. Diese Daseinsfürsorge hat nichts mit einem kompensatorischen Umverteilungsprogramm zu tun, orientiert sich an der menschlichen Bedürftigkeit, nicht an einer Vorstellung materialer Gleichheit.
2. Die Bereitstellung eines leistungsstarken und hinreichend ausdifferenzierten Ausbildungssystems und anderer auf die je besondere Natur der Gesellschaft ausgerichteter Institutionen und Maßnahmen, die zu einer Verbesserung der Startchancen der Individuen führen.
3. Eine produktive Beschäftigungspolitik, die Arbeitsplätze schafft; dabei sind all die Maßnahmen zu übernehmen, die der ökono-

mische Sachverstand seit langem vorschlägt, und all die beschäftigungspolitischen Barrieren abzubauen, die im Laufe des ausufernden Sozialstaats der letzten Jahrzehnte aufgebaut worden sind.

Wichtiger aber noch als diese drei Politikprogramme ist für die Verwirklichung eines freiheitsdienlichen Sozialstaats eine entsprechende mentalitätspolitische Revision des Denkens in der Gesellschaft. Es muss durch politische und moralische Bildung den bequemen Vorurteilen begegnet werden, dass zum einen der Markt ein Feld des Unmoralischen und zum anderen der Staat für alles zuständig sei. Erst wenn die Bürger ein angemessenes Verständnis von Markt, Wirtschaft und Politik besitzen, wenn sie begreifen, dass der Markt selbst eine anspruchsvolle moralische Ordnung ist und Politik nicht Schicksalsausgleich, sondern lediglich Freiheitsdienst ist, der den Menschen die rechtsstaatlichen und sozialstaatlichen Voraussetzungen für eine selbstverantwortliche Lebensführung liefert, wird der freiheitliche, der Chancengleichheit verpflichtete Sozialstaat eine Verwirklichungschance haben.

VIII. Gerechtigkeit und Gesundheitsversorgung

Ich habe oben, zu Beginn des Gerechtigkeitsteils, zwischen problembezogenen Gerechtigkeitsideen, sozialpolitischen Gerechtigkeitsfragen und großformatigen Gerechtigkeitsdiskursen unterschieden. Ich habe deutlich gemacht, dass diese verschiedenen Ebenen der gerechtigkeitsethischen Selbstverständigung der Gesellschaft in mancher Hinsicht unabhängig voneinander sind, sich aber gleichwohl in der Darstellung und Beurteilung konkreter Probleme übergeordnete Gerechtigkeitsvorstellungen ausdrücken können. Diese prägen die Problemsicht und die Natur der Problemlösungen. Daher kommen unterschiedliche Gerechtigkeitskonzeptionen zu unterschiedlichen Lösungsansätzen. Im Folgenden werde ich zeigen, wie sich das Gerechtigkeitsproblem auf der Reformbaustelle der Gesundheitsversorgung aus der Perspektive der freiheitsdienlichen Gerechtigkeitskonzeption der Chancengleichheit darstellt. Im systematischen Mittelpunkt steht der Begriff des Lebensvoraussetzungsgutes. Gesundheit ist ein solches Gut. Und da für all diese Güter gilt, dass sie nicht ausschließlich über den Markt verteilt werden dürfen, gilt auch für die Gesundheit, dass eine gerechte Gesellschaft eine Gesundheitsversorgung anbieten muss, die einkommensneutral und von der Marktposition der nachfragenden Patienten unabhängig ist. Diese kollektive Gesundheitsversorgung kann sich aber nur auf den Bereich der gesundheitlichen Grundleistungen beziehen. Sie muss mit einem differenzierten privaten Versicherungsmarkt kombiniert werden, der die notwendigen Anreizsysteme für die Entwicklung privater Gesundheitsverantwortung entwickeln wird.

Eine Theorie der gerechten Gesundheitsversorgung muss zuerst die Systemfrage klären. Welchem Verteilungsmodell soll die medizinische Versorgung übertragen werden? Hier ist eine begründete Entscheidung zwischen drei Optionen zu treffen. Die erste Option ist die des reinen Marktes; sie besagt, dass die Verteilung der medizinischen Güter ausnahmslos privatwirtschaftlich organisiert werden soll. Die zweite Option ist die des absoluten Wohlfahrtsstaats; sie besagt, dass die medizinische Versorgung der Bevölkerung ausschließlich aus öffentlichen Mitteln finanziert wird oder im Rahmen einer allumfassenden gesetzlichen Sozialversicherung erfolgen soll. Da ist drittens die Option einer angemessenen Mischung privater und öffentlicher Versorgungsformen. Ich behaupte nun, dass es gute Gründe für die Vorzugswürdigkeit der dritten Option gibt, also für ein Gesundheitssystem, das eine marktunabhängige Grundversorgung mit einem differenzierten privaten Versicherungsmarkt kombiniert und dadurch sowohl dem gleichen Recht eines jeden auf einen fairen Anteil an einer öffentlichen Gesundheitsversorgung als auch dem liberalen Prinzip selbstverantwortlicher Daseinsgestaltung und Zukunftsvorsorge Rechnung trägt.

1. Das Argument vom Marktversagen

Die medizinische wie ökonomische Qualität gesellschaftlicher Gesundheitsversorgung ist in hohem Maße davon abhängig, dass der medizinische Leistungsbereich von dem wissenschaftlichen Wissenserwerb in der Grundlagenforschung bis zur flächendeckenden, nichtexklusiven Basisversorgung aller Bevölkerungsteile als ein Gut betrachtet und behandelt wird, das öffentlicher Natur ist, dessen Nutzen unteilbar allen zugute kommt. Bei der Produktion derartiger Güter von großer externer Nützlichkeit, die von der inneren und äußeren Sicherheit bis zur bekömmlichen natürlichen Umwelt reichen, erweist sich der Markt bekanntlich als ineffizient. Ebenso wenig vermag er auf Zustände angemessen zu reagieren, die sich durch gesamtgesellschaftliche Schädlichkeit auszeichnen und in hohem Maße Kosten verursachen. Weder auf Epidemien und ansteckende Krankheiten noch auf eine signifikante Verschlechterung des Gesundheitszustandes von Kindern oder Armen könnte der Markt angemessene Antworten bereitstellen. Spezialisiert auf die Produktion und Verteilung privater Güter wird er keinen Anreiz für die Abwendung kollektiv-extern schädlicher und die Herbeiführung kollektiv-extern nützlicher Zustände entwickeln. Daher kann weder die Entwicklung der medizinisch-technischen Kompetenz noch die Sorge um die Volksgesundheit dem Markt überlassen bleiben. Da sich medizinisch-technische Ratlosigkeit bei Epidemien ebenso wie mangelnde Volksgesundheit, hohe Kinderkränklichkeit und armutsbedingte unzureichende Gesundheitsversorgung auch als ökonomisch überaus nachteilig erweisen, ist der Markt um seines eigenen Leitkriteriums der ökonomischen Effizienz willen genötigt, zum Staat Zuflucht zu nehmen, die Gesundheitsversorgung kollektiv zu organisieren und eine einkommensabhängige medizinische Grundversorgung zu gewährleisten.[147] Aus ökonomischer Perspektive lässt sich also die Etablierung einer solidargemeinschaftlichen Gesundheitsversorgung durchaus als effizienzsteigernde Strategie verstehen: Individuen haben nur zwei Möglichkeiten, ihre Nutzenpositionen zu verbessern, durch den Erwerb privater Güter zum einen und durch die Etablierung eines Systems öffentlicher Güter zum anderen.

Mit dieser ökonomischen Entscheidung für die Etablierung eines kollektiven Gesundheitswesens ist freilich keine Festlegung zugunsten eines ausschließlich staatlichen Systems verbunden, im Gegenteil: Die um Effizienzsteigerung bemühte Betrachtung, die eine ausschließlich über den Markt gehandelte Gesundheitsversorgung ablehnt, muss aus den gleichen Gründen auch eine ausschließlich staatliche Gesundheitsversorgung ablehnen. Denn ein ausschließlich über Steuern finanziertes Gesundheitssystem produziert komplementäres Staatsversagen, das sich sowohl in ökonomischen als auch moralischen Kosten niederschlägt. Zum einen werden aufgrund der bekannten Unehrlichkeits-, Fahrlässigkeits-, Verschwendungs- und Überkonsumtionseffekte die Kosten ganz schnell die Grenze der Finanzierbarkeit überschreiten, was zu Budgetierung, Festlegung von Honorarobergrenzen und Leistungsrationierung führt. Zugleich ist dieses System auch das rationierungsfreundlichste, denn die Abwesenheit aller marktförmigen Elemente schwächt die ökonomische Leistungskraft und wird Quantität und Qualität der medizinischen Versorgung den Restriktionen des politischen Opportunismus ausliefern. Zum anderen wird dieses *Single-Payer-System* auch beträchtliche moralische Kosten erzeugen, da es die Fähigkeit der Bürger zu einem eigenverantwortlichen, für die Folgen der eigenen Entscheidungen einstehenden Leben aushöhlt und keinerlei Anreiz enthält, private Gesundheitsverantwortlichkeit zu entwickeln. Führt man die beiden hier nur angedeuteten Argumentationsstränge vom komplementären Markt- und Staatsversagen zusammen, dann erweist sich das Mischmodell aus marktunabhängiger medizinischer Grundversorgung und privater Gesundheitsverantwortung im Rahmen eines privaten Versicherungsmarktes als sowohl ökonomisch wie auch moralisch vorzugswürdig, verknüpft es doch einen Egalitarismus kollektiver Basisversorgung mit einem Liberalismus privater Zusatzversorgung.

2. Gesundheit als Lebensvoraussetzungsgut

Ein weiteres Argument für einen egalitären Versorgungssockel gewinnen wir, wenn wir die Natur des Gutes Gesundheit näher betrachten. Denn die Gesundheit ist keinesfalls ein Bedürfnis unter anderen. Wie Frieden, Freiheit, Sicherheit und das Leben selbst ist Gesundheit ein transzendentales Gut. Wir haben oben diese Güterart unter dem Titel der Lebensvoraussetzungsgüter bereits kennengelernt. Von derartigen Gütern gilt allgemein, *dass sie nicht alles sind, alles aber ohne sie nichts ist.* Sie besitzen einen Ermöglichungscharakter; ihr Besitz muss vorausgesetzt werden, damit die Individuen ihre Lebensprojekte überhaupt mit einer Aussicht auf Minimalerfolg angehen, verfolgen und ausbauen können. In Zeiten der Normalität sind sie unauffällig, denn dann sind wir uns ihres Besitzes sicher und achten in der Routine des Lebensalltags nicht sonderlich auf sie. Wenn sie uns jedoch knapp werden und wir darum in existenzielle Grenzsituationen und Notlagen geraten, dann bilden sie den einzigen Inhalt unserer Sorge. Alle anderen Interessen verblassen dann, der Erwerb und Wiedererwerb dieser Lebensvoraussetzungsgüter wird zum ausschließlichen Ziel unseres ganzen Bestrebens.

Wir haben mit diesen Lebensvoraussetzungsgütern offenkundig ein vorzügliches Mittel an der Hand, um die Gerechtigkeit von Gesellschaften zu untersuchen. Eine Gesellschaft, in der eine selektive Unterversorgung mit diesen Gütern anzutreffen ist, verdient keinesfalls das Prädikat einer wohlgeordneten Gesellschaft. Eine gerechte Gesellschaft wird daher auch nicht die Versorgung mit diesen Lebensvoraussetzungsgütern dem Markt überlassen können. In einer absoluten, durch keine marktexternen Verteilungsregeln eingeschränkten Marktgesellschaft wird der Marktpreis zum einzigen Verteilungskriterium aller Güter werden und daher auch der Besitz der Lebensvoraussetzungsgüter immer funktional abhängig von der Marktmacht der Einzelnen sein. Das aber widerstreitet dem gleichen Anspruch der Individuen auf diese Lebensvoraussetzungsgüter. Es bedarf also einer marktexternen Instanz, die dafür Sorge trägt, dass jedermann über einen sicheren Fundus an Lebensvoraussetzungsgütern verfügt, das heißt seines Lebens sicher ist, vor dem Recht als Gleicher gilt, im Falle der Selbstversorgungsunfähigkeit mit einem Ersatzeinkommen rechnen darf, eine medizinische Grundversorgung erhält und freien Zugang zu Ausbildungseinrichtungen genießt. Diese marktexterne Instanz ist der Staat. Der Staat ist geradezu als Institution der Institutionen der Inbegriff der kollektiv-kooperativen Bereitstellung dieser Lebensvoraussetzungsgüter.

Aber nicht nur das gelingende Leben der Individuen ist von Voraussetzungen abhängig, die sie nicht auf eigene Faust sichern können und deren Bereitstellung daher kollektiv-kooperativer Anstrengungen bedarf. Auch Wirtschaft und Gesellschaft ruhen auf Voraussetzungen, die in der kompetitiven und individualistischen Geschäftsroutine nicht nur nicht kontinuierlich reproduziert werden können, sondern sukzessiv ausgehöhlt werden und insbesondere in Zeiten wachsender Konflikte einem rapiden Schwund ausgesetzt sind. Zu diesen Voraussetzungen gehören: sozialer Frieden, politische Loyalität, demokratischer Konsens und eine stabile, alle Systembereiche von der kapitalistischen Wirtschaft über den Rechtsstaat bis zur sozialstaatlichen Bürokratie umfassende Legitimitätsüberzeugung der Bürger. Es ist offenkundig, dass diese beiden Klassen von Grundgütern kausal zusammengehören: Eine eklatante Unterversorgung an Gütern der ersten Klasse führt zu einer Unterversorgung an Gütern der zweiten Klasse. Wachsende rechtsfreie Räume, andauernde Massenarbeitslosigkeit, prekäre Lebensverhältnisse voller Zukunftsangst werden zu Loyalitätserosionen führen, Legitimitätsüberzeugungen ins Wanken bringen und den Konsens zerbrechen lassen. Angesichts solcher Zusammenhänge erweist sich Gerechtigkeit auch als präventives zivilgesellschaftliches Krisenmanagement.

Die These, dass die Gesundheit ein Lebensvoraussetzungsgut sei, die Befriedigung der Gesundheitsbedürfnisse daher nicht ausschließlich über den Markt erfolgen darf, evoziert einen Einwand. Bedürftigkeitsorientierte Überlegungen besitzen einen alles umarmenden Charakter und entbehren aller Abgrenzungsschärfe. Menschliche Bedürftigkeit ist plastisch und in hohem Maße kulturimprägniert, sozial codiert und interpretationsabhängig. Das gilt auch für den Begriff des Gesundheitsbedürfnisses. Liefern wir den Leistungsumfang des mit Hilfe des transzendentalen Charakters des Gesundheitsgutes begründeten solidarischen Gesundheitssystems den vorhandenen Gesundheitsbedürfnissen der Individuen und ihren gegebenen Versorgungspräferenzen aus, dann droht das Gesundheitswesen alle öffentlichen Mittel zu verschlingen und ökonomisch zu kollabieren. Um dieser Gefahr zu begegnen, muss die semantische Offenheit des Begriffs des Gesundheitsbedürfnisses verringert und die Orientierung an den faktischen Versorgungspräferenzen, der faktischen Nachfragesituation, aufgegeben werden. Nur dann kann das Argument vom transzendentalen Charakter des Gesundheitsgutes gerettet werden, wenn das Gesundheitsbedürfnis standardisiert wird, wenn wir dem Begriff des Gesundheitsbedürfnisses eine objektive, sich an dem Kernbereich der biologischen Funktionalität ausrichtende und von den faktischen Präferenzen unabhängige Bedeutung geben.

Das öffentliche Gesundheitswesen kann seinen Leistungsumfang nicht den Horizonten subjektiver Befindlichkeiten anpassen. Der das marktkritische Argument tragende Ermöglichungscharakter des Gesundheitsgutes muss anthropologisch ausgelegt werden. Nur durch die Einbeziehung anthropologischer, sich an grundlegenden biologischen Funktionsbedingungen orientierender und über alle subjektiven Befindlichkeitsurteile hinwegsetzender Kriterien lässt sich dem Begriff des Gesundheitsgutes eine objektive Bedeutung geben. Anderenfalls verliert der Begriff alle Kontur. Die hier erforderliche Grenzziehung ist nicht schwierig. Mit Hilfe des Kriteriums des intersubjektiv zuschreibbaren und objektiv wichtigen Gesundheitsbedürfnisses lässt sich der Bereich des Gesundheitsbedürfnisses, der einer Bestimmung des Leistungsumfangs eines öffentlichen medizinischen Versorgungssystems zugrunde gelegt werden muss, leicht ermitteln.

Die Bestimmungen der intersubjektiven Zuschreibbarkeit und der objektiven Wichtigkeit beleuchten sich wechselseitig. Niemand vermag von außen eine vollständige Beschreibung der Bedingungen des körperlich-seelischen Wohlbefindens eines Subjektes zu geben. Aber jeder wird bestimmte Bedürfnisse benennen können, die jedermann notwendigerweise hat, die daher extern oder intersubjektiv zugeschrieben werden können. Und dann gelingen intersubjektive Bedürfniszuschreibungen, wenn sich diese auf objektiv wichtige Bedürfnisse beziehen, auf den Zustand des biologischen und daher empirisch verallgemeinerbaren Fundaments unserer Bedürftigkeit gerichtet sind und der Pflege oder Wiederherstellung grundlegender körperlicher Funktionen und Fähigkeiten gelten. Der Umfang der biologischen Basisfunktionalität definiert den für das Gesundheitswesen relevanten Krankheitsbegriff. Nicht das subjektive Wohlbefinden, das subjektive Dringlichkeitsgefühl, sondern der ordnungsgemäße Zustand unserer biologischen Grundfunktionen und Grundfähigkeiten bestimmt die dem Ermöglichungscharakter des Gesundheitsgutes eingeschriebene Zielausrichtung. Gesundheit gehört zu den lebenslangen Bedürfnissen, besitzt einen Ermöglichungscharakter für die Lebensführung der Individuen, da weitgehend unbeeinträchtigtes, normales körperliches Funktionieren und die Ausübung grundlegender Fähigkeiten ohne nennenswerte Leistungseinbußen eine für jegliche Lebensgestaltung unerlässliche Kontinuitäts- und Gelingensvoraussetzung sind. Und insofern ein Gesundheitssystem eine marktunabhängige medizinische Grundversorgung garantiert, die sich vor allem um eine Wiederherstellung sämtlicher krankheitsbedingt beeinträchtigten Kapazitäten und Fähigkeiten der humanbiologischen Normalfunktionalität als unabwendbarer Bedingung jeder Lebensführung bemüht, ist es gegenüber einer ausschließlich Marktmechanismen beanspruchenden Versorgung ethisch vorzugswürdig.

3. Vertragsargument

Das folgende Gedankenexperiment der amerikanischen Wirtschaftswissenschaftler Emery K. Hunt und Howard J. Sherman zeigt eindrucksvoll, warum es beträchtliche gerechtigkeitsethische Bedenken gibt, die Verteilung medizinischer Versorgungsleistungen gänzlich den Marktgesetzen zu unterwerfen: »Wir stellen uns eine Gesellschaft auf einer Insel vor, die von Zeit zu Zeit von einer Seuche heimgesucht wird, die allerdings nur für Kinder gefährlich ist. Aus früheren Erfahrungen weiß man, daß ihr etwa 80 Prozent Kinder erliegen. Man verfügt auf der Insel auch über einen Impfstoff, der die Sterbewahrscheinlichkeit verringert, wenn er vor Ausbruch der Seuche verabreicht wird. Infiziert sich ein ungeimpftes Kind, so stirbt es mit einer Wahrscheinlichkeit von 90 Prozent. Bei einer Impfung reduziert sich die Sterbewahrscheinlichkeit auf 10 Prozent, bei zwei Impfungen auf 8 Prozent, bei drei auf 6 Prozent und bei vier auf 5 Prozent. Erhöht man die Anzahl der Impfungen über vier hinaus, so ändert sich nichts mehr, und die Sterbewahrscheinlichkeit bleibt bei 5 Prozent. Nehmen wir an, auf der Insel gibt es 1000 Kinder, und die Inselbewohner haben bis zu den ersten Anzeichen eines Ausbruchs der Seuche 1000 Einheiten des Impfstoffes hergestellt. Er muß sofort verabreicht werden, wenn das Leben der Kinder gerettet werden soll. Welches Verteilungssystem sollten die Inselbewohner für dieses höchst wichtige und knappe Gut anwenden? Wenn die Regierung der Insel den Impfstoff so rationiert, daß jedes Kind eine Impfung erhält, so würde sich vermutlich folgendes ergeben: 800 Kinder werden erkranken; da aber jedes Kind geimpft ist, werden nur 80 sterben und 920 werden die Epidemie überleben.«[148]

Nun gehen wir davon aus, dass die Einkommensverteilung auf der Insel der Einkommensverteilung in westlichen Industrienationen entspricht. Die Inselbewohner überlassen das Verteilungsproblem dem Marktmechanismus des kapitalistischen Wirtschaftssystems, so dass sich der Impfstoff wie das Einkommen verteilt. Das Resultat wäre: Die 250 Kinder mit den reichsten Eltern werden je vier Mal geimpft. Von ihnen werden etwa 200 erkranken, 10 davon tödlich. 600 der übrigen 750 Kinder werden ebenfalls erkranken, und 540 von ihnen (das sind 90 Prozent der erkrankten übrigen 600 Kinder) werden sterben. Geht man also von der ungleichen Einkommens- und Vermögensverteilung eines privatwirtschaftlichen Systems aus, so würden die Inselbewohner 450 Kinder retten, und 550 würden der Seuche zum Opfer fallen. Wenn sie jedoch den Markt als Verteilungssystem aufgeben würden, könnten die Inselbewohner 920 von 1000 Kindern retten.

Die intuitive gerechtigkeitsethische Einsicht, die diese Geschichte vermittelt, lässt sich mit Hilfe des berühmten Gedankenexperiments vom Gesellschaftsvertrag bekräftigen. Eine Verteilung ist dann gerecht, wenn sie nach Standards erfolgt, die für alle Beteiligten von einem unparteilichen Standpunkt aus annehmbar sind. Nur aus einer unparteilichen Perspektive können Regeln ermittelt werden, die gleichermaßen benachteiligungs- und bevorzugungsunempfindlich sind und einem jeden einen fairen Anteil an dem zu verteilenden knappen Gut garantieren. Hätte man die Eltern auf der Insel vor der Verteilung gefragt, nach welchen Regeln der Impfstoff unter den Kindern verteilt werden soll, hätten sich die begüterten Eltern sicherlich für das Verteilungsprinzip des Marktes ausgesprochen, da es unter den gegebenen Bedingungen ihren Interessen am besten dienen würde. Würden die reichen Eltern jedoch im Rahmen eines weiteren Gedankenexperiments die Erinnerung an ihren Reichtum verlieren und nicht mehr wissen, ob sie reich oder arm sind, dann würden sie sich fraglos für eine solidargesellschaftliche Organisation der Verteilung zumindest im Bereich der medizinischen Grundversorgung entscheiden, die niemanden bevorzugt oder benachteiligt, sondern jedem Mitglied der Gemeinschaft einen fairen Anteil an den Gesundheitsversorgungsleistungen sichert.

Verallgemeinern wir diese Überlegung und fragen uns, auf welches Gesundheitswesen sich rational ihre Interessen verfolgende Individuen unter den Bedingungen der Unparteilichkeit einigen würden. Und diese Unparteilichkeitsbedingung kann dadurch erfüllt werden, dass man die Individuen, die über die Etablierung eines Systems von Verteilungsregeln für medizinische Versorgungsleistungen zu entscheiden hätten, unter einen *Schleier der Unwissenheit* steckt. Dadurch wird ihnen alles Wissen über sich genommen, das ihnen eine parteiliche Wahl erlauben würde. Unsere Gründer eines gerechten gesundheitlichen Versorgungssystems wissen von sich also nichts, sie kennen weder ihre biologische noch ihre soziale Position, wissen nicht, ob sie jung oder alt, reich oder arm sind, sie kennen auch nicht ihre körperliche und seelische Verfassung, wissen nicht, ob sie eine kränkliche Disposition oder eine robuste Gesundheit besitzen, sie kennen weder die Krankheitsgeschichte ihrer Familie noch ihren Beruf, ihren Arbeitsplatz und ihre Wohngegend. Sie wissen nur Allgemeines: dass Menschen mit Krankheit und Unfall zu rechnen haben, dass Krankheit und Unfall beträchtlich unerwünscht sind, da sie die Leistungsfähigkeit und das körperliche und geistige Befinden erheblich beeinträchtigen und einen ganzen Reigen negativer Folgen hervorrufen können, vom Schmerz über die temporäre oder bleibende körperliche Funktionsschädigung bis zur Ausgrenzung aus der gesellschaftlichen Alltäglichkeit und bis zum Tod. Weiterhin kennen sie den transzendental-konditionalen Charakter des Gutes der Gesundheit und seinen objektiven Ort in der menschlichen Präferenzordnung. Sie wissen, dass der Besitz des Gutes der Gesundheit Voraussetzung des Erwerbs aller anderen Güter ist. Und sie wissen natürlich auch, dass das Gesundheitsbedürfnis ein vorsozial-natürliches und daher lebenslang währendes und mit zunehmendem Alter an Dringlichkeit zunehmendes Bedürfnis ist, so dass späte Altersgruppen Gesundheitsversorgungsleistungen stärker nachfragen werden als jüngere. Im Fall einer Entscheidung für ein öffentliches Gesundheitswesen muss dies notwendigerweise zu einem Gerechtigkeitsproblem hinsichtlich der Transferzahlungen zwischen den Altersgruppen führen und die Frage einer altersbedingten Versorgungsrationierung zumindest bei fortschreitender gesellschaftlicher Überalterung aufwerfen. Die Gerechtigkeitsplaner eines Gesundheitsversorgungssystems wissen außerdem, dass jeder ein starkes Interesse hat, möglichst schnell wieder einen stabilen und anhaltenden Gesundheitszustand zu erreichen und eine dem Krankheitsbefund angemessene und von den je vorliegenden medizintechnischen Möglichkeiten her erlaubte medizinische Versorgung zu erhalten.

Es scheint mir plausibel, dass sich innerhalb dieses vertragstheoretischen Szenarios folgende Standardüberlegung entwickeln wird: Da ich nicht weiß, ob ich reich oder arm sein werde, möchte ich nicht, dass die Befriedigung meines fundamentalen Gesundheitsbedürfnisses von der Höhe meiner finanziellen Mittel abhängt. Damit ist der Markt durch das Solidargemeinschaftsprinzip ersetzt: Die Verteilung der Gesundheitsversorgungsleistungen wird nicht über den Marktpreis reguliert, sondern orientiert sich direkt an der Bedürftigkeit; und die Finanzierung des Gesundheitsversorgungssystems wird in die Hände der politischen Gemeinschaft gelegt. Weiterhin gilt: Die Ausrichtung am Bedürfnisprinzip impliziert die grundsätzliche Priorität des Bedürftigeren. Das aber heißt, dass im Falle knappheitsbedingter Rationierungsnotwendigkeiten der Bedürftigere vor dem weniger Bedürftigen Vorrang hat. Weiterhin werden wir vor dem Hintergrund, dass die Krankheit eine Beeinträchtigung unserer Lebensführungskompetenz darstellt, auch bei der Entscheidung für Rationierungsstrategien auf die gesamte Lebensspanne blicken und die unterschiedlichen Bereiche innerhalb eines durchschnittlich langen Lebens entsprechend gewichten. Das wird zu einer Entscheidung führen, die eine altersgruppenrelative Ungleichheit der finanziellen Belastung in Kauf nimmt und die Jugend und die Lebensmitte gegenüber einer weitaus kostenträchtigeren medizinischen Verwaltung des Alters im Allgemeinen und altersbedingter Spezialkrankheiten im Besonderen bevorzugt.

Wie sich gezeigt hat, können wir mit dem Gedankenexperiment des Gesellschaftsvertrags eine Argumentation entwickeln, die überzeugende Gründe für eine einkommensneutral verteilte und folglich solidargemeinschaftlich finanzierte Gesundheitsversorgung bereitstellt. Doch ist mit dieser nachgewiesenen Gerechtigkeitspräferenz für ein öffentliches Gesundheitswesen noch nichts Genaueres über den Charakter und Inhalt des individuellen Anspruchs, die Höhe der korrespondierenden Verpflichtung der Gemeinschaft und das Ausmaß der Versorgungsleistungen gesagt. Was umfasst der jedem zustehende faire Anteil an den öffentlichen Gesundheitsversorgungsleistungen?

4. Kein Versorgungsmaximalismus

Die oben entwickelten Argumente haben bereits angedeutet, dass das gleiche Recht auf einen fairen Anteil an öffentlichen Gesundheitsversorgungsleistungen keine maximalistische Lesart erlaubt. Eine maximalistische Interpretation dieses Basisrechts überdehnt den Gerechtigkeitsbegriff. Die gerechtigkeitstheoretisch motivierte wohlfahrtsstaatliche Einschränkung des Marktsystems der Tauschbeziehungen impliziert weder eine Politik der Maximierung des Gesundheitsnutzens noch eine Politik der Sicherung einer gleichen Gesundheitsversorgung für alle. Sie muss sich mit der Gewährleistung einer gleichen und einkommensneutral erhältlichen medizinischen Grundversorgung für alle begnügen. Wenn der Wohlfahrtsstaat seine dirigistischen Befugnisse über diese Grundversorgungsgarantie hinaus ausdehnt, wird das Selbstbestimmungsrecht der Individuen, das mit dem Recht auf eigenverantwortliche Daseinsgestaltung, Zukunftsplanung und Risikovorbeugung auch das Recht umfasst, über sein Einkommen, seinen Lohn, seine Vermögens- und Transaktionsgewinne selbst zu verfügen, auf ethisch nicht mehr zulässige Weise eingeschränkt.

Politiker und Standesvertreter pflegen unverdrossen die beste Gesundheitsversorgung für alle zu verlangen. Forderungen dieser

Art sind sich des Wählereinverständnisses sicher und gehören daher zum Standardrepertoire wohlfahrtsstaatlicher Rhetorik. Jedoch ist die Forderung nach einer maximalen Gesundheitsversorgung überaus gedankenlos. Maximale Gesundheitsversorgung ist weder in ökonomischer noch in ethischer Hinsicht ein erstrebenswertes Ziel. Ein fairer Anteil an den öffentlichen Gesundheitsversorgungsleistungen impliziert keinesfalls einen Anspruch auf maximale Gesundheitsversorgung. Er impliziert noch nicht einmal einen Anspruch auf einen gleichen Zugang zu den grundsätzlich verfügbaren Gesundheitsversorgungsleistungen. Denn einen solchen Anspruch einzuräumen bedeutete, ein Gesundheitsversorgungssystem aufzubauen, das an jedem Punkt der Gesellschaft die gleiche Leistungsdichte aufweist und das gleiche Angebotsniveau bereithält. Der hier Anwendung findende Gleichheitsbegriff bezieht sich lediglich auf einkommensbegründete Zugangsbarrieren, nicht jedoch auf Zugangsbarrieren anderer Art. Es ist der Gleichheitsbegriff, der aus dem Kriterium eines einkommensneutralen Zugangs zu allen verfügbaren Versorgungsleistungen ableitbar ist und alle ökonomische Diskriminierung ausschließt.

Es ist legitim, den Gesetzgeber auf das Prinzip maximaler individueller Freiheit zu verpflichten und eine möglichst geringe Regulationsdichte des gesellschaftlichen Lebens zu verlangen. Es ist aber moralisch nicht vertretbar, eine maximale Gesundheitsversorgung zu verlangen, würde diese doch zu einer Monopolisierung des Ressourcenverbrauchs durch medizintechnischen Fortschritt und Ausbau des Versorgungsnetzes führen. Alle gesundheitstechnischen Verbesserungspotenziale müssten ausgeschöpft werden bis zu dem Zeitpunkt, an dem der gesundheitliche Grenznutzen gegen null geht. Die politische Gemeinschaft würde nur noch in medizintechnische Optimierung, Verbesserung der medizinischen Versorgungseinrichtungen und Ausbau der Pflegestationen investieren. Sie würde eine obsessive Politik der Maximierung des Gesundheitsnutzens betreiben und jede medizinische Maßnahme in ihr Versorgungsprogramm aufnehmen, wie gering auch immer ihr gesundheitlicher Nutzen und wie kostspielig auch immer ihre Anwendung sein mag. Die Minimierung des Gesundheitsrisikos, die Minimierung der Wahrscheinlichkeit von Tod und Krankheit ist weder für Individuen noch für Kollektive ein dominierendes, alle anderen Projekte unterdrückendes Handlungsziel.

Individuen führen ein komplexes Leben, verfolgen mehrere Interessen und verwenden ihre Ressourcen für unterschiedliche Ziele, die ausbalanciert werden müssen und daher jeweils nur mit limitierten Budgets unterstützt werden können. Der Gesundheitsfanatiker besitzt ebenso wie der Sicherheitsfanatiker pathologische Züge. Bei beiden schnurrt lebensethische Vieldimensionalität zu einem eindimensionalen Wahnprogramm zusammen. Bei beiden weicht der Abwägungspragmatismus einer *worst-case*-orientierten Maximin-Rationalität. Entsprechendes gilt für die Gemeinschaft: Auch sie muss die konkurrierenden Grundgüter ausbalancieren, hat für ihre Verwirklichung daher immer nur limitierte Budgets zur Verfügung. Eine maximalistische gesundheitsfanatische Versorgungspolitik würde keine Mittel für die Bereitstellung anderer öffentlicher Güter übrig lassen und zu einer beträchtlichen kulturellen und sozialen Verarmung des öffentlichen Lebens führen.

Das aus Gerechtigkeitsüberlegungen zu fordernde System einer fairen Verteilung der Gesundheitsleistungen ist also notwendig minimalistisch, im Sinne der Gewährleistung einer allgemeinen medizinischen Grundversorgung auszulegen. Was aber muss der Leistungskatalog einer medizinischen Grundversorgung enthalten? Das Ausmaß einer anständigen medizinischen Basisversorgung lässt sich nicht definitiv bestimmen. Es ist sowohl abhängig von dem kulturell codierten Anspruchsniveau der Bürger als auch von dem Entwicklungsstand der nationalen Medizin und der ökonomischen Leistungsfähigkeit der Gesellschaft. Es gibt keinen medizinischen Algorithmus zur Identifizierung eines unerlässlichen Kernbereichs der Versorgungsleistungen. Man würde die hier entwickelte Argumentation beträchtlich missverstehen, wenn man verlangte, dass sie in ein inhaltlich bestimmtes Versorgungsprogramm einmünden oder eine abgeschlossene Leistungsliste erstellen müsste. Ihre Aufgabe kann allein darin bestehen, eine institutionalistische Grundorientierung für die verantwortliche gesellschaftliche Gestaltung des Gesundheitswesens zu skizzieren, die einen rationierungsimmunen Minimalegalitarismus der allgemeinen Versorgung von rationierungszugänglichen und inegalitären Versorgungsbereichen unterscheidet. Und sie würde ihrem Ziel näher kommen, wenn sie zu einem Umdenken bei der politischen Ausgestaltung unseres Gesundheitswesens führen, die Neigung zur maximalistischen Programmatik bekämpft würde, wenn die Anspruchsroutinen aufgebrochen würden, in der Gesundheitspolitik zur Prioritätenbildung ermutigt würde und die zwar variable, aber doch orientierungstaugliche Unterscheidung zwischen einer medizinischen Basisversorgung und einer medizinisch wie ökonomisch sinnlosen Bagatellmedizin, zwischen einer flächendeckenden Grundversorgung und einer ökonomisch untragbaren, weder utilitaristisch noch wohlfahrtsrechtlich begründbaren Spitzenversorgung, zwischen einer obligatorischen Basisversorgung und einem freiwilligen individuellen Risikomanagement für einen effizienzsteigernden Umbau des Gesundheitssystems genutzt würde. Und bei dem Versuch, hierbei wirksame Grenzziehungen zu gewinnen, ist die Orientierung an dem gesundheitsdefinitorischen Kernbereich normalen humanbiologischen Funktionierens, normaler humanbiologischer Fähigkeiten- und Kapazitätswahrnehmung durchaus hilfreich.

5. Medizinische Grundversorgung und individuelle Gesundheitsverantwortung

Das öffentliche System der Gesundheitsversorgung leidet wie jeder andere Sektor des umfassenden wohlfahrtsstaatlichen Sozialversicherungssystems an einer grundlegenden sowohl ökonomischen also auch ethischen Aporetik. Als solidargemeinschaftlich finanziertes System ermöglicht es den Bürgern, die individuelle Inanspruchnahme seiner Leistungen von eigenen und rational kalkulierten, mit allen anderen Interessenbudgets des persönlichen Lebensprojekts abgeglichenen Versorgungsaufwendungen abzukoppeln, so dass sie sich ihre Gesundheit immer von anderen bezahlen lassen können. Es ist antinomisch strukturiert und wird in ethischer wie in ökonomischer Hinsicht durch divergierende Tendenzen charakterisiert, stellt daher ein Gelände voller Rationalitätsfallen und Defektionsanreize dar. Als Rationalitätsfalle bezeichnet man ein Verhalten, das aus subjektiver Perspektive rational ist, aber die objektive Irrationalität, also die Irrationalität des Gesamtsystems erhöht. Diese Rationalitätsfallen sind bekannt: Die Patienten erzeugen eine Übernachfrage nach Gesundheitsversorgung, um eine möglichst große individuelle Ausnützungsmarge zu erzielen; die Ärzte haben wenig Veranlassung zur Korrektur dieser Irrationalität, im Gegenteil, sie betreiben eine Politik der Nachfragestimulierung und Behandlungsprolongation. Beide verhalten sich marktgetreu, verfolgen marktgerechte Strategien der Maximierung des Eigennutzens. Da aber das Gesamtsystem selbst nicht marktförmig organisiert ist, wird seine ökonomische Leistungsfähigkeit überstrapaziert. Es ist der bekannte Buffet-Effekt, der gerade auf dem Sektor der wohlfahrtsstaatlich organisierten Gesundheitsversorgung erstaunliche kriminelle Energien freisetzt. Es ist nicht so, dass der Anteil der die Grenzen von Recht, Moral und Anstand nicht achtenden Personen in den Berufsfeldern des medizinisch-technischen Komplexes signifikant größer ist als in anderen Betätigungsfeldern. Es ist aber so, dass die Rahmenbedingungen des wohlfahrtsstaatlichen Gesundheitssystems eine enthemmende Wirkung haben und die anderenorts wirksamen Disziplinierungseffekte hier gänzlich außer Kraft gesetzt werden. Der Sozialstaat korrumpiert.

Diese Rationalitätsfallen lassen sich nicht durch moralische Appelle schließen. Moralische Appelle sind individuenadressierte Argumentationen, die auf die Entstehung moralischer Motivationslagen hoffen. Individualmoralische Appelle sind jedoch völlig ungeeignete Instrumente einer Rationalitätsoptimierung, wenn sie innerhalb von hochgradig interdependenten Handlungszusammenhängen vorgebracht werden. Handlungssysteme, die durch eine Divergenz von subjektiver und objektiver Rationalität charakterisiert sind, so dass die Steigerung der subjektiven zur Minderung der objektiven Rationalität führen kann, die außerdem Defektionsanreize enthalten und den Schwarzfahrer mit einem Rationalitätspreis belohnen, können ökonomisch wie ethisch nur durch eine geeignete Veränderung der Rahmenbedingungen, also durch institutionenethische oder ordnungspolitische Mittel kuriert werden, zu denen das Strafrecht ebenso gehört wie die interne Effizienzkontrolle. Es kommt auf kollektive Lösungen an, durch die die sektoralen Rahmenbedingungen der unterschiedlichen Rationalitätsstrategien der Patienten, Ärzte, Krankheitsverwaltungen etc. so geändert werden, dass die

Kluft zwischen subjektiver Rationalität und objektiver Rationalität vermindert wird. Das kann am besten durch den Einbau marktwirtschaftlicher Instrumente erreicht werden, deren detaillierte Ausgestaltung der institutionellen Fantasie der Politiker und Versicherungsingenieure überlassen bleiben muss. Das verlangt aber auch die unnachsichtige Verfolgung aller betrügerischen und missbräuchlichen Verwendung öffentlicher Ressourcen im Gesundheitswesen. *Grundsätzlich geht Rationalisierung vor Rationierung.* Und zu den diversen Mitteln, die einen möglichst ökonomischen Ressourceneinsatz gewährleisten, gehört auch die unnachsichtige strafrechtliche Verfolgung betrügerischer Abrechnungen, die Unterbindung aller rein ökonomisch motivierter Behandlungsverlängerung, eines medizinisch nicht gerechtfertigten Geräteeinsatzes oder überflüssiger Operationen.

Die Medizin ist eine expertokratische Veranstaltung und daher durch ein steiles Informationsgefälle geprägt. Dies führt zu der ökonomisch paradoxen Situation, dass der Leistungsanbieter in hohem Maße sich die Nachfrage auf den Leib schneidern und den Konsumenten Bedürfnisinterpretationen aufreden und so nach seinem eigenen Bilde formen kann. Diese Situation ist nicht nur für den Patienten autonomieethisch riskant, sie begründet auch eine einzigartige wirtschaftliche Vorteilsposition mit hohem ökonomischen Missbrauchsanreiz, dem durch geeignete Maßnahmen begegnet werden muss. Der Eid des Hippokrates hat sich dabei längst als ein gänzlich ungeeignetes Mittel erwiesen. Geeigneter ist allemal die Strategie der Marktöffnung auf allen Gebieten, die Vermehrung von Wettbewerbsstrukturen, die Reduktion zentraler Planungsvorgaben, die zu Niederlassungsbeschränkungen und Marktzutrittsbegrenzungen führt. Nur diese strukturellen Veränderungen können die Monopolpositionen der wohlfahrtsstaatlich eingehegten Leistungsanbieter aufbrechen, können die Kontrolleffekte kompetitiver Strukturen für die Patienten nutzen. Und nichts spricht dagegen, dass diese Marktöffnung so weit gerät, dass letztlich Arzt und Patient in individuelle Preis-/Leistungsverhandlungen eintreten und ihre Einigung werkvertraglich besiegeln. Diese Ausweitung der Wettbewerbssituation würde auch zu einer erfreulichen Qualifikationssteigerung der ärztlichen Kompetenz führen. Gerade in einer Situation, in der der medizintechnische Fortschritt explodiert, muss der Arzt immer mehr Zeit für medizinische Fortbildung auf seinem Spezialgebiet aufwenden. Wenn er zu einem frei wählbaren Dienstleister auf einem Markt wird, auf dem sich die Nachfrager auch an der Qualität des Angebots orientieren, wird er sich der Konkurrenz stellen müssen und diese durch ein besseres Leistungsangebot für sich entscheiden wollen. Die Bequemlichkeiten einer kassenärztlichen Existenz mit gesicherter Versorgung können dann nicht aufrechterhalten werden. Der Patient wird davon profitieren.

Aber die Paradoxie wohlfahrtsstaatlicher Systeme hat auch eine ethische Dimension. Auch in rein ethischer Betrachtungsperspektive wird eine antinomische Struktur sichtbar. Systemimmanente Entwicklungstendenzen schwächen die Fähigkeit wohlfahrtsstaatlicher Systeme, die für sie zuständigen divergierenden ethischen Prinzipien angemessen auszubalancieren, so dass die Gefahr ethischer Selbstvereitelung wächst. Wohlfahrtsstaatliche Systeme sind gesellschaftspolitische Hilfsmittel, mit denen die Phänomene ethischen Marktversagens kompensatorisch abgefedert werden. Wie Markt und Demokratie stehen wohlfahrtsstaatliche Systeme auf dem geltungstheoretischen Sockel des normativen Individualismus. Wie bei diesen auch gründet ihre Legitimität in der Fähigkeit, im Verbund mit Markt und Demokratie die institutionellen Voraussetzungen dafür zu schaffen, dass die Individuen ein selbstbestimmtes und selbstverantwortetes Leben führen können.

Es gehört aber zur eigentümlichen Dialektik wohlfahrtsstaatlicher Systeme, dass sie, obzwar als Kompensation ethischen Markt- und Demokratieversagens ins Leben gerufen, ihrerseits ethisch versagen können, indem sie ein Verhaltens- und Erwartungsprofil in den von ihnen betreuten Bürgern erzeugen, das für eine Entwicklung der Fähigkeiten der rationalen Lebensplanung und Risikovorsorge und für die Bereitschaft, die Kosten der eigenen Entscheidungen zu tragen, wenig gedeihlich ist.

Im Gesundheitswesen können wir dann beobachten, wie sich die ökonomische und die ethische Antinomie überlagern und verstärken: Da nicht lebensethisch integriert, nicht in die Eigenverantwortung für Gestalt und Kosten des individuellen Lebensprojekts eingebunden, vermag die subjektive Rationalität ihr Programm der privaten Nutzenmaximierung ungehindert unter der fiktiven Perspektive vollständiger Kostenfreiheit abzuspulen. Staatliche Versorgungssysteme haben die verhängnisvolle Tendenz, die Eigenverantwortlichkeit der Individuen für ihre Lebensprojekte auszuhöhlen. Sie sind Orte der Enteignung und führen zu einer strukturellen Unterbeanspruchung der Rationalität und Moralität der Individuen. Es ist darum nicht nur ökonomisch vorteilhaft, sondern geradezu moralisch geboten, wenn die individuelle Gesundheitsversorgung wieder stärker sowohl durch die vorteilsorientierte Rationalität der sich selbst versorgenden Konsumenten als auch durch den Gedanken der Eigenverantwortlichkeit der Individuen für ihre Gesundheit bestimmt werden kann; wenn das Gesundheitsversorgungssystem individuelle Gesundheitsautonomie ermutigt und nicht erschwert, wenn die wohlfahrtsstaatliche Heteronomie im Gesundheitswesen durch sowohl ökonomische als auch ethische Selbstbeteiligung gemindert wird. Es ist dabei ratsam, die Strategie der Stärkung der Eigenverantwortung durch unterstützende institutionelle Maßnahmen zu begleiten: durch Liberalisierung der vertragsrechtlichen Beziehungen zwischen den Krankenkassen einerseits und den Krankenhäusern und Kassenärzten andererseits; durch das Zugeständnis eines größeren Freiheitsspielraums für die Krankenkassen bei der Gestaltung ihres Leistungsangebots; durch die Sichtbarmachung und Erlebbarkeit der tatsächlichen Krankenversicherungskosten, indem der bislang anonyme Arbeitgeberbetrag jetzt dem Bruttolohn der Zwangsversicherten zugeschlagen und ihnen zur selbständigen, vielfältig selbstbehaltoffenen Finanzierung ihrer Versicherungspolicen überlassen wird; durch Auflockerung der Leistungsangebote der Versicherungen aufgrund der Auszeichnung eigenverantwortlich abwählbarer Leistungssegmente.

Man sollte das moralische Gewicht dieses Arguments nicht unterschätzen. Es entstammt nicht der Peripherie unserer moralischen Überzeugungen, sondern wurzelt in ihrem Zentrum. Der normative Individualismus, der das System einer egalitären medizinischen Grundversorgung gerechtigkeitstheoretisch begründet, stützt auch unsere Vorstellungen eines selbstbestimmten und selbstverantworteten individuellen Lebens, eines Lebens, das Wahlmöglichkeiten besitzt und die vielfältigen Kosten der getroffenen Entscheidungen selbst tragen muss. Es verlangt keinen großen argumentativen Aufwand, um unser Autonomieideal auf das Gesundheitsproblem anzuwenden: Es impliziert ein Bewusstsein individueller Gesundheitsverantwortung, ein Wissen um die kausalen Verbindungen zwischen gewählter Lebensweise und Krankheitsrisiken und die moralische Bereitschaft, die Gesundheitskosten frei gewählter medizinisch irrationaler Lebensweisen durch geeignete private Risikoversicherungen abzudecken und nicht auf die anonyme Beitragsgemeinschaft abzuwälzen. Ein solch ethisch wie ökonomisch rationalisiertes System, das eine einkommensneutrale medizinische Grundversorgung mit einem differenzierten privaten Krankenversicherungsmarkt kombiniert, hat überdies den gerechtigkeitsethischen Vorzug, unter einem weitaus geringeren Rationierungsdruck zu stehen als jedes alternative Gesundheitsversorgungsmodell.[149]

IX. Das letzte Wort gehört der Politik

Vielleicht sollte abschließend noch von dem die Rede sein, von dem während des ganzen Buches nicht die Rede war, ohne den aber in Gerechtigkeitsdingen nichts geht, zumindest nicht in Demokratien: Ich meine den Politiker. Ihm müssen die Theorien nahegebracht werden. Sein Ohr muss der Bürger finden. Daher ist es nützlich zu wissen, mit wem man es bei ihm zu tun hat.

1. Moralischer Politiker und politischer Moralist

Am 12. März 1981 hat der damalige Bundeskanzler Helmut Schmidt auf dem Kant-Kongress der Friedrich-Ebert-Stiftung eine Rede mit dem Titel »Maximen politischen Handelns. Bemerkungen zu Moral, Pflicht und Verantwortung des Politikers« gehalten. Die Rede ist ein lockerer Reigen angerissener Überlegungen und knapper Betrachtungen, in deren Mittelpunkt – sicherlich nicht nur dem Anlass entsprechend, sondern auch aufgrund gemütspreußischer Wahlverwandtschaft – die Moralphilosophie Kants und ihr Herzstück, der Kategorische Imperativ, stehen. Aus ihm entwickelt Schmidt eine Handvoll ethischer Anforderungen, die an das Handeln des Politikers zu richten sind. Im Einzelnen lautet die Schmidtsche Pflichtethik folgendermaßen: Der Politiker hat erstens die Pflicht, »vorauszudenken und alle Folgen kritisch zu bedenken«. Er hat zweitens die Pflicht, »alle Interessen kritisch abzuwägen«. Er muss drittens »in der Demokratie den ungeheuren Aufwand auf sich nehmen, anderen seine Gründe transparent zu machen und sie zu überzeugen, weil er Mehrheiten braucht«. Viertens muss er »die erstrebten und die unerwünschten Folgen seines Handelns gleichermaßen verantworten«. Fünftens muss er dies alles »im Bewusstsein nicht nur seiner Fehlbarkeit, sondern der Fehlbarkeit demokratischer Entscheidungen schlechthin« tun. Und schließlich »obliegt ihm infolgedessen die Pflicht, jeden einzelnen Schritt auf einem langen Wege mit Augenmaß richtig zu bemessen«.[150]

Sieht man von der endlichkeitsmetaphysischen Ermahnung ab, sind diese Maximen von erfrischender – und für die, die in der Moral immer das Herz der Menschheit pochen hören möchten: von sicherlich enttäuschender – Nüchternheit. Letztlich buchstabieren sie nur den pragmatischen Common Sense aus, sind darum auch für Nichtpolitiker beherzigenswert, denn auch diese müssen sich an den grundlegenden Gelingensbedingungen mitmenschlichen Handelns orientieren, wenn sie nicht scheitern wollen. Folgen und Nebenfolgen zu bedenken, auf die Interessen der Betroffenen zu achten, jeden Schritt auf dem Weg zur Erfolg genau zu überlegen, also nicht nur die Präferenzen zu gewichten, sondern auch die Kosten der Mittel in Erwägung zu ziehen, sich hinsichtlich der Ziele und der verwendeten Mittel gegenüber den Mithandelnden zu erklären und zu rechtfertigen, da wir ja nicht nur in einem Raum der konfligierenden Interessen, sondern auch der geteilten Gründe leben, und schließlich für alles, was man sagt und tut, die Verantwortung zu übernehmen, das ist das Grundgerüst klugen, anständigen Verhaltens.

Der von Helmut Schmidt hier skizzierte Musterpolitiker entspricht dem, was Kant in seiner Friedensschrift einen »moralischen Politiker« nennt. Dieser ist jemand, der »die Principien der Staatsklugheit so nimmt, daß sie mit der Moral zusammen bestehen können«[151]; nichts hindert ihn, »klug wie die Schlangen zu sein«[152], jedoch muss er jederzeit seine Gerissenheit, seine opportunistische Wendigkeit der einschränkenden Bedingung unterwerfen, nur in Übereinstimmung mit den grundlegenden Geboten der Moral klug zu sein und im Konfliktfall immer der Vernunft zu folgen, auch wenn es seiner »Selbstsucht Aufopferungen kosten« sollte. Moralische Vorbildlichkeit und mustergültige Vernünftigkeit haben ihren Preis.

Die grundlegenden Gebote der Moral sind für Kant vor allem die Grundprinzipien des Vernunftrechts. Um die Einhelligkeit von Moral und Politik zu zeigen, handelt ein moralischer Politiker also nach Grundsätzen, die für uns längst in Form von Rechtsstaat, Verfassungsgerichtsbarkeit, Sozialstaat, Demokratie und internationaler Verflechtung institutionelle Wirklichkeit geworden sind und darum als wirksame und sanktionsbewehrte Herrschaftsbarrieren dem demokratischen Politiker unserer Tage feste Grenzen ziehen. Darum kann sich Helmut Schmidt auch mit einer kargen Handlungsethik begnügen und auf alle moralprogrammatischen Großworte, auf die Liturgie des Gemeinwohls und die Fanfaren der Freiheit und Gerechtigkeit verzichten. Wird das, was Kant in den Zeiten der absolutistischen Arkan- und Kabinettspolitik den Machthabern als Handlungsprogramm ins Gewissen schreiben wollte, zuverlässig von Institutionen besorgt, kann sich die ethische Aufklärung der Politik auf die Erinnerung an das beschränken, was dem rationalen Handeln in sozialen Räumen als Gelingensbedingung eingeschrieben ist.

Offensichtlich ist mit dieser Institutionalisierung menschenrechtlicher Grundbestimmungen eine beträchtliche moralische Entlastung verbunden. Demokratische Politiker müssen nicht durch fürstenspiegelanaloge Darstellungen ethischer Exzellenz von einem Missbrauch ihrer absoluten Macht abgehalten werden. Das bedeutet aber nicht, dass Schmidts handlungsethischer Minimalismus obsolet sein würde. Auch die relative Macht vermag zu korrumpieren; auch innerhalb des menschenrechtlichen Geheges von Demokratie und Rechtsstaat gibt es zahllose Gelegenheiten moralischen Fehlverhaltens, bleibt also die Beachtung der Schmidtschen Maximen beherzigenswert. Dieses Fehlverhalten ist genuin moralischer Natur und keinesfalls eine Folge individueller kognitiver Mangelerscheinungen. Es ist in der Regel die Konsequenz eines Machterhaltungsopportunismus, der die sachlichen, problemorientierten und daher immer auf ein hinreichendes Maß von Langfristigkeit verpflichteten Lösungskonzepte zugunsten populistischer Effekthascherei und kurzfristiger Machtgewinne durchkreuzt. Eine beschränkte Handlungsvernunft ist nicht vorwerfbar. Wenn jedoch mittelfristige oder gar langfristige negative Folgen wissentlich in Kauf genommen werden, um kurzfristig individualpolitische oder parteipolitische Vorteile zu erzielen, wenn Versprechen nicht eingehalten werden und machiavellistische Charakterlosigkeit alle Handlungsoptionen offenhalten will, dann ist das aus der anspruchsvollen Warte des moralischen Politikers unzulässig.

Der Gegenspieler des moralischen Politikers ist bei Kant der politische Moralist, der »sich eine Moral so schmiedet, wie es der Vortheil des Staatsmanns sich zuträglich findet«.[153] Ein solcher »despotisirender« Moralist[154] beherrscht nicht nur das ganze Arsenal machiavellistischer Praktiken; er ist zudem ein Meister der nachträglichen Rechtfertigung übler Handlungen, der Verantwortungsleugnung, der Schuldabwälzung und Gewaltbeschönigung. Er despotisiert also nicht nur, er klügelt auch. Darum vor allem nennt Kant ihn einen Moralisten: Denn die schlimmste Verfehlung dieser Politiker ist die Zersetzung der Vernunft durch unmoralische Klugheitslehren, in denen sich eine moralische Frechheit manifestiert, die noch die gröbsten Rechtswidrigkeiten hinter Sachzwanglogik und achselzuckend hinzunehmender menschlicher Unvollkommenheit versteckt und mit dieser Defizienzanthropologie den Menschen alle Hoffnung auf moralischen und vernunftrechtlichen Fortschritt nimmt.

2. Gefühlsaristoteliker

Diese Desposten des Absolutismus, diese reaktionären Großmeister des Ancien Régime, die sich dem Fortschritt der Vernunft in den Weg stellen und mit Legenden von der dürftigen menschlichen Natur das Niveau der Vernunftmoral unterbieten, sind heute nicht mehr unser Problem. Eine gegenwärtige Betrachtung des spannungsvollen Verhältnisses von Macht und Moral kann sich nicht an dem von ihnen verkörperten Typus politischen Handelns, nicht an Absolutismus und vorparlamentarischer Kabinettspolitik orientieren. Für uns ist dieses Uraltproblem mit einem ganz anderen Typus politischer Tätigkeit verknüpft, mit einem Typus, der erst seit hundert Jahren existiert, mittlerweile aber vor allem im Westen das politische Geschehen ausschließlich bestimmt. Ich meine den Berufspolitiker, der von der Politik lebt, den, so Schumpeters bekannte Formulierung, politischen Unternehmer, der uns das moralische Rätsel aufgibt, wie es denn möglich sein kann, sich mit nutzenmaximierender Bourgeois-Rationalität um die Citoyen-Angelegenheiten der Politik zu kümmern. Was es bedeutet, dass wir im Zuge der modernen Arbeitsteilung die Besorgung der allgemeinen Angelegenheiten, den Schutz und die Pflege der *res publica* Berufspolitikern überlassen,

Mitbürgern also, die Politik als Beruf betreiben, Politik also – und um noch deutlicher zu werden, zitiere ich Max Weber – als »Grundlage einer kontinuierlichen Versorgungs- und Erwerbschance«[155] betrachten, ist bis heute noch nicht so recht begriffen worden. Jedenfalls haben wir unsere Erwartungen noch keinesfalls an die Professionalisierungslogik angepasst, die die politischen Karrieren in den westlichen Demokratien prägt.

Wie sind Gefühlsaristoteliker, meinen, dass die Mitbürger, die die Politik als Betätigungsfeld wählen, sich einer hehren Aufgabe verschrieben haben, eine Bereitschaft zu ethischer Exzellenz zeigen sollten, von einem feingesponnenen Verantwortungsbewusstsein geleitet sein müssten. Wir meinen, dass Politik kein Beruf wie jeder andere sein kann, sein darf. Wir sind Gesinnungsrepublikaner, die mit James Madison, einem der Autoren der »Federalist Papers«, meinen, dass es das Ziel der politischen Gemeinschaft ist, als politisch Verantwortliche solche zu gewinnen, »die bei ihren Entscheidungen die größte Weisheit zeigen, die bei der Verwirklichung des Gemeinwohls die größte Tugend beweisen und die schließlich die sorgfältigsten Vorkehrungen treffen, um tugendhaft zu bleiben«.[156] Und auch wenn wir nicht so weit gehen würden, dass diese Politiker »a chosen body of citizens«, eine Versammlung von *Erwählten* sein würden, sondern richtigerweise meinen, dass es wohl nur ein »elected body of citizens«, eine Versammlung von *Gewählten,* sein wird, halten wir doch an der Auffassung fest, dass die Politikerexistenz mit besonderen Pflichten verbunden ist und außergewöhnlichen moralische Ansprüchen genügen muss. Aber all diese moralischen Erwartungen, die wir an unsere Politiker richten, können nur enttäuscht werden. Wie kann eine Regierung, die nach demokratischem Verständnis, so Abraham Lincolns berühmte Gettysburg-Triole, »of the people, by the people, for zu people« ist, sich aus Berufspolitikern zusammensetzen? Wie können Politiker, die Politik als Grundlage einer kontinuierlichen »Versorgungs- und Erwerbschance« betrachten, allgemeinheitsdienlich handeln, das Gemeinwohl im Blick behalten, ihrem legitimationsstiftenden Souverän gegenüber verantwortlich sein? Wie können unsere Repräsentanten den demokratiemythologischen Verheißungen der Selbstregierung gerecht werden, wenn sie nichts anderes sind als politische Unternehmer, die im kompetitiven Interessenbetrieb der Politik ihre Anteile sichern wollen, sich der Maschinerie demokratischer Entscheidungsprozeduren bedienen, um ihr Angebot gewinnbringend zu verkaufen, und die den Sozialstaat als Kriegskasse zur Finanzierung ihrer Wiederwahlkampagnen verwenden?

Dass das Problem sich der konventionellen Lösung individualmoralischer Gewissenspflege entzieht, zeigt sich, wenn wir uns den Zwillingsbruder des Berufspolitikers ansehen, den Kapitalisten des Smithschen Gleichgewichtsmarktes. Von diesem sagt der Mythos von der unsichtbaren Hand, dass er das Allgemeine besorge, indem er sich um seine Interessen kümmere; von jenem müssen wir sagen, dass er sich um seine Interessen kümmert, indem er sich um das Allgemeine sorgt. In beiden Fällen wird dem Allgemeinen nur eine stiefmütterliche Behandlung zuteil, kommt es doch nur insofern in Betrachtung, wie es mit den privaten Geschäften der Kapitalisten und den Erwerbs- und Versorgungsinteressen der Politiker konvergiert. Um seiner selbst willen wird es nicht beachtet. Es muss mit den Krumen zufrieden sein, die vom Tisch der selbstsüchtigen Geldmehrung und des eigensüchtigen Machterwerbs fallen. Und in beiden Fällen kann dem Allgemeinen nur geholfen werden, wenn starke, das Selbstinteresse des Kapitalisten und des Politikers disziplinierende und begrenzende Institutionen sich auf seine Seite schlagen. Und dabei denke ich nicht nur an das große Gerüst des Rechtsstaats und der Demokratie, sondern auch an Einzelregelungen, die dafür sorgen, dass in allen einschlägigen Konfliktfeldern die Anreize für die Missachtung von Moral und Anstand durch verschärfte Pflichten zur Transparenz, Publizität, Rechenschaftsablegung und durch die Androhung hinreichend schmerzlicher Strafen gemindert werden. Politische Ethik ist wie Wirtschaftsethik eine auf Institutionen vertrauende Ethik.

3. Politik als Beruf

Schumpeter hatte noch die Vorstellung, dass die Bürger mit der Politik nur am Wahltag in Berührung kämen, dass der Gang zur Wahlurne einem Vertrag gleicht, in dem der Bürger ein Programm kauft und als Gegenleistung seine Stimme gibt und für vier Jahre Ruhe gelobt. Mit dieser Schonung können heutige Politiker nicht mehr rechnen. Ebenso wenig können die Bürger hoffen, während der Zeit des Regierungshandelns von den Versuchen der Politiker verschont zu werden, sie für ihre Programme und Sichtweisen zu gewinnen. Der Wahlkampf beginnt mit dem ersten Tag nach der Wahl. Bürger und Politiker leben in einem Zustand wechselseitiger Dauerbeobachtung und Dauerbeeinflussung.

Wie der platonische Philosophenfürst sind auch demokratische Politiker Seelenbildner, Mentalitätsmasseure, aber nicht, weil sie ein genaues Wissen von der Gerechtigkeitsordnung hätten und wüssten, dass ohne eine gute Verfassung der inneren Welt der Bürger ihre äußere Welt des Zusammenlebens zusammenbrechen würde, sondern weil sie für ihre politischen Erfolgsstrategien und Überlegensprogramme unsere Unterstützung benötigen. Und diese erhalten sie, wenn sie unsere Überzeugungen und unsere Begehrlichkeiten hinter sich bringen; und das gelingt ihnen, wenn sie auf unsere Wirklichkeitssichten und Situationseinschätzungen, auf unsere Befürchtungen und Hoffnungen Einfluss nehmen. Politiker sind darum wesentlich darauf aus, glauben zu machen. Sie sind darum vor jeder Spezialisierung innerhalb des politischen Geschäfts Wirklichkeitspolitiker, Verkäufer von inszenierten Wirklichkeiten, von Realitätskonstruktionen. Dass dabei grandiose Komplexitätsreduktion betrieben, hemmungslos beschönigt und unverfroren getäuscht wird, dass Kausalketten verkürzt, erwartbare Folgen ausgeblendet, missliebige Informationen vorenthalten, Ablenkungsmanöver versucht, Machbarkeitsillusionen genährt, gegnerische Positionen überzeichnet, böswillige Unterstellungen geäußert werden, ist bekannt. Auch in der demokratischen Welt machen Politiker von der Wahrheit vordringlich nur einen strategischen Gebrauch. Ihnen bleibt auch gar nichts anderes übrig: Mögen in der Idealwelt Rousseau und Habermas recht haben, wenn sie die Demokratie als ein notwendig Wahrheit gebärendes Verfahren preisen, in der Realwelt ist es jedoch eher umgekehrt: Weil der formale Legitimationsmodus der Demokratie politische Machtausübung abhängig von der Zustimmung der Bürger macht, müssen sich die Politiker dieser mit allen Mitteln versichern. Die Demokratie begünstigt also Inszenierung, Manipulation und strategische Wahrheitsverwendung.

Aber natürlich sind wir dem nicht ohnmächtig ausgeliefert. Die Demokratie verfügt auch über ein Arsenal voller Gegengifte, mit denen wir uns gegen diese politischen Inszenierungen, gegen diese zweckdienlichen Verzeichnungen und Verzerrungen zur Wehr setzen können. An erster Stelle ist da der politische Gegner zu nennen, der misstrauisch alle Versuche seines Kontrahenten, unser Bewusstsein zu kolonisieren, uns mit Versprechen zu umgarnen und mit in Aussicht gestellten Zuwendungen zu bestechen, beobachtet. Die Konkurrenz ist nicht nur auf dem Markt heilsam, sie verhindert auch in der Politik Monopolbildung: Sich wechselseitig in Schach haltende Selbstsucht ist der wirksamste Umweg zu Vernunft und Moral. Die Parteienkonkurrenz ist die institutionelle List, die den politischen Machiavellismus sich gegen sich selbst kehren lässt und ihn zwingt, seine Frechheiten zu zügeln. Außerdem verfügen wir in Demokratien über Meinungsfreiheit, Redefreiheit und freien Zugang zu allen Wissensquellen. Nichts hindert uns, die angebotenen Wirklichkeitsbilder zu überprüfen und sie durch bessere Alternativen zu ersetzen.

Den größten Schutz aber vor den halben Wahrheiten und ganzen Lügen der Politik, vor ihrem Leugnen und Verschweigen, vor ihren Versprechen, Täuschungen und Bestechungsversuchen – neben der institutionellen Korruptionsabwehr und Machtmissbrauchverhinderung, neben dem segensreichen Wirken der aufmerksamen Medien, neben den listigen Domestikationseffekten des politischen Konkurrenzmodells – bildet ein gesundes Misstrauen, eine argwöhnische Einstellung der Bürger. Wir sollten nie aus dem Auge verlieren, dass Politik von Berufspolitikern gemacht wird, dass Politiker bei ihrer Berufsausübung nicht weniger als alle anderen von Versorgungs-, Erwerbs- und Promotionsinteressen geleitet werden. Und wenn wir zudem bedenken, dass aufgrund der demokratischen Rekrutierung des politischen Personals diese Versorgungs- und Erwerbschance immer nur befristet eingeräumt wird, so dass die Sorge um Kontinuitätssicherung von Versorgung und Erwerb eine weit dramatischere Gestalt annehmen muss als in vielen anderen Professionalitätsbereichen, dann sollten wir uns nicht darüber wundern, dass ein wahlpolitischer Misserfolg für den Berufspolitiker eine Katastrophe ist, die es mit allen Mitteln abzuwenden gilt. Deswegen arbeiten die Politiker unaufhörlich an der Erhaltung und an der Mehrung ihrer Macht; deswegen müssen sie all die Randbedingungen pflegen, von denen das Gelingen einer politischen Karriere abhängig ist; deswegen müssen sie sich den Weisungen und Interessen der Partei fügen und das Wahlvolk für sich einzunehmen versuchen.

Diese Empfehlung von Misstrauen und Argwohn ist keine Aufforderung zum Zynismus, sondern ein Plädoyer für eine entschiedene Entromantisierung unserer Vorstellungen von der Politik. Ist das Entromantisierungspensum gelungen, dann werden wir der Politik nicht mehr mit unangemessenen moralischen Erwartungen begegnen, dann werden wir die Überzeugung aufgeben, dass nur darum, weil sich die Politik mit den Belangen der Allgemeinheit beschäftigt, von den Politikern – wie Madison es formuliert hat – die weisesten Entscheidungen und das tugendhafteste Verhalten zu erwarten sein dürfen. Geben wir diese Erwartungen nicht auf, dann werden sie mit Notwendigkeit enttäuscht. Dann werden wir zu politikverachtenden Zynikern. Halten wir an den Erwartungen fest, weil wir von unseren moralischen Ansprüchen, von unserer ethischen Hochgestimmtheit nicht lassen können, dann gehören wir zur Gruppe der politikblinden Idealisten. Es ist eine moralpsychologische Binsenweisheit, dass der Idealist und der Zyniker Brüder sind: Der eine nährt seine moralische Illusionen, der andere leckt seine moralische Wunden. Beide feiern nur ihre eigene moralische Großartigkeit und sind für die Welt der Politik verloren.

Diejenigen aber, die nicht in die Moralfalle tappen, die Bürger realistischen Gemüts, die, wie Weber sie genannt hat, Gelegenheitspolitiker, diese ersparen sich alle Entrüstungsreflexe und alles Gejammer über die schmutzige Politik. Sie vertrauen auf die Disziplinierungsleistungen der demokratischen Institutionen und richten ihre Urteilskraft auf die handwerkliche Qualität der Politik.

Anmerkungen

1 Vgl. Wolfgang Kersting, *Niccolò Machiavelli*, München 2006.
2 Thomas Hobbes, »De Corpore, Widmungsbrief« (fehlt in der deutschen Ausgabe), in: *Opera philosophica quae latine scripsit ominia*, 5 Bde., London 1839–1845, Bd. I, S. 2.
3 Hamburg 2009, I, § 6; 7.
4 Abhandlung vom Staate, in: Baruch de Spinoza, *Abhandlung über die Verbesserung des Verstandes/Abhandlung vom Staate*, Hamburg 1977, § 1.
5 Ebd., § 4.
6 Giambattista Vico, *Neue Wissenschaft über die gemeinschaftliche Natur der Völker*, Hamburg 2009, I, § 7.
7 Zit. n. E. J. Hundert, *The Enlightenment's Fable. Bernard Mandeville and the Discovery of Society*, Cambridge 1994, S. 7.
8 Bernard (de) Mandeville, *The Fable of the Bees or Private Vices, Publick Benefits*, 2 vols., ed. F. B. Kaye, Indianapolis 1988 (Reprint der Standardausgabe der Mandevilleschen Werke von 1924).
9 Ebd., I., S. 27.
10 Ebd., I., S. 369.
11 François Quesnay, *Despotisme de la Chine* (1767), Chapitre VIII, zit. n. Alexander Rüstow, *Das Versagen des Wirtschaftsliberalismus*, Marburg 2001, S. 42.
12 Adam Smith, *Der Wohlstand der Nationen*, hrsg. v. Horst Claus Recktenwald, München 2005, S. 283.
13 Adam Smith, *Theorie der ethischen Gefühle*, Hamburg 1977, S. 251.
14 Montesquieu, *Vom Geist der Gesetze*, III. Buch, 7. Kapitel, Stuttgart 1956.
15 Vgl. Albert O. Hirschman, *Leidenschaften und Interessen*, Frankfurt/Main 1980.
16 Wilhelm Röpke, *Die Gesellschaftskrisis der Gegenwart*, Erlenbach-Zürich 1942, S. 87.
17 Alexander Rüstow, *Das Versagen des Wirtschaftsliberalismus*, a.a.O.; vgl. ders., *Die Religion der Marktwirtschaft*, Münster 2004.

18 In seiner großen dreibändigen Kulturgeschichte schreibt Rüstow, dass er nachgewiesen habe, dass das Versagen des Wirtschaftsliberalismus »nur religionsgeschichtlich zu verstehen ist« (Alexander Rüstow, *Ortsbestimmung der Gegenwart. Eine universalistische Kulturkritik*, 3. Bd., Münster 2003, S. 159).
19 Karl Polanyi, *The Great Transformation. Politische und ökonomische Ursprünge von Gesellschaften und Wirtschafssystemen*, Frankfurt/Main 1978.
20 Ebd., S. 331.
21 Ebd., S. 339.
22 Aleander Rüstow, *Das Versagen des Wirtschaftsliberalismus*, a.a.O., S. 141–153.
23 Ebd., S. 86.
24 Zit. n. Alexander Rüstow, *Das Versagen des Wirtschaftsliberalismus*, a.a.O., S. 70.
25 Ebd., S. 86; vgl. Alexander Rüstow, *Die Religion der Marktwirtschaft*, a.a.O., S. 38 ff.
26 Alexander Rüstow, *Ortsbestimmung der Gegenwart. Eine universalistische Kulturkritik*, a.a.O., S. 159.
27 Alexander Rüstow, *Das Versagen des Wirtschaftsliberalismus*, a.a.O., S. 88.
28 Wilhelm Röpke, *Civitas Humana*, Erlenbach-Zürich 1942, S. 114.
29 Alexander Rüstow, *Das Versagen des Wirtschaftsliberalismus*, a.a.O., S. 90.
30 Ebd., S. 93.
31 Hesiod, *Theogonie – Werke und Tage*, München und Zürich 1991.
32 Alexander Rüstow, *Das Versagen des Wirtschaftsliberalismus*, a.a.O., S. 113–116.
33 Ebd., S. 116.
34 Rüstow spricht von einem »Zwittergebilde« aus »Monstrosität und Sinnlosigkeit« (ebd., S. 115).
35 Ebd., S. 126.
36 Ebd., S. 136.
37 Ebd., S. 132.
38 Wilhelm Röpke, *Die Gesellschaftskrisis der Gegenwart*, Erlenberg-Zürich 1942, S. 310.
39 Alexander Rüstow, *Das Versagen des Wirtschaftsliberalismus*, a.a.O., S. 117.
40 Ebd., S. 118.
41 Ebd., S. 119.
42 Ebd., S. 121.
43 Ebd., S. 116.
44 Ebd., S. 141.

45 Ebd., S. 143.
46 Wilhelm Röpke, *Maß und Mitte*, Erlenbach-Zürich 1950, S. 137.
47 Ebd., S. 143.
48 Ebd., S. 135.
49 Ebd., S. 143.
50 Wilhelm Röpke, *Die Gesellschaftskrisis der Gegenwart*, a.a.O., S. 301 f.
51 Wilhelm Röpke, *Maß und Mitte*, a.a.O., S. 152.
52 Ebd., a.a.O., S. 154.
53 Ebd.
54 Ebd, S. 152.
55 Ebd., S. 153.
56 Wilhelm Röpke, *Jenseits von Angebot und Nachfrage*, a.a.O., S. 153.
57 Ebd., S. 95.
58 Ebd., S. 142.
59 Wilhelm Röpke, *Die Gesellschaftskrisis der Gegenwart*, a.a.O., S. 325.
60 Wilhelm Röpke, *Jenseits von Angebot und Nachfrage*, a.a.O. S. 131.
61 Ebd., S. 139.
62 Ebd.
63 Ebd., S. 100.
64 Ebd., S. 140.
65 Ebd., S. 20.
66 Ebd., S. 21.
67 Wilhelm Röpke, *Maß und Mitte*, a.a.O., S. 155.
68 Ebd., S. 14. Der »unvergängliche Liberalismus« ist zu unterscheiden vom kritikwürdigen »vergänglichen Liberalismus«. Darunter versteht Röpke den neuzeitlichen Rationalismus und Individualismus. Während also der unvergängliche Liberalismus dem »Erbgut der Antike und des Christentums« (S. 17) entstammt und den Gedanken einer ordnungsgebundenen Freiheit, einer Freiheit in einer vorgegebenen Ordnung entfaltet, ist der vergängliche Liberalismus gänzlich durch die Radikalität der Moderne charakterisiert, die von der Vorgängigkeit des Individuums ausgeht und Ordnungsformen nur zulässt, insofern sie den Interessen und Rechten der Individuen entwachsen.
69 Wilhelm Röpke, *Jenseits von Angebot und Nachfrage*, a.a.O., S. 234.
70 Wilhelm Röpke, *Die Gesellschaftskrisis der Gegenwart*, a.a.O., S. 41.
71 Ebd., S. 89.
72 Wilhelm Röpke, *Jenseits von Angebot und Nachfrage*, a.a.O., S. 169 f.
73 Wilhelm Röpke, *Die Gegenwartskrisis*, a.a.O., S. 41.
74 Wilhelm Röpke, *Jenseits von Angebot und Nachfrage*, a.a.O., S. 162.
75 Alexander Rüstow, *Ortsbestimmung*, a.a.O., S. 164.

76 Ebd., S. 168.

77 Ebd., S. 168.

78 Vgl. Matthias Bohlender, *Metamorphosen des liberalen Regierungsdenkens. Politische Ökonomie, Polizei und Pauperismus*, Weilerswist 2007.

79 Alexander Rüstow, *Ortsbestimmung der Gegenwart*, a.a.O., S. 168–170.

80 Ernst-Wolfgang Böckenförde, *Staat, Gesellschaft, Freiheit. Studien zur Staatstheorie und zum Verfassungsrecht*, Frankfurt/Main 1976, S. 60. Eigentlich haben wir es eher mit einer Umkehrung zu tun: Das Böckenförde-Axiom ist weitaus mehr eine Reprise der soziologischen Einsichten der Neoliberalen als umgekehrt diese eine Vorwegnahme jenes. Und letztlich ist auch das neoliberale Credo von der Abhängigkeit marktwirtschaftlichen Gelingens von außerökonomischen Voraussetzungen selbst nur eine Wiederholung der Durkheimschen Entdeckung von den extrakontraktuellen Voraussetzungen des Vertrages; vgl. dazu Wolfgang Kersting, *Politische Philosophie des Gesellschaftsvertrags*, Darmstadt 2005, S. 39 ff.

81 Wilhelm Röpke, *Jenseits von Angebot und Nachfrage*, a.a.O., S. 142.

82 Peter Koslowski, *Postmoderne Kultur. Gesellschaftlich-kulturelle Konsequenzen der technischen Entwicklung. Perspektiven und Orientierungen*, Schriften des Bundeskanzleramts, Bd. 2, München 1988, S. 11.

83 Wilhelm Röpke, *Jenseits von Angebot und Nachfrage*, a.a.O., S. 21.

84 Freilich hatte auch Walter Eucken seine kulturpessimistische Phase, in der er – unter dem Einfluss der Zeitkritik seines Vaters – mit der kapitalistischen Moderne ins Gericht ging, die Seelenlosigkeit der Verhältnisse, den Verlust des Glaubens an Lebenssinn und natürlicher Ordnung und das Vorherrschen eines kruden Materialismus beklagte; vgl. »Die geistige Krise und der Kapitalismus«, in: *Die Tatwelt* 2/1926, S. 13–16, veröffentlicht unter dem Pseudonym Kurt Heinrich. Über den Weg Walter Euckens vom Kulturpessimismus zum wissenschaftlichen Aufklärer vgl. Ingo Pries, *Eucken und von Hayek im Vergleich. Zur Aktualisierung der ordnungspolitischen Konzeption*, Tübingen 2001.

85 Walter Eucken, *Grundsätze der Wirtschaftspolitik*, Tübingen 2004, S. 14.

86 Ebd., S. 14 f.

87 Ebd., S. 25.

88 Ebd., S. 26.

89 Ebd., S. 27.

90 Vgl. Walter Eucken, *Die Grundlagen der Nationalökonomie*, Berlin 1989, S. 238 ff.

91 Walter Eucken, *Grundsätze der Wirtschaftspolitik*, a.a.O., S. 176.

92 Ebd., S. 53.

93 Walter Eucken, *Die Grundlagen der Nationalökonomie*, a.a.O., S. 240.
94 Walter Eucken, Das ordnungspolitische Problem, in: *ORDO* 1/1948, S. 56–90; S. 77.
95 Walter Eucken, *Die Grundlagen der Nationalökonomie*, a.a.O., S. 239.
96 Walter Eucken, *Grundsätze der Wirtschaftspolitik*, a.a.O., S. 377.
97 Ebd., S. 378.
98 Ebd., S. 341.
99 Ebd., S. 344.
100 Ebd., S. 345.
101 Ebd., S. 370.
102 Walter Eucken, *Das ordnungspolitische Problem*, a.a.O., S. 95.
103 Von »Alltagskantianismus« spreche ich, weil Eucken wie selbstverständlich Kantische Formeln zur Umschreibung seines Freiheitsverständnisses verwendet. Offenkundig glaubte er, dass dieses Verständnis von Freiheit und personaler Würde bereits so tief in das allgemeine Bewusstsein eingedrungen ist, dass es für eine allgemeine Verständigung hinreichend ist, diese Formeln vom Endzweck an sich, vom Instrumentalisierungsverbot und der gesetzesgeschützten Koexistenz Gleicher beiläufig zu verwenden. Wollte man das Euckensche Konzeption vertiefen, dann müsste man den Alltagskantianismus durch ein elaborierteres Begründungsargument ersetzen. Dieses könnte entweder den Weg einer menschenrechtlichen Auslegung des Freiheits- und Würdebegriffs beschreiten oder sich des konzeptuellen Instrumentariums der Vertragstheorie bedienen und den Nachweis erbringen, dass es vernünftig ist anzunehmen, dass sich die Menschen in einer angenommenen Verfassungswahlsituation auf eine Wettbewerbsordnung mit freien Wirtschaftsabläufen und staatlicher Ordnungsbeaufsichtigung geeinigt hätten.
104 Vgl. *ORDO* 1/1948, Vorwort, S. XI: »Wir fordern nicht die Wettbewerbsordnung, weil wir uns von vornherein dogmatisch auf dieses Mittel festgelegt haben. Unsere Forderung beschränkt sich auf die Schaffung einer Wirtschafts- und Sozialordnung, in der wirtschaftliche Leistung und menschenwürdige Daseinsbedingungen gleichermaßen gewährleistet sind. Weil der Wettbewerb diesem Ziel dienstbar gemacht werden kann, das ohne ihn sogar unerreichbar bleibt, deshalb fordern wir ihn. Er ist Mittel, aber nicht letzter Zweck.«
105 Walter Eucken, *Grundsätze der Wirtschaftspolitik*, a.a.O., S. 1.
106 Ebd., S. 192.
107 Ebd., S. 193.
108 Ebd., S. 317.

109 Alfred Müller-Armack, *Wirtschaftslenkung und Marktwirtschaft*, Bern und Stuttgart 1976; Sonderausgabe München 1990, S. 15.

110 Dass gleichwohl alle ökonomischen Ordnungsdenker sich ausführlich mit dem Kollektivismus in *politicis* und *oeconomis* beschäftigt haben – Ludwig von Mises und Friedrich August von Hayek haben sogar je ein umfangreiches monografisches Werk der Planwirtschafts- und Totalitarismuskritik gewidmet: Ludwig von Mises, *Die Gemeinwirtschaft. Untersuchungen über den Sozialismus*, Jena 1932; Friedrich August von Hayek, *The Road to Serfdom*, London 1943; deutsche Übersetzung von Eva Röpke, *Der Weg zur Knechtschaft*, Zürich 1945 – hatte natürlich mit den Zeitumständen zu tun: Zum einen war da die Faszination, die der Sozialismus auf große Teile der gebildeten Schicht des westlichen Europas ausübte; zum anderen war da der Umstand, dass Euckens und Müller-Armacks Zeitgenossen kaum je etwas anderes als lenkungswirtschaftliche Verhältnisse gekannt haben. Beides verlangte eine kritische Auseinandersetzung mit dem Sozialismus und eine leidenschaftliche Verteidigung der Marktwirtschaft.

111 Alfred Müller-Armack, *Wirtschaftslenkung und Marktwirtschaft*, a.a.O., S. 114.

112 Ebd., S. 15.

113 Ebd., S. 14.

114 Ebd., S. 94.

115 Ebd., S. 14.

116 Ebd., S. 94.

117 Dass zu den geistigen Grundlagen der Marktwirtschaft auch eine Erkenntnistheorie des begrenzten Wissens gehört, dass also bei einer Beurteilung unterschiedlicher Wirtschaftsorganisationen auch zu fragen ist, inwieweit sie dem Umstand der begrenzten menschlichen Erkenntnisfähigkeit Rechnung tragen, ist eine Einsicht, der insbesondere Friedrich August von Hayek bei der Entwicklung seiner Theorie der Marktwirtschaft gefolgt ist.

118 Alfred Müller-Armack, *Wirtschaftslenkung und Marktwirtschaft*, a.a.O., S. 96.

119 Ebd., S. 98, S. 103.

120 Alfred Müller-Armack, *Religion und Wirtschaft. Geistesgeschichtliche Hintergründe unserer europäischen Lebensform*, Bern und Stuttgart 1981, S. 577. Diese Bestimmung ist Ausdruck einer verengten wirtschaftswissenschaftlichen Perspektive, die die wirtschaftlichen Ordnungsdenker sich eigentlich selten zuschulden kommen lassen. Hier ist nicht der Ort, um zu zeigen, dass die Marktwirtschaft mehr ist als ein mehr oder

weniger effizient einzusetzendes, mehr oder weniger in die »Gesamtlebensordnung« (ebd., S. 68) passendes Instrument, sondern eine in sich selbst wertvolle und zweckhafte Ordnung. In gebotener Kürze nur dies: Die Marktwirtschaft besitzt moralischen Eigenwert, weil sie die einzige Wirtschaftsform ist, die wirtschaftliche Freiheit zur Grundlage hat, und wirtschaftliche Freiheit nur eine Sondergestalt der allgemeinen menschenrechtlichen Freiheit ist. Wenn gilt, dass Menschen von Natur aus mit dem Freiheitsrecht ausgestattet sind, wenn weiterhin gilt, dass dieses Menschenrecht durch Institutionalisierung Wirklichkeit gewinnt, und wenn drittens nur solche institutionellen Arrangements freiheitsrechtskompatibel und daher legitim sind, die eben dem Freiheitsrecht größtmögliche Verwirklichung ermöglichen, dann folgt daraus, dass die Marktwirtschaft selbst – wie Rechtsstaat, Demokratie und nichtkollektivistischer Sozialstaat – eine Forderung des Menschenrechts ist.

121 Alfred Müller-Armack, *Wirtschaftslenkung und Marktwirtschaft*, a.a.O., S. 68.

122 Ebd., S. 97.

123 Ursprünglich war die soziale Irenik keinesfalls eine den sozialen Ausgleich durch Umverteilung erreichende Gerechtigkeitsvariante, sondern die Bezeichnung für ein rein kulturpolitisches Unternehmen, durch Untersuchung der Gemeinsamkeiten der vorherrschenden Konfessionen und Ideologien die Gespaltenheit des Bewusstseins zu überwinden. Soziale Irenik war nicht ökonomische Versöhnung durch Einkommensunterschiedsminderung, sondern geistig-ideologische Versöhnung; vgl. Alfred Müller-Armack, *Religion und Wirtschaft*, a.a.O., S. 559–578.

124 Alfred Müller-Armack, »Der Moralist und der Ökonom. Zur Frage der Humanisierung der Wirtschaft«, in: ders., *Genealogie der Sozialen Marktwirtschaft. Frühschriften und weiterführende Konzepte*, Bern und Stuttgart 1981, S. 123–140; 131.

125 Alfred Müller-Armack, *Wirtschaftslenkung und Marktwirtschaft*, a.a.O., S. 119.

126 Wilhelm Röpke, *Jenseits von Angebot und Nachfrage*, a.a.O., S. 233.

127 Dazu oben Kapitel VII.7.

128 Vgl. Roswitha Pioch, *Soziale Gerechtigkeit in der Politik. Orientierungen von Politikern in Deutschland und den Niederlanden*, Frankfurt/Main 2000.

129 Ronald Dworkin, *A Matter of Principle*, Cambridge (USA) 1985, S. 208.

130 Richard Arneson, »Rawls, Responsibility, and Distributive Justice«, in: Marc Fleurbaey/Maurice Salles/John A. Weymark (Hrsg.), *Justice, Po-*

litical Liberalism, and Utilitarianism. Themes from Harsanyi and Rawls, Cambridge (UK) 2008, S. 80–107.

131 John E. Roemer, *Equality of Opportunity*, Cambridge, Mass., 1998, S. 22 (»The issue, then, is whether to include ›Asian‹ as an element of circumstance. If we do not, then the fact that Asian children work harder in school will be attributed to their autonomous effort rather than to a cultural circumstance, and they will be more rewarded than they would be if we factor out the effect of familial pressure on their behaviour«).

132 Vgl. Wilhelm Röpke, *Maß und Mitte*, a.a.O., S. 72: »Aus all diesen Gründen bedeutet der Egalitarismus weniger einen Eingriff in die bestehende Ungleichheit durch einen einzigen und einmaligen Akt der Neuverteilung (wie etwa durch eine radikale Bodenreform) als eine Ingangsetzung einer dauernd arbeitenden bürokratischen Maschine, die die Verteilung immer wieder aufs neue korrigiert.«

133 Wilhelm von Humboldt, *Ideen zu einem Versuch, die Grenzen der Wirksamkeit des Staats zu bestimmen* (1792), Gesammelte Schriften, Bd. 1, Berlin 1968, S. 129.

134 Wilhelm von Humboldt, *Ideen über Staatsverfassung* (1791), Gesammelte Schriften, Bd. 1, Berlin 1968, S. 83.

135 Immanuel Kant, *Gesammelte Schriften, Akademie-Ausgabe,* Berlin 1902 ff., Bd. 6, S. 326.

136 Friedrich August von Hayek, *Die Verfassung der Freiheit,* Freiburg 1971, S. 361.

137 BVerfGE 33, 303; 331

138 BVerfGE 33, 303; 337.

139 Lorenz von Stein, *Geschichte der sozialen Bewegung in Frankreich von 1789 bis auf unsere Tage,* Bd. 3, ed. Salomon München 1921 (Neudruck Darmstadt 1959), S. 104.

140 Robert Nozick, *Anarchie, Staat, Utopia,* o.O. 1974, S. 159.

141 Ebd., S.162.

142 Friedrich August von Hayek, *Recht, Gesetz und Freiheit, Gesammelte Schriften in deutscher Sprache*, Bd. 4, Freiburg 2003, S. 151 ff.

143 Friedrich August von Hayek, *Drei Vorlesungen über Demokratie, Gerechtigkeit und Sozialismus,* Tübingen 1976, S. 23 f.

144 Friedrich August von Hayek, *Recht, Gesetzgebung und Freiheit,* Bd. 2: Die Illusion der sozialen Gerechtigkeit, Tübingen 1981, S. 93 f.

145 Vgl. Friedrich August von Hayek, »Die Ungerechtigkeit der Steuerprogression«, in: *Schweizer Monatshefte* 8/32, 1952, S. 508–517.

146 Vgl. Martha C. Nußbaum, *Die Grenzen der Gerechtigkeit,* Frankfurt/Main 2010; Armatya Sen, *Die Idee der Gerechtigkeit*, München 2010; man be-

zeichnet die von diesen Autoren entwickelte Gerechtigkeitstheorie als *capability approach.*

147 Vgl. Paul Anthony Samuelson/William D. Nordhaus, *Volkswirtschaftslehre*, Wien 1998, S. 347 ff.

148 Emery K. Hunt/Howard J. Sherman (1972): *Economics: An Introduction to Traditional and Radical Views*, New York (dt.: *Ökonomie. Aus traditioneller und radikaler Sicht*, 2 Bde., Frankfurt/Main 1974; das Zitat findet sich in Bd. 1, S. 28 f.). Ich verdanke die Bekanntschaft mit diesem instruktiven Gedankenexperiment: Peter Koller, *Neue Theorien des Sozialvertrags*, Berlin 1987.

149 Eine weitaus umfangreichere, vor allem auch die Schwierigkeiten einer gerechten Rationierung mitberücksichtigende Darstellung der hier behandelten Probleme findet sich in: Wolfgang Kersting, *Kritik der Gleichheit. Über die Grenzen der Gerechtigkeit und der Moral*, Weilerswist 2002, S. 143–193.

150 Helmut Schmidt, »Maximen politischen Handelns«, in: Presse- und Informationsamt der Bundesregierung, *Berichte und Dokumentationen*, Bd. 23, S. 60. Es versteht sich, dass es hier nur darum geht, diese Maximen unter dem Gesichtspunkt ihrer praktischen Plausibilität zu betrachten. Ob sie wirklicher Bestandteil des Handlungs- und Arbeitslebens des damals höchsten Politikers in Deutschland waren oder nur in seiner Rede existierten, ist hier nicht von Interesse; auch nicht, in welchem Verhältnis der Umstand, dass die Schmidt-Regierung in der Geschichte der bundesrepublikanischen Staatsverschuldung sicherlich eines der größeren Kapitel beanspruchen muss, zur Forderung steht, immer verantwortungsethisch besonnen und mit Augenmaß zu handeln.

151 Immanuel Kant, *Gesammelte Schriften*, Akademie-Ausgabe, Bd. VIII, S. 372.

152 Ebd., S. 370.

153 Ebd., S. 372.

154 Ebd., S. 374.

155 Max Weber, *Wirtschaft und Gesellschaft*, Tübingen 1972, S. 80.

156 »The Federalist Papers«, Harmondsworth 1987, S. 343.